税务会计实训丛书

企业所得税业务实训

张久慧　顾令慧　主编

北京大学出版社
PEKING UNIVERSITY PRESS

内 容 简 介

本书立足于实务操作，以最新企业所得税法为准绳，结合企业所得税的业务特点和操作流程，对实务操作过程中纳税人常见的企业所得税的税收问题进行了详细的讲解并配以实例说明。

本书主要内容包括：企业所得税概述、企业所得税应纳税所得额的确定、企业所得税应纳税额的计算、企业所得税的税收优惠、企业所得税的源泉扣缴、企业所得税的特别纳税调整、企业所得税的申报缴纳以及企业所得税的会计处理。

本书力求做到内容翔实、通俗易懂、实例丰富，可作为广大企业财务人员、注册会计师和注册税务师的参考用书，也可作为各类学校财税专业及相关专业纳税实务课程的培训教材。

图书在版编目(CIP)数据

企业所得税业务实训/张久慧，顾令慧主编. —北京：北京大学出版社，2012.1

(税务会计实训丛书)

ISBN 978-7-301-19771-4

Ⅰ. ①企…　Ⅱ. ①张…②顾…　Ⅲ. ①企业所得税－税收管理－中国　Ⅳ. ①F812.424

中国版本图书馆 CIP 数据核字（2011）第 234206 号

书　　　名：企业所得税业务实训
著作责任者：张久慧　顾令慧　主编
责 任 编 辑：胡伟晔　成　淼
标 准 书 号：ISBN 978-7-301-19771-4/F・2967
出 版 发 行：北京大学出版社
地　　　址：北京市海淀区成府路 205 号　100871
网　　　址：http://www.pup.cn
电 子 信 箱：zyjy@pup.cn
电　　　话：邮购部 62752015　发行部 62750672　编辑部 62765126
出版部 62754962
印　刷　者：河北滦县鑫华书刊印刷厂
经　销　者：新华书店
650 毫米×980 毫米　16 开本　17.25 印张　291 千字
2012 年 1 月第 1 版　2012 年 1 月第 1 次印刷
定　　　价：35.00 元

税务会计实训丛书编委会

丛书主编

张紫东（国家税务总局大连培训中心　教授　注册税务师）

张　彤（国家税务总局大连培训中心　副教授）

丛书副主编

敖　汀（国家税务总局大连培训中心　科研部部长）

何小王（湖南税务高等专科学校　副教授　行政执法研究中心主任）

丛书编委（按姓氏笔画排序）：

王　婷（山东省税务干部学校　讲师）

王　蕴（国家税务总局大连培训中心　讲师）

王化敏（国家税务总局大连培训中心　副教授）

邓文臣（新疆国家税务局　副科长）

史迎春（辽宁师范大学　高级会计师）

白雅君（大连天维理工信息研究所　所长　律师）

张久慧（国家税务总局大连培训中心　副教授　注册税务师）

张永刚（国家税务总局大连培训中心　讲师　律师）

李国财（青岛市国家税务局　副调研员　经济师）

杨　含（重庆市税务干部学校　副主任科员）

林　虹（安徽税务干部学校　高级讲师）

林伟刚（广东省国家税务局　科长）

侯江玲（国家税务总局大连培训中心　高级会计师　注册会计师）

姜　敏（国家税务总局大连培训中心　注册税务师）

徐　飞（贵州省税务干部学校　科级　讲师）

顾令慧（国家税务总局大连培训中心　讲师）

崔晓妍（国家税务总局大连培训中心　副教授）

前　　言

企业所得税是对我国境内的企业和其他取得收入的组织取得的生产经营所得和其他所得征收的一种税。与其他税种相比，企业所得税是最复杂的税种，也是最能体现税法特色的税种之一。涉及我国企业所得税领域的税收法律、法规、规章和规范性文件数量庞大，经常给纳税人造成困扰及不必要的损失。

为了帮助广大纳税人更好地理解和运用企业所得税法、企业所得税法实施条例以及相关的政策、法规，适应企业所得税的变化，尽享企业税收优惠政策，掌握企业所得税基本业务，我们编写了本书。

本书内容包括：企业所得税概述、企业所得税应纳税所得额的确定、企业所得税应纳税额的计算、企业所得税的税收优惠、企业所得税的源泉扣缴、企业所得税的特别纳税调整、企业所得税的申报缴纳以及企业所得税的会计处理。编写过程中，我们力求做到内容翔实、通俗易懂，以期加强对税收基本理念的宣传和企业所得税知识的普及。

本书可作为企业财会人员、财税系统职工的参考用书，也可作为各类学校财税专业及相关专业纳税实务课程的培训教材。

因编者水平有限，书中难免有不足之处，恳请广大读者热心指点，以便做进一步修改和完善。

编　者

2011.7

目　录

第1章

企业所得税概述

1.1 企业所得税的法律依据及特点

要 点

企业所得税是对我国境内的企业和其他取得收入的组织取得的生产经营所得和其他所得征收的一种税。它是目前世界各国普遍征收的一个税种,是国家参与企业利润分配的重要手段。同时,它也是国家财政收入的重要来源和调节经济的重要手段。

解 释

◆ 现行企业所得税的法律依据

我国现行企业所得税的主要法律依据是2007年3月16日中华人民共和国第十届全国人民代表大会第五次会议通过的《中华人民共和国企业所得税法》(中华人民共和国主席令第63号,以下简称《企业所得税法》)以及2007年11月28日国务院第197次常务会议通过的《中华人民共和国企业所得税法实施条例》(国务院令第512号,以下简称《企业所得税法实施条例》),自2008年1月1日起实施。

◆ 企业所得税的特点

1. 征税对象是企业应纳税所得额

企业所得税的征税对象是企业的应纳税所得额,它是纳税人每一纳税年度的收入总额,减除不征税收入、免税收入、各项扣除以及允许弥补的以前年度亏损后的余额。它既不是企业实现的会计利润额,也不是企业的销售额或营业额。所以,企业所得税是一种不同于流转税的税种。

2. 应纳税所得额的计算复杂

企业所得税的计税依据是应纳税所得额。应纳税所得额与企业的会计利润是两个不同的概念,虽然《企业所得税法》尽量地与《企业会计准则》趋同，但是由于二者的服务对象不同又必然存在差异。应纳税所得额是在企业按照会计准则规定核算的会计利润总额的基础上，根据税法的规定做相应的纳税调增、纳税调减后计算得出的。因此，应纳税所得额的计算要涉及一定时期成本、费用和损失的归集和分摊，并且为了对纳税人的不同项目实行区别对待，还需要通过不予计列的项目把某些收入排除在应纳税所得额之外，或对某些支出给予一定的限制，从而使得应纳税所得额的计算较为复杂，需要通过纳税调整加以处理。这与流转税通常是直接依据销售收入或营业收入计税有很大的区别。

3. 企业所得税以量能负担为征税原则

企业所得税以纳税人的生产、经营所得和其他所得为税基，贯彻量能负担的征税原则，即所得多的多征，所得少的少征，无所得的不征。即按照纳税人有无所得和负担能力大小来确定所得税的税收负担。纳税人有所得，说明其有负担能力才予征税；纳税人无所得，就是没有负担能力，就不征税。而在有所得、有负担能力的纳税人中，所得多、负担能力强的多征税；所得少、负担能力弱的少征税。这种所得税负担与纳税人所得的多少联系起来征税的办法，体现了税收的公平原则。

4. 实行按年计征，分期预缴，年终汇算清缴的征收办法

会计利润是计算应纳税所得额的基础，利润是企业一定时期生产经营成果的最终反映，通常按会计年度计算。企业所得税一般也是以一年的应纳税所得额为计税依据，分月或分季预缴，年终汇算清缴，多退少补。

相关知识

◆ 企业所得税的作用

1. 促进企业改善经营管理活动，提升企业的盈利能力

由于企业所得税只对利润征税，通常采用比例税率，所以对大多数企业来说，承担相同的税负水平。相对于累进税率，采用比例税率的企业所得税更有利于促使企业改善经营管理，努力降低成本，提高盈利能力和水平。

2. 调节产业结构，促进经营发展

所得税的调节作用在于公平税负、量能负担，虽然世界各国的法人所得税通常采用比例税率的形式，在一定程度上削弱了所得税的调控功能；但是在税制设计中，世界各国往往通过各项税收优惠政策的实施，发挥政府在对纳税人投资、产业结构调整、环境治理等方面的调控作用。

3. 为国家建设筹集财政资金

税收的首要职能就是筹集财政收入。随着我国收入向企业和居民分配的倾斜，随着经济的发展和企业盈利水平的提高，企业所得税占全部税收收入的比重越来越高，将成为我国税制的主体税种之一。

1.2 企业所得税的纳税义务人

要 点

《企业所得税法》第一条规定，在中华人民共和国境内，企业和其他取得收入的组织(以下统称企业)为企业所得税的纳税人，依照本法的规定缴纳企业所得税。个人独资企业、合伙企业不适用本法。

《企业所得税法》第二条规定，企业分为居民企业和非居民企业。居民企业是指依法在中国境内成立，或者依照外国(地区)法律成立但实际管理机构在中国境内的企业。非居民企业是指依照外国(地区)法律成立但实际管理机构不在中国境内，但在中国境内设立机构、场所的，或者未在中国境内设立机构、场所，但有来源于中国境内所得的企业。

解 释

◆ **居民企业**

在国际上，居民企业的判定标准有"登记注册地标准"、"实际管理机构地标准"和"总机构所在地标准"等。大多数国家都采用了多个标准相结合的办法。

结合我国的实际情况，对居民企业的判定标准采用"登记注册地标准"、"实际管理机构地标准"相结合的办法，对居民企业和非居民企业做了明确的界定。

1. 登记注册地标准

《企业所得税法实施条例》第三条规定，依法在中国境内成立的企业，包括依照中国法律、行政法规在中国境内成立的企业、事业单位、社会团体以及其他取得收入的组织。可以分为两类：一是企业，包括国有企业、集体企业、私营企业、股份制企业、中外合资合营企业、中外合作经营企业、外资企业和外国企业等；二是其他取得收入的组织，包括事业单位、社会团体、民办非企业单位、基金会、外国商社和农民合作社等。

依照外国(地区)法律成立的企业包括依照外国(地区)法律成立的企

业和其他取得收入的组织。

2. 实际管理机构标准

《企业所得税法实施条例》第四条规定，实际管理机构是指对企业的生产经营、人员、账务和财产等实质性全面管理和控制的机构。实际管理机构所在地的认定一般以股东大会的场所、董事会的场所以及行驶指挥监督权力的场所等因素来综合判定。

按照国际惯例，通常依据下列标准判定实际管理机构所在地。

(1) 股东和法人代表。如果国外公司股东和法人代表是国内人员，容易引起税务机关怀疑；如果该国内人员还是国内关联企业的股东，则税务机关会更加关注，该国外公司容易被认定为实际管理机构在中华人民共和国境内。

(2) 外国企业在国内机构从事的业务性质。如果外国企业在国内的代表机构被发现从事管理业务，例如对外联系业务、签订文件合同、保管公章等，该外国企业容易被认定为实际管理机构在中华人民共和国境内。

(3) 外国企业实际业务情况。税务机关通过税收情报交换，发现外国企业在国外没有实质经营活动发生，则会引起税务机关怀疑其为实际管理机构在中华人民共和国境内。

实际上，居民企业有两类：第一类是依照中国法律在中国境内成立的企业，该类企业不论其实际管理机构是否在中国都属于居民企业，根据我国相关法律的规定，企业在中国境内依照中国法律成立，其实际管理机构一般都在中国境内，很少有将实际管理机构设在中国境外的，当然，即使企业将其实际管理中心设置在中国境外，也属于中国的居民企业；第二类是依照外国(地区)法律成立的实际管理机构在中国境内的企业，即该类企业的核心标准是实际管理机构在中国境内。

◆ 非居民企业

《企业所得税法》第二条规定，非居民企业是指依照外国(地区)法律成立但实际管理机构不在中国境内，但在中国境内设立机构、场所的，或者在中国境内未设立机构、场所，但有来源于中国境内所得的企业。

非居民企业实际上也可以分为两类：一类是在中国设立了机构、场所的企业；另一类是在中国境内没有设立机构、场所的企业。对于前一类企业，其机构、场所必须不能构成实际管理机构，否则就是中国的居民企业了，而不问其是否有来源于中国境内的所得。对于后一类企业，其必须有来源于中国境内的所得，才能构成中国的非居民企业，否则就是一个和中国没有任何联系的外国企业。

《企业所得税法实施条例》第五条规定，《企业所得税法》第二条所称“机构、场所”是指在中国境内从事生产经营活动的机构、场所，包括管理机构、营业机构和办事机构，工厂、农场、牧场、林场、渔场和开采自然资源的场所，提供劳务的场所，从事建筑、安装、装配、修理和勘探等工程作业的场所以及其他从事生产经营活动的机构、场所。非居民企业委托营业代理人在中国境内从事生产经营活动的，包括委托单位或者个人经常代其签订合同，或者储存、交付货物等，该营业代理人视为非居民企业在中国境内设立的机构、场所。

(1) 对于一般的企业而言，“机构、场所”包括该企业的管理机构、营业机构和办事机构。其中，管理机构是指对企业的生产经营行使控制和管理权的机构；营业机构是具体从事生产经营的机构；办事机构是不从事生产经营，主要从事市场调研、联络客户等辅助活动的机构。管理机构和营业机构有可能合二为一，但是一般办事机构不能成为管理机构和营业机构。

(2) 对于从事工农业生产的企业而言，“机构、场所”包括工厂、农场和开采自然资源的场所。其中，工厂是从事工业生产的场所，农场是从事农业生产的场所，开采自然资源的场所则包括矿山、矿井等生产场所。

(3) 对于从事建筑、安装、装配、修理、勘探等工程作业的企业而言，“机构、场所”是指企业实际从事该工程作业的场所，例如建筑物所在地、安装设备所在地、修理场地、勘探场地等。

(4) 对于通过代理从事经营的企业而言，是指营业代理人。

从以上可以判定依照中国法律、行政法规在中国境外成立的企业、事业单位、社会团体以及其他取得收入的组织以及参照外国(地区)法律在境外成立的企业和其他取得收入的组织不是企业所得税的纳税人。

此外，《企业所得税法实施条例》第一百三十二条规定，在香港特别行政区、澳门特别行政区和台湾地区成立的企业，参照适用企业所得税法有关“居民企业”和“非居民企业”的规定。在港、澳、台登记注册的企业可以享受外国企业的待遇，即如果该企业的实际管理机构位于中国(港、澳、台除外)境内，则仍然属于税法规定的居民企业；如果该企业的实际管理机构不位于中国(港、澳、台除外)境内，例如位于中国的港、澳、台或者其他国家和地区，则属于税法规定的非居民企业。

相关知识

◆ 个人独资企业、合伙企业不适用《企业所得税法》

《企业所得税法》第一条所称个人独资企业、合伙企业，是指依照中国法律、行政法规成立的个人独资企业、合伙企业。

根据企业资产构成和承担的法律责任划分，可将企业分为个人独资企业、合伙企业和公司三种基本类型。这是世界各国划分企业类型的最主要方式。公司制企业适用企业所得税法，个人独资企业和合伙企业不适用企业所得税法。

《中华人民共和国个人独资企业法》第二条规定："本法所称个人独资企业，是指依照本法在中国境内设立，由一个自然人投资，财产为投资人个人所有，投资人以其个人财产对企业债务承担无限责任的经营实体。"个人独资企业就其生产经营所得缴纳个人所得税。

《中华人民共和国合伙企业法》第二条规定："本法所称合伙企业，是指自然人、法人和其他组织依照本法在中国境内设立的普通合伙企业和有限合伙企业。""普通合伙企业由普通合伙人组成，合伙人对合伙企业债务承担无限连带责任。""有限合伙企业由普通合伙人和有限合伙人组成，普通合伙人对合伙企业债务承担无限连带责任，有限合伙人以其认缴的出资额为限对合伙企业债务承担责任。"无论是普通合伙企业还是有限合伙企业，其生产经营所得分别由合伙人依法纳税，企业本身没有独立的财产和所得，所以不属于企业所得税的纳税人。

不适用企业所得税法的个人独资企业、合伙企业是指依照中国法律、行政法规成立的个人独资企业、合伙企业，不包括依照外国法律在境外成立的个人独资企业和合伙企业。境外的个人独资企业和合伙企业可能会成为企业所得税法规定的我国非居民企业纳税人（例如，在中国境内取得收入），也可能会成为企业所得税法规定的我国居民企业纳税人（例如，其实际管理机构在中国境内）。

这里需要强调的是，对于合伙企业应区别对待。对含有自然人合伙人的合伙企业可以遵循先分后税的原则，自然人性质的合伙人分得的利润适用个人所得税法，征收个人所得税，对非自然人性质的合伙人分得的利润则应并入出资方征收企业所得税。对于合伙人均为法人或其他组织的合伙企业如果征收个人所得税则不符合法理，所以也应适用企业所得税，征收企业所得税。

◆ **境外注册中资控股企业依据实际管理机构标准认定为居民企业的规定**

国家税务总局《关于境外注册中资控股企业依据实际管理机构标准认定为居民企业有关问题的通知》(国税发[2009]82 号)规定如下。

(1) 境外中资企业是指由中国境内的企业或企业集团作为主要控股投资者,在境外依据外国(地区)法律注册成立的企业。

(2) 境外中资企业同时符合以下条件的,根据《企业所得税法》第二条第二款和《企业所得税法实施条例》第四条的规定,应判定其为实际管理机构在中国境内的居民企业(以下称非境内注册居民企业),并实施相应的税收管理,就其来源于中国境内、境外的所得征收企业所得税。

① 企业负责实施日常生产经营管理运作的高层管理人员及其高层管理部门履行职责的场所主要位于中国境内。

② 企业的财务决策(例如,借款、放款、融资、财务风险管理等)和人事决策(例如,任命、解聘和薪酬等)由位于中国境内的机构或人员决定,或需要得到位于中国境内的机构或人员批准。

③ 企业的主要财产、会计账簿、公司印章、董事会和股东会议纪要档案等位于或存放于中国境内。

④ 企业 1/2(含 1/2)以上有投票权的董事或高层管理人员经常居住于中国境内。

对于实际管理机构的判断,应当遵循实质重于形式的原则。

(3) 境外中资企业可向其实际管理机构所在地或中国主要投资者所在地主管税务机关提出居民企业申请,主管税务机关对其居民企业身份进行初步审核后,层报国家税务总局确认;境外中资企业未提出居民企业申请的,其中国主要投资者的主管税务机关可以根据所掌握的情况对其是否属于中国居民企业做出初步判定,层报国家税务总局确认。

境外中资企业或其中国主要投资者向税务机关提出居民企业申请时,应同时向税务机关提供以下资料:

① 企业法律身份证明文件;

② 企业集团组织结构说明及生产经营概况;

③ 企业最近一个年度的公证会计师审计报告;

④ 负责企业生产经营等事项的高层管理机构履行职责的场所的地址证明;

⑤ 企业董事及高层管理人员在中国境内居住记录;

⑥ 企业重大事项的董事会决议及会议记录;

⑦ 主管税务机关要求的其他资料。

(4) 境外中资企业被认定为中国居民企业后成为双重居民身份的，按照中国与相关国家(或地区)签署的税收协定(或安排)的规定执行。

◆ **在香港、澳门和台湾地区成立的企业，认定居民企业和非居民企业的规定**

在香港特别行政区、澳门特别行政区和台湾地区成立的企业，参照适用《企业所得税法》第二条第二款、第三款的有关规定。

在香港特别行政区、澳门特别行政区和台湾地区成立的企业，其实际管理机构在内地的，视为《企业所得税法》规定的居民企业。如果在香港特别行政区、澳门特别行政区和台湾地区成立的企业，其实际管理机构不在内地，则视为《企业所得税法》规定的非居民企业。

实例详解

【例 1-1】 2010 年 1 月 1 日，A 公司在南非注册成立，该公司主要在南非从事金刚钻石的开采、加工与销售活动。该公司的总机构设在南非金伯利，并在许多国家设有营业机构。该公司的大部分董事住在上海，董事会会议大多在上海举行，在上海举行的董事会会议决定除矿井作业以外的所有经营事项。在上海的董事也总是控制着该公司需以董事的多数票决定的经费事宜，在金伯利的董事只拥有例如在矿山的工资、原材料等事项上的在有限数额内的决定权。该公司在中国境内外的经营实际上由上海控制、管理与指导。试问该企业是否是中国的居民企业？是否应当在中国缴纳企业所得税？

【分析】 居民企业是指依法在中国境内成立，或者依照外国(地区)法律成立但实际管理机构在中国境内的企业。判断一个企业是否是中国的居民企业应当看两个标准：第一，该企业是否依法在中国境内成立；第二，该企业的实际管理机构是否在中国境内。两个标准满足一个就构成了中国的居民企业。关于第一个标准，A 公司显然不满足这一标准，因为它是在南非注册成立的企业。从企业的国籍来看，它是南非的企业，而不是中国的企业。关于第二个标准，首先应当明确“实际管理机构”的具体含义和标准。根据《企业所得税法实施条例》第四条的规定，实际管理机构是指对企业的生产经营实施实质性全面管理和控制的机构。根据本案的具体情况，该公司的大部分董事住在上海，董事会会议大多在上海举行，在上海举行的董事会会议决定除矿井作业以外的所有经营事项，该公司在中国境内外的经营实际上由上海控制、管理与指导。由此可知，该公司位于上海的机构承担了对该公司的生产经营实质性全面管理和控制的职责，应当认为该公司位于上海的机构构成了实际管理机构。所以，该企业应当属于中国的居民企业。

居民企业应当就其来源于中国境内、境外的所得缴纳企业所得税。所以，该公司来源于中国境内和境外的所得都应当在中国缴纳企业所得税。由于该公司在许多国家设有营业机构，该公司在这些国家所获得的所得都应当在中国缴纳企业所得税。

【例 1-2】 A 公司是在日本注册设立的企业，该公司的实际管理机构在日本。该公司为销售的便利，在北京和上海设立了办事机构。试问 A 公司是否属于中国的非居民企业？

【分析】 由于 A 公司是在日本注册设立的企业，该公司的实际管理机构在日本，A 公司不属于中国居民企业。由于 A 公司在北京和上海设立了办事机构，A 公司属于中国的非居民企业。

1.3 企业所得税的税率

要 点

企业所得税税率是体现国家与企业分配关系的核心要素。税率设计的原则是兼顾国家、企业、职工个人三者利益，既要保证国家财政收入的稳定增长，又要使企业在发展生产、经营方面有一定的财力保证；既要考虑到企业的实际情况和负担能力，又要维护税率的统一性。

解 释

◆ **企业所得税的税率**

《企业所得税法》第四条规定，企业所得税的税率为 25%。符合条件的小型微利企业，可减按 20%的税率缴纳企业所得税。国家需要重点扶持的高新技术企业，可减按 15%的税率缴纳企业所得税。

非居民企业在中国境内未设立机构、场所的，或者虽设立机构、场所，但取得的所得与其所设机构、场所没有实际联系的，应当就其来源于中国境内的所得缴纳企业所得税，适用税率为 20%。符合条件的项目，可以减按 10%的税率缴纳企业所得税。具体企业所得税税率如表 1-1 所示。

表 1-1 企业所得税税率表

<table>
<tr><th colspan="3">纳税人</th><th>税收管辖权</th><th>征税对象</th><th>税率</th></tr>
<tr><td colspan="3">居民企业</td><td>居民管辖权，就其世界范围所得征税</td><td>居民企业、非居民企业在华机构的生产经营所得和其他所得</td><td>基本税率25%，符合条件的小型微利企业，可减按20%的税率；国家重点扶持的高新技术企业，可减按15%的税率</td></tr>
<tr><td rowspan="3">非居民企业</td><td rowspan="2">在我国境内设立机构、场所</td><td>取得所得与设立机构、场所有联系的</td><td rowspan="3">地域管辖权，就来源于我国的所得以及发生在中国境外但与其所设机构、场所有实际联系的所得征税</td><td rowspan="3">来源于我国的所得以及发生在中国境外但与其所设机构、场所有实际联系的所得</td><td rowspan="3">税率20%，实际减按10%的税率征收</td></tr>
<tr><td>取得所得与设立机构、场所没有实际联系的</td></tr>
<tr><td colspan="2">未在我国境内设立机构、场所，却有来源于我国的所得</td></tr>
</table>

我国现行企业所得税基本税率确定为25%，主要是对内资企业要减轻税负，对外资企业也尽可能少增加税负。同时，要将财政减收控制在可以承受的范围，还要考虑国际上的所得税率水平。全世界160个实行企业所得税的国家(地区)平均税率为28.6%，我国周边18个国家(地区)的平均税率为26.7%。我国现行企业所得税基本税率在国际上处于中偏低的水平，有利于提高企业竞争力和吸引外商投资。

预提所得税简称预提税，是指东道国支付所得的组织和个人预先扣除非居民纳税人取得的来源于东道国的所得所应当缴纳的税款。实际上是所得税的一种源泉扣缴方式，它本身并不是一种独立的税种。

非居民企业所得适用税率(或称预提所得税税率)与个人所得税法特许权使用费所得，利息、股息、红利所得，财产租赁所得，财产转让所得，偶然所得和其他所得适用税率相一致。同时非居民企业计算所得税额时直接将其收入作为应纳税所得额，不进行费用的扣除，而一般企业所得税应纳税所得额的计算都要扣除相应的成本、费用、税金和损失，此外当前世界上大多数国家的预提所得税税率也在20%左右，所以企业所得税法将预提所得税税率定在20%是比较适宜的。但我国实质上是优惠税率10%。

相关知识

◆ 适用不同税率的总、分支机构计算和缴纳企业所得税

国家税务总局《关于跨地区经营汇总纳税企业所得税征收管理若干问题的通知》(国税函[2009]221号)对总、分支机构适用不同税率时企业所得税款计算和缴纳问题规定：

自2009年1月1日起，预缴时，总机构和分支机构处于不同税率地区的，先由总机构统一计算全部应纳税所得额，然后按照国税发[2008]28号文件第十九条规定的比例和第二十三条规定的三因素及其权重，计算划分不同税率地区机构的应纳税所得额，再分别按各自的适用税率计算应纳税额后加总计算出企业的应纳所得税总额。再按照国税发[2008]28号文件第十九条规定的比例和第二十三条规定的三因素及其权重，向总机构和分支机构分摊就地预缴的企业所得税款。

汇缴时，企业年度应纳所得税额应按上述方法并采用各分支机构汇算清缴所属年度的三因素计算确定。

除国务院《关于实施企业所得税过渡优惠政策的通知》(国发[2007]39号)、财政部、国家税务总局《关于企业所得税若干优惠政策的通知》(财税[2008]1号)和财政部、国家税务总局《关于贯彻落实国务院关于实施企业所得税过渡优惠政策有关问题的通知》(财税[2008]21号)有关规定外，跨地区经营汇总纳税企业不得按照上述总、分支机构处于不同税率地区的计算方法计算并缴纳企业所得税，应按照企业适用统一的税率计算并缴纳企业所得税。

对应执行国税发[2008]28号文件规定而未执行或未正确执行有关文件规定的跨地区经营汇总纳税企业，在预缴企业所得税时造成总机构与分支机构之间同时存在一方(或几方)多预缴另一方(或几方)少预缴税款的，其总机构或分支机构就地预缴的企业所得税低于按上述文件规定计算分配的数额的，应在随后的预缴期间内，由总机构将按上述文件规定计算分配的税款差额分配到总机构或分支机构补缴；其总机构或分支机构就地预缴的企业所得税高于按上述文件规定计算分配的数额的，应在随后的预缴期间内，由总机构将按上述文件规定计算分配的税款差额从总机构或分支机构的预缴数中扣减。

实例详解

【例1-3】 某工业企业(是国家非限制和禁止行业)2010年度应纳税

所得额 20 万元，年初从业人员 80 人，年末从业人员 100 人；年初资产总额 3200 万元，年末资产总额 3500 万元，该企业当年适用的所得税税率为多少？

【分析】

应纳税所得额＝20 万元＜30 万元

职工人数＝(80＋100)/2＝90 人＜100 人

资产总额＝(3200＋3500)/2＝3350 万元＞3000 万元

该企业适用 25％企业所得税税率。

1.4 企业所得税的纳税地点及期限

要 点

本节主要介绍居民企业和非居民企业的纳税地点以及企业所得税的纳税期限。

解 释

◆ 居民企业纳税地点

《企业所得税法》第五十条规定，除税收法律、行政法规另有规定外，居民企业以企业登记注册地为纳税地点；但登记注册地在境外的，以实际管理机构所在地为纳税地点。

《企业所得税法实施条例》第一百二十四条规定，企业登记注册地是指企业依照国家有关规定登记注册的住所地。

《中华人民共和国公司登记管理条例》(国务院令[2005]156 号)第十二条规定，公司的住所是公司主要办事机构所在地，经公司登记机关登记的公司的住所只能有一个，公司的住所应当在其公司登记机关辖区内。

◆ 非居民企业纳税地点

非居民企业取得《企业所得税法》第三条第二款规定的所得(指非居民企业在中国境内设立机构、场所取得的来源于中国境内的所得，以及发生在境外但与其所设机构、场所有实际联系的所得)，以机构、场所所在地为纳税地点。非居民企业在中国境内设立两个或者两个以上机构、场所的，经税务机关审核批准，可以选择由其主要机构、场所汇总缴纳企业所得税。

非居民企业取得《企业所得税法》第三条第三款规定的所得，以扣缴义务人所在地为纳税地点。

《企业所得税法》第五十一条所称主要机构、场所，应当同时符合下列条件：

（1）对其他各机构、场所的生产经营活动负有监督管理责任；

（2）设有完整的账簿、凭证，能够准确反映各机构、场所的收入、成本、费用和盈亏情况。

《企业所得税法》第五十一条所称经税务机关审核批准，是指经各机构、场所所在地税务机关的共同上级税务机关审核批准。

非居民企业经批准汇总缴纳企业所得税后，需要增设、合并、迁移、关闭机构、场所或者停止机构、场所业务的，应当事先由负责汇总申报缴纳企业所得税的主要机构、场所向其所在地税务机关报告；需要变更汇总缴纳企业所得税的主要机构、场所的，依照上述规定办理。

◆ 企业所得税的纳税期限

纳税年度是指纳税人据以计算应纳税所得额以及应纳税额的期间。一般以一个年度为计算单位，因此被称为纳税年度。

《企业所得税法》第五十三条规定，企业所得税按纳税年度计算。纳税年度自公历1月1日起至12月31日止。

企业在一个纳税年度中间开业，或者终止经营活动，使该纳税年度的实际经营期不足12个月的，应当以其实际经营期为一个纳税年度。

企业依法清算时，应当以清算期间作为一个纳税年度。企业所得税的一些定期优惠政策是从企业取得生产经营所得的年度开始计算的，如果企业从年度中间甚至年底开始生产经营，该年度将作为企业享受税收优惠政策的第1年。由于该年度的生产经营所得非常少，因此，企业是否享受减免税政策意义并不是很大，此时，企业就应当恰当选择享受税收优惠的第1个年度，适当提前或者推迟进行生产经营活动的日期。

相关知识

◆ 不具有法人资格的营业机构如何纳税

居民企业在中国境内设立不具有法人资格的营业机构的，应当汇总计算并缴纳企业所得税。

企业汇总计算并缴纳企业所得税时，应当统一核算应纳税所得额，具体办法由国务院财政、税务主管部门另行制定。目前执行国家税务总局关于印发《跨地区经营汇总纳税企业所得税征收管理暂行办法》(国税发[2008]28号)、国家税务总局《关于跨地区经营汇总纳税企业所得税征收管理若干问题的通知》(国税函[2009]221号)。

◆ **外国企业纳税期限**

自2008年1月1日起,外国企业一律以公历年度为纳税年度,按照《企业所得税法》规定的税率计算缴纳企业所得税。

实例详解

【例1-4】 某企业属于中国居民企业,在北京登记注册,其总部设在北京,该企业在上海、广州、无锡分别设立了三家分公司,在深圳设立一家全资子公司。试问该企业及其分公司、子公司的纳税地点在哪里?

【分析】 居民企业以企业登记注册地为纳税地点,居民企业在中国境内设立不具有法人资格的营业机构的,应当汇总计算并缴纳企业所得税。所以,该企业及其分公司应当在登记注册地北京纳税。该企业的子公司应当在其登记注册地深圳纳税。

实战训练

一、单项选择题

1. 下列单位不属于企业所得税纳税人的是(　　)。

A. 股份制企业　　B. 合伙企业

C. 外商投资企业　　D. 有经营所得的其他组织

2. 符合条件的小型微利企业,可减按(　　)的税率征收企业所得税。

A. 25%　　B. 20%

C. 15%　　D. 10%

3. 企业所得税法所指的机构、场所不包括(　　)。

A. 农场　　B. 营业机构

C. 中外合资经营企业　　D. 管理机构

4. 下列不属于企业所得税的特点是(　　)。

A. 按年计征,分期预缴　　B. 划分居民企业和非居民企业

C. 征税对象为应纳税所得额　　D. 取得收入就应缴税

5. 除税收法律、行政法规另有规定外,居民企业以(　　)为纳税

地点。

A. 企业实际经营地　　B. 企业登记注册地

C. 企业会计核算地　　D. 企业管理机构所在地

二、多项选择题

1. 下列按 10%计算企业所得税额的企业有（　　）。

A. 在中国境内未设立、场所，但有来源于中国境内所得的非居民企业

B. 高新技术的生产企业

C. 当年未享受免税优惠的国家规划布局内的重点软件生产企业

D. 在中国境内虽设立机构、场所，但取得所得与其机构、场所没有实际联系的非居民企业

2. 下列各项中，是我国企业所得税纳税人的有（　　）。

A. 合伙企业　　B. 个人独资企业

C. 外国企业驻华代表处　　D. 有限责任公司

3. 非居民企业是指依照外国（地区）法律成立且实际管理机构不在中国境内，但在中国境内设立机构、场所的，或者在中国境内未设立机构、场所，但有来源于中国境内所得的企业。机构、场所，包括（　　）。

A. 营业代理人

B. 从事建筑、安装、装配、修理、勘探等工程作业的场所

C. 提供劳务的场所

D. 工厂、农场、开采自然资源的场所

4. 依据《企业所得税法》的规定，下列企业属于企业所得税纳税人的有（　　）。

A. 依照中国法律在中国境内成立的私营企业

B. 依照中国法律在中国境内成立的个人独资企业

C. 依照外国法律成立但实际管理机构在中国境内的企业

D. 依照外国法律成立未在中国境内设立机构，但有来源于中国境内所得的企业

三、判断题

1. 个人独资企业、合伙企业不适用《企业所得税法》。（　　）

2. 如果在香港特别行政区、澳门特别行政区和台湾地区成立的企业，其实际管理机构不在内地，则视为《企业所得税法》规定的居民企业。（　　）

3. 居民企业是指依法在中国境内成立，或者依照外国（地区）法律成立但实际管理机构在中国境内的企业。（　　）

4. 居民企业在中国境内未设立机构、场所的，或者虽设立机构、场所但取得的所得与其所设机构、场所没有实际联系的，应当就其来源于中国境内的所得缴纳企业所得税。（　　）

5. 居民企业在中国境内设立不具有法人资格的营业机构的，应当汇总计算并缴纳企业所得税。（　　）

四、问答题

1. 某民办非企业单位取得了应纳税所得，但是没有缴纳企业所得税。税务机关要求该单位缴纳企业所得税时，该单位会计负责人说：“只有企业才需要缴纳企业所得税，我们并不是企业，为什么要缴纳企业所得税。”试问该单位会计负责人的上述说法是否正确？

2. A公司是非居民企业，分别在北京、上海设立了营业机构。2010年度设在上海的机构获得了来自日本某企业的利息100万元，该日本的企业曾经向上海的机构借款1000万元。设在北京的机构取得了来自韩国某企业的利息100万元，该韩国企业曾经向A公司借款1000万元，A公司为了支付其设在北京机构的运转费用，和韩国企业达成协议，将该笔利息直接支付给A公司设在北京的机构。试问上述两个机构是否应当就其所获得的两笔所得向中国缴纳企业所得税？

第2章

企业所得税应纳税所得额的确定

2.1 收入的确认

要 点

企业取得收入的货币形式，包括现金、存款、应收账款、应收票据、准备持有至到期的债券投资以及债务的豁免等。企业取得收入的非货币形式，包括固定资产、生物资产、无形资产、股权投资、存货、不准备持有至到期的债券投资、劳务以及有关权益等。本节主要介绍一般收入、特殊收入、处置资产收入的确认以及相关收入实现的确认。

解 释

◆ **一般收入的确认**

（1）销售货物收入，是指企业销售商品、产品、原材料、包装物、低值易耗品及其他存货取得的收入。

（2）提供劳务收入，是指企业从事建筑安装、修理修配、交通运输、仓储租赁、金融保险、邮电通信、咨询经纪、文化体育、科学研究、技术服务、教育培训、餐饮住宿、中介代理、卫生保健、社区服务、旅游、娱乐、加工及其他劳务服务活动取得的收入。

（3）转让财产收入，是指企业转让固定资产、生物资产、无形资产、股权、债权等财产取得的收入。

（4）股息、红利等权益性投资收益，是指企业因权益性投资从被投资方取得的收入。股息、红利等权益性投资收益，除国务院财政、税务主管部门另有规定外，按照被投资方作出利润分配决定的日期确认收入的实现。

（5）利息收入，是指企业将资金提供他人使用但不构成权益性投资，或者因他人占用本企业资金取得的收入，包括存款利息、贷款利息、债券利息、欠款利息等收入。利息收入，按照合同约定的债务人应付利息的日期确认收入的实现。

(6) 租金收入，是指企业提供固定资产、包装物或者其他有形资产的使用权取得的收入。租金收入，按照合同约定的承租人应付租金的日期确认收入的实现。

(7) 特许权使用费收入，是指企业提供专利权、非专利技术、商标权、著作权及其他特许权的使用权取得的收入。特许权使用费收入，按照合同约定的特许权使用人应付特许权使用费的日期确认收入的实现。

(8) 其他收入，是指企业取得的除《企业所得税法》第六条第(一)项至第(八)项规定的收入外的其他收入，包括企业资产溢余收入、逾期未退包装物押金收入、确实无法偿付的应付款项、已作坏账损失处理后又收回的应收款项、债务重组收入、补贴收入、违约金收入、汇兑收益等。

◆ 特殊收入的确认

(1) 以分期收款方式销售货物的，按照合同约定的收款日期分期确认收入的实现。

(2) 企业受托加工制造大型机械设备、船舶、飞机，以及从事建筑、安装、装配工程业务或者提供其他劳务等，持续时间超过 12 个月的，按照纳税年度内完工进度或者完成的工作量确认收入的实现。

(3) 采取产品分成方式取得收入的，按照企业分得产品的日期确认收入的实现，其收入额按照产品的公允价值确定。

(4) 企业发生非货币性资产交换，以及将货物、财产、劳务用于捐赠、偿债、赞助、集资、广告、样品、职工福利或者利润分配等用途的，应当视同销售货物、转让财产或者提供劳务，但国务院财政、税务主管部门另有规定的除外。

◆ 处置资产收入的确认

根据《企业所得税法实施条例》第二十五条规定，企业处置资产的所得税处理按以下规定执行：以下规定自 2008 年 1 月 1 日起执行；对 2008 年 1 月 1 日以前发生的处置资产，2008 年 1 月 1 日以后尚未进行税务处理的，也按本规定执行。

(1) 企业发生下列情形的处置资产，除将资产转移至境外以外，由于资产所有权属在形式和实质上均不发生改变，可作为内部处置资产，不视同销售确认收入，相关资产的计税基础延续计算。

① 将资产用于生产、制造、加工另一产品。

② 改变资产形状、结构或性能。

③ 改变资产用途(如自建商品房转为自用或经营)。

④ 将资产在总机构及其分支机构之间转移。

⑤ 上述两种或两种以上情形的混合。

⑥ 其他不改变资产所有权属的用途。

(2) 企业将资产移送他人的下列情形,因资产所有权属已发生改变而不属于内部处置资产,应按规定视同销售确定收入。

① 用于市场推广或销售。

② 用于交际应酬。

③ 用于职工奖励或福利。

④ 用于股息分配。

⑤ 用于对外捐赠。

⑥ 其他改变资产所有权属的用途。

(3) 企业发生上述第②条规定情形时,属于企业自制的资产,应按企业同类资产同期对外销售价格确定销售收入;属于外购的资产,可按购入时的价格确定销售收入。

◆ 相关收入实现的确认

1. 遵循权责发生制原则和实质重于形式原则确认企业销售收入的实现

(1) 企业销售商品同时满足下列条件的,应确认收入的实现。

① 商品销售合同已经签订,企业已将商品所有权相关的主要风险和报酬转移给购货方。

② 企业对已售出的商品既没有保留通常与所有权相联系的继续管理权,也没有实施有效控制。

③ 收入的金额能够可靠地计量。

④ 已发生或将发生的销售方的成本能够可靠地核算。

(2) 符合上款收入确认条件,采取下列商品销售方式的,应按以下规定确认收入实现时间。

① 销售商品采用托收承付方式的,在办妥托收手续时确认收入。

② 销售商品采取预收款方式的,在发出商品时确认收入。

③ 销售商品需要安装和检验的,在购买方接受商品及安装和检验完毕时确认收入。如果安装程序比较简单,可在发出商品时确认收入。

④ 销售商品采用支付手续费方式委托代销的,在收到代销清单时确认收入。

(3) 采用售后回购方式销售商品的,销售的商品按售价确认收入,回购的商品作为购进商品处理。有证据表明不符合销售收入确认条件的，如以销售商品方式进行融资，收到的款项应确认为负债，回购价格大于原售价的，差额应在回购期间确认为利息费用。

(4) 销售商品以旧换新的，销售商品应当按照销售商品收入的确认条件来确认收入，回收的商品作为购进商品处理。

(5) 企业为促进商品销售而在商品价格上给予的价格扣除属于商业折扣、商品销售涉及商业折扣的，应当按照扣除商业折扣后的金额确定销售商品收入金额。

债权人为鼓励债务人在规定的期限内付款而向债务人提供的债务扣除属于现金折扣，销售商品涉及现金折扣的，应当按扣除现金折扣前的金额确定销售商品收入金额，现金折扣在实际发生时作为财务费用扣除。

企业因售出商品的质量不合格等原因而在售价上给予的减让属于销售折让；企业因售出商品质量、品种不符合要求等原因而发生的退货属于销售退回。企业已经确认销售收入的售出商品发生销售折让和销售退回，应当在发生当期冲减当期销售商品收入。

2. 纳税期末，提供劳务收入应采用完工进度(完工百分比)法确认

企业在各个纳税期末，提供劳务交易的结果能够可靠估计的，应采用完工进度(完工百分比)法确认提供劳务收入。

(1) 提供劳务交易的结果能够可靠估计，是指同时满足下列条件。

① 收入的金额能够可靠地计量。

② 交易的完工进度能够可靠地确定。

③ 交易中已发生和将发生的成本能够可靠地核算。

(2) 企业提供劳务完工进度的确定，可选用下列方法。

① 已完工作的测量。

② 已提供劳务占劳务总量的比例。

③ 发生成本占总成本的比例。

(3) 企业应按照从接受劳务方已收或应收的合同或协议价款确定劳务收入总额。

当期劳务收入＝合同规定提供劳务收入总额×完工进度－以前纳税年度累计已确认提供劳务收入

当期劳务成本＝提供劳务估计总成本×完工进度－以前纳税期间累计已确认劳务成本

(4) 下列提供劳务满足收入确认条件的，应按规定确认收入。

① 安装费。应根据安装完工进度确认收入。如果安装工作是商品

销售附带的条件，安装费在确认商品销售实现时确认收入。

② 宣传媒介的收费。应在相关的广告或商业行为出现于公众面前时确认收入。广告的制作费应根据制作广告的完工进度确认收入。

③ 软件费。为特定客户开发软件的收费应根据开发的完工进度确认收入。

④ 服务费。包含在商品售价内可区分的服务费，在提供服务的期间分期确认收入。

⑤ 艺术表演、招待宴会和其他特殊活动的收费。在相关活动发生时确认收入。收费涉及几项活动的，预收的款项应合理分配给每项活动，分别确认收入。

⑥ 会员费。申请入会或加入会员，只允许取得会籍，所有其他服务或商品都要另行收费的，在取得该会员费时确认收入。申请入会或加入会员后，会员在会员期内不再付费就可得到各种服务或商品，或者以低于非会员的价格销售商品或提供服务的，该会员费应在整个受益期内分期确认收入。

⑦ 特许权费。属于提供设备和其他有形资产的特许权费，在交付资产或转移资产所有权时确认收入；属于提供初始及后续服务的特许权费，在提供服务时确认收入。

⑧ 劳务费。长期为客户提供重复的劳务收取的劳务费，在相关劳务活动发生时确认收入。

3. 企业以买一赠一等方式组合销售商品销售收入的确认

企业以买一赠一等方式组合销售本企业商品的，不属于捐赠，应将总的销售金额按各项商品的公允价值的比例来分摊确认各项的销售收入。

相关知识

◆ 一般收入所得来源地的判断标准

企业所得税一般收入所得来源地的判断标准直接关系到企业纳税义务的大小，也涉及国家之间及国内不同地区之间税收管辖权的问题。《企业所得税法实施条例》借鉴了国际惯例，明确了所得来源于中国境内、境外的划分标准。

1. 销售货物所得

销售货物所得，按照交易活动发生地确定。交易活动发生地可以根据合同的签订地、货物的储存地、发货地等来进行判断。如果经营活动地全部在中国境内，则该销售货物的所得应当视为来自中国境内；如果经营活动地有一部分在中国境内，也有一部分在中国境外，则应当根据中国和另外一个国家所签订的双边税收协定的规定来划分所得的来源地；如果没有协定，或者协定没有明确规定，则应当认为来源于与该销售货物行为具有最密切关系的国家。

2. 提供劳务所得

提供劳务所得，按照劳务发生地确定。通常劳务发生地就是实际提供劳务所在地。在现代国际化和分工化日趋明显的背景下，劳务发生地也越来越复杂。如果劳务发生地全部在中国境内，则该提供劳务的所得应当视为来自中国境内，如果劳务发生地有一部分在中国境内，也有一部分在中国境外，则应当根据中国和另外一个国家所签订的双边税收协定的规定来划分所得的来源地。如果没有协定，或者协定没有明确规定，则应当认为来源于与提供劳务行为具有最密切关系的国家。

3. 转让财产所得

转让财产所得，不动产转让所得按照不动产所在地确定；动产转让所得按照转让动产的企业或者机构、场所所在地确定；权益性投资资产转让所得按照被投资企业所在地确定。不动产所在地通常比较确定，不会出现一个动产位于两个国家的情况；企业所在地应当根据企业的管理机构所在地和生产经营机构所在地来确定，如果企业的管理机构所在地和生产经营机构所在地不在同一个国家，一般情况下应当按照企业的管理机构所在地来确定企业的所在地。机构、场所所在地通常是指该机构、场所实际坐落的位置。机构、场所是最基层单位的组织，一般情况下不会出现分跨两地或者两国的情况，如果有，分跨两地或者两国的机构、场所应当被视为两个相对独立的机构、场所，而不能视为一个机构、场所。被投资企业所在地的确定同样应当考虑其管理机构所在地和生产经营机构所在地，如果企业的管理机构所在地和生产经营机构所在地不在同一个国家，一般情况下应当按照管理机构所在地来判断企业所在地。

4. 股息、红利等权益性投资所得

股息、红利等权益性投资所得，按照分配所得的企业所在地确定。企业所在地的确定同样应当考虑其管理机构所在地和生产经营机构所在地，如果企业的管理机构所在地和生产经营机构所在地不在同一个国家，一般情况下应当按照管理机构所在地来判断企业所在地。在实务操作中，通常是按照支付股息、红利等权益性投资所得的机构所在地来确定股息、红利等权益性投资所得的来源地，即如果该股息、红利等权益性投资所得是从中国境内支付出去的，应当认为该股息、红利等权益性投资所得是来自中国境内的，除非企业能够提出充足的证据推翻这一推定。

5. 利息所得、租金所得、特许权使用费所得

利息所得、租金所得、特许权使用费所得，按照负担、支付所得的企业或者机构、场所所在地确定，或者按照负担、支付所得的个人的住所地确定。如果负担利息、租金、特许权使用费的企业或者机构、场所与支付利息、租金、特许权使用费的企业或者机构、场所不是同一个，则应当按照负担利息、租金、特许权使用费的企业或机构、场所所在地来确定。但是在一般情况下，支付利息、租金、特许权使用费的企业或者机构、场所应当推定为负担利息、租金、特许权使用费的企业或者机构、场所，除非企业能够提出足够的证据推翻这一推定。

如果企业的管理机构所在地与实际负担利息、租金、特许权使用费的机构、场所所在地不在同一个国家，应当按照实际负担利息、租金、特许权使用费的机构、场所所在地来确定利息的来源地。个人的住所所在地应当指个人在其居民国的住所地。如果该个人分别属于两个国家的居民，在两个居民国家均有住所地，应当按照两个国家所签订的双边税收协定来判断该利息、租金、特许权使用费的来源地；如果没有规定，从理论上讲，应当按照该个人在支付利息、租金、特许权使用费时所在的居民国的住所地来判断。

6. 其他所得

其他所得，由国务院财政、税务主管部门确定。

实例详解

【例 2-1】 A 公司是非居民企业，2010 年度该公司取得的所得如下：

(1) 在中国境内销售一批货物，获得 100 万元；

(2) 在中国境外以 1000 万元的价格转让一处不动产，该不动产位于中国境内；

(3) 从 B 公司获得股息 100 万元，B 公司位于英国；

(4) 许可中国境内的 C 公司使用其商标，获得报酬 200 万元。

试问上述所得中哪些所得来源于中国境内？

【分析】

(1) 销售货物的所得，按交易活动发生地确定。所以，A 公司在中国境内销售一批货物，获得 100 万元，属于来源于中国境内的所得。

(2) 转让财产所得，不动产按不动产所在地确定。所以，A 公司在中国境外以 1000 万元的价格转让一处位于中国境内的不动产，属于来源于

中国境内的所得。

(3) 股息红利等权益性投资所得,按分配所得的企业所在地确定。所以,A公司从位于英国的B公司获得股息100万元,属于来源于中国境外的所得。

(4) 特许权使用费所得,按实际负担或支付特许权使用费的企业或机构、场所所在地确定,或者按照负担、支付所得的个人的住所所在地确定。所以,A公司许可中国境内的C公司使用其商标,获得报酬200万元,属于来源于中国境内的所得。

【例2-2】 某企业2010年度取得以下收入:

(1) 销售商品收入3000万元;

(2) 转让某专利获得收入160万元;

(3) 出租某一仓库取得租金收入20万元;

(4) 投资国债获得利息收入150万元;

(5) 获得财政性资金300万元;

(6) 取得行政事业性收费60万元。

试问计算该公司2010年度的应税收入。

【分析】 收入总额中,财政拨款、行政事业性收费是不征税收入,国债利息收入是免税收入。

该企业2010年度的应税收入=3000+160+20=3180(万元)

2.2 税前扣除的原则与内容

要 点

本节主要介绍税前扣除的基本原则及主要内容。

解 释

◆ **税前扣除的基本原则**

通常,税前扣除的确认应该遵循下列原则:

1. 权责发生制原则

当期已经实现的收入和已经发生或应当负担的费用,不论款项是否收付,均作为当期的收入和费用;不属于当期的收入和费用,即使款项已在当期收付,也不作为当期的收入和费用。即纳税人应该在费用发生时而不是实际支付时确认扣除。

2. 划分资本性支出与收益性支出原则

划分资本性支出与效益性支出原则要求在会计核算中首先将资本性支出与收益性支出加以区分，然后将收益性支出计入费用账户，作为当期损益列入损益表；将资本性支出计入资产账户，作为资产列入资产负债表。前者称为支出费用化；后者称为支出资本化。资本化的支出随着每期对资产的耗费，按照受益原则和耗费比例通过转移、折旧和摊销等方法，逐渐转化为费用。

3. 真实性原则

企业所得税的扣除项目必须是实际发生的，在实际发生基础上要保证票据的真实、有效、合法。国税发[2008]80号文件规定，在日常检查中发现纳税人使用不符合规定发票，特别是没有填开付款方全称的发票，不得允许纳税人用于税前扣除、抵扣税款、出口退税和财务报销。另国税发[2008]88号文件规定，不符合规定的发票不得作为税前扣除凭据。

4. 相关性原则

企业实际发生的与取得收入有关的支出是指与取得收入直接相关的支出。

企业已取得的不征税收入用于支出所形成的费用或财产，不得扣除或计算折旧扣除。因此，今后在《纳税调整项目明细表》或《资产折旧、摊销纳税调整明细表》中需要增加此项内容。

5. 合理性原则

合理的支出是指符合生产经营活动常规，应计入资产成本或当期损益的必要与正常的支出。即纳税人可扣除的费用和分配方法应符合一般的经营常规和会计惯例。

除《企业所得税法》和《企业所得税法实施条例》另有规定外，企业实际发生的成本、费用、税金、损失和其他支出，不得重复扣除。

◆ 税前扣除的主要内容

《企业所得税法》第八条、《企业所得税实施条例》第二十七条、第二十九条至第三十三条规定，企业实际发生的与取得收入有关的、合理的支出，包括成本、费用、税金、损失和其他支出，准予在计算应纳税所得额时扣除。

有关的支出是指与取得收入直接相关的支出。一般而言，相关税收法律法规明确规定可以扣除的费用，就是直接相关的支出；法律法规未明确禁止扣除的合理的支出也可以认为是直接相关的支出。合理的支出是指符合生产经营活动常规，应当计入当期损益或者有关资产成本的必要和正常的支出。

1．成本

成本是指企业在生产经营活动中发生的销售成本、销货成本、业务支出以及其他耗费。

《企业所得税法》所指的成本概念与一般会计意义上的成本概念有所不同。

销售成本主要是针对制造业为主的生产性企业而言，指所销售货物的成本。

销货成本主要是针对商业企业为主的流通性企业而言，指所销售货物的成本。

业务支出主要是针对服务业企业而言的成本概念。

2．费用

《企业所得税法》第八条所称费用，是指企业在生产经营活动中发生的销售费用、管理费用和财务费用，已经计入成本的有关费用除外。

销售费用是指应由纳税人负担的为销售商品而发生的费用，包括广告费、运输费、装卸费、包装费、展览费、保险费、销售佣金（能直接认定的进口佣金调整商品进价成本）、代销手续费、经营性租赁费及销售部门发生的差旅费、工资、福利费等费用。

管理费用是指纳税人的行政管理部门为管理组织经营活动提供各项支援性服务而发生的费用。它包括由纳税人统一负担的总部（公司）经费、研究开发费（技术开发费）、社会保障性缴款、劳动保护费、业务招待费、工会经费、职工教育经费、股东大会或董事会费、开办费摊销、无形资产摊销（含土地使用费、土地损失补偿费）、矿产资源补偿费、坏账损失、印花税等税金、消防费、排污费、绿化费、外事费和法律、财务、资料处理及会计事务方面的成本（咨询费、诉讼费、聘请中介机构费、商标注册费等）。总部经费又称公司经费，包括总部行政管理人员的工资薪金、福利费、差旅费、办公费、折旧费、修理费、物料消耗和低值易耗品摊销等。

财务费用是指纳税人筹集经营性资金而发生的费用，包括利息净支出、汇兑净损失、金融机构手续费以及其他非资本化支出。

3．税金

《企业所得税法》第八条所称税金，是指企业发生的除企业所得税和允许抵扣的增值税以外的各项税金及其附加。

企业所得税本质上是企业利润分配的支出，是国家参与企业经营成果分配的一种形式，而非为取得经营收入实际发生的费用支出，所以，不能作为企业的税金在税前扣除。

增值税是一种价外税，是由消费者负担，并非由企业负担，根据企业所得税税前扣除中的实际发生和负担原则，这部分支出的增值税税金，是不允许税前扣除的。对于企业未实际抵扣，由企业最终负担的增值税税款，按规定允许计入资产的成本，在当期或以后期间扣除。

在我国的税收体系中，允许税前扣除的税收种类主要包括消费税、营业税、资源税和城市维护建设税、教育费附加，以及房产税、车船税、耕地占用税、城镇土地使用税、车船购置税、契税、印花税等。消费税、营业税、资源税和城市维护建设税、教育费附加一般是通过“主营业务税金及附加”科目核算。房产税、车船税、城镇土地使用税、印花税通过“管理费用”科目核算。耕地占用税、车船购置税、契税计入相关资产的成本中，以折旧或摊销的方式在税前扣除。

4. 损失

《企业所得税法》第八条所称损失，是指企业在生产经营活动中发生的固定资产和存货的盘亏、毁损、报废损失，转让财产损失，呆账损失，坏账损失，自然灾害等不可抗力因素造成的损失以及其他损失。

(1) 企业发生的损失，减除责任人赔偿和保险赔款后的余额，依照国务院财政、税务主管部门的规定扣除。

企业已经作为损失处理的资产，在以后纳税年度又全部收回或者部分收回时，应当计入当期收入。

固定资产和存货的盘亏损失是指企业在年末或者特定时期盘点清查固定资产、存货时，所发现的固定资产和存货的减少而产生的损失。

固定资产和存货的毁损损失是指企业因遭受自然灾害、工人操作过程中的操作和使用失误等所引起的损失。

固定资产和存货的报废损失是指因磨损、技术进步等原因引起固定资产和存货的使用寿命缩短等造成的这些资产的预计使用价值降低而产生的损失。

(2) 转让财产损失是指企业转让财产的所得，不足以全部抵免企业因获得该项财产而发生的对价支出，两者之间的差额就属于企业的转让财产损失。

(3) 呆账、坏账损失是指企业由于发生呆账、坏账而产生的损失。如债务人被依法宣告破产、撤销，其剩余财产确实不足清偿的应收账款；债务人死亡或者依法被宣告死亡、失踪，其财产或者遗产确实不足清偿的应收账款；债务人遭受重大自然灾害或者意外事故，损失巨大，以及财产(包括保险赔款等)确实无法清偿的应收账款;债务人逾期未履行偿债义务,经法院裁决,确实无法清偿的应收账款;逾期三年以上仍未收回的应收账款等。

(4) 自然灾害等不可抗力因素造成的损失是指企业在生产经营活动过程中,非人力所能抗拒或者阻止的因素等,而发生的自身财产的损失,如发生火灾将厂房烧毁、地震造成房屋塌陷而发生的损失等。

企业的资产损失可否在企业所得税前扣除,要依据《关于企业资产损失税前扣除政策的通知》(财税[2009]57 号)及《企业资产损失税前扣除管理办法》(国税发[2009]88 号)规定,除自行计算扣除以外,必须经税务机关审批后在税前扣除。

其他损失是指以上没有列举的、凡是企业在生产经营活动中发生的损失,在计算应纳税所得额时都允许扣除。企业因存货盘亏、毁损、报废等原因不得从销项税金中抵扣的进项税金,应视同企业财产损失,准予与存货损失一起在所得税前按规定进行扣除。

5. 其他支出

《企业所得税法》第八条所称其他支出,是指除成本、费用、税金、损失外,企业在生产经营活动中发生的与生产经营活动有关的、合理的支出。

税前扣除项目中,除了成本、费用、税金、损失外,可能还会出现这些所无法涵盖的新形式支出,而这些支出又与企业取得的收入有关,属于取得收入而发生的必要与正常的支出,应允许扣除。

相关知识

◆ 企业所得税扣除的相关性和合理性

相关性和合理性是企业所发生的准予税前扣除的支出都必须遵循的两个指导性原则。

《企业所得税法》第八条所称有关的支出,是指与取得收入直接相关的支出。《企业所得税法》第八条所称合理的支出,是指符合生产经营活动常规,应当计入当期损益或者有关资产成本的必要和正常的支出。

与取得收入有关的支出,是指与取得收入直接相关的支出。

与取得收入直接相关的支出,是指企业所实际发生的能直接带来经济利益的流入或者可预期经济利益的流入的支出。其一,这类允许税前扣除的支出,应该是能给企业带来现实的经济利益,如生产性企业为生产产品而购买储存的原材料,服务性企业为收取服务而雇用员工为客户提供服务等支出,就属于能直接给企业带来现实经济利益的支出,属于与

"取得收入直接相关的支出"。其二,这类允许税前扣除的支出,应该是能给企业带来可预期经济利益的流入。虽然企业的这类支出,并不直接或者即时地表现为相应实际经济利益的流入,但是根据社会一般经验或者判断,如果这种支出所对应的收益,将是可预期的,那么这类支出也就属于"与取得收入直接相关的支出"。如企业的广告费支出,虽然这些支出并不能即时地给企业带来经济利益的流入,但是根据社会上一般理性人的理解,这类广告将提高企业及其产品或者服务的知名度,提高其在消费者之间的认同度等,进而推动消费者购买他们的产品或者服务,提升或者加大企业的获利空间,故其也应属于"与取得收入直接相关的支出"。

合理性是建立在税前扣除真实性和合法性原则基础上的要求。合理性的具体判断,主要是看发生支出的计算和分配方法是否符合一般经营常规,如企业发生的业务招待费与所成交的业务额或者业务的利润水平是否相吻合,工资水平与社会整体或者同行业工资水平是否差异过大等。

企业发生的合理的支出限于应当计入当期损益或者有关资产成本的必要与正常的支出。

实例详解

【例 2-3】 根据合同约定,A 公司 2010 年 12 月 1 日应当向 B 公司支付货款 150 万元,由于 A 公司资金紧张,直到 2011 年 1 月 2 日才实际支付;C 公司应当在 2010 年 12 月 20 日向 A 公司支付货款 250 万元,但直到次年 1 月 1 日才实际支付该笔货款。除上述两笔货款外,A 公司在 2010 年度的总收入为 1200 万元,总支出为 700 万元。试问 A 公司 2010 年度的总收入和总支出为多少?

【分析】 企业应纳税所得额的计算以权责发生制为原则,属于当期的收入和费用,不论款项是否收付,均作为当期的收入和费用;不属于当期的收入和费用,即使款项已经在当期收付,均不作为当期的收入和费用。

根据合同约定,A 公司 2010 年 12 月 1 日应当向 B 公司支付货款 150 万元,无论 A 公司实际在何时支付该笔款项,都应当将该笔费用作为 2010 年 12 月 1 日发生的费用;C 公司应当在 2010 年 12 月 20 日向 A 公司支付货款 250 万元,无论 A 公司实际在何时收到该笔货款,都应当将该笔货款作为 2010 年 12 月 20 日的收入。

A 公司 2010 年度的总收入＝1200＋250＝1450(万元)

A 公司 2010 年度的总支出＝700＋150＝850(万元)

【例 2-4】 某电视机生产企业 2010 年 2 月成立，当年生产产品 50000 台，每台平均成本 1500 元。当年销售 30000 台，准予在 2010 年计算应纳税所得额时扣除的成本是多少？

【分析】

准予在 2010 年税前扣除的成本是 30000×1500＝45000000（元）＝4500（万元）。

2.3 税前扣除的具体规定

要 点

本节主要从工资薪金支出，工会经费、职工福利费、职工教育经费，社会保险支出和住房公积金，劳动保护支出，利息支出，借款费用，汇兑损失，业务招待费，广告费和业务宣传费以及企业提取的专项基金等方面介绍税前扣除的具体规定。

解 释

◆ 工资薪金支出

《企业所得税实施条例》第三十四条规定，企业发生的合理的工资薪金支出，准予扣除。工资薪金是指企业每一纳税年度支付给在本企业任职或者受雇的员工的所有现金形式或者非现金形式的劳动报酬，包括基本工资、奖金、津贴、补贴、年终加薪、加班工资以及与员工任职或者受雇有关的其他支出。

合理工资薪金，是指企业按照股东大会、董事会、薪酬委员会或相关管理机构制定的工资薪金制度规定实际发放给员工的工资薪金。税务机关在对工资薪金进行合理性确认时，可按以下原则掌握：

（1）企业制定了较为规范的员工工资薪金制度；

（2）企业所制定的工资薪金制度符合行业及地区水平；

（3）企业在一定时期所发放的工资薪金是相对固定的，工资薪金的调整是有序进行的；

（4）企业对实际发放的工资薪金，已依法履行了代扣代缴个人所得税义务。

（5）有关工资薪金的安排，不以减少或逃避税款为目的。

◆ 工会经费、职工福利费、职工教育经费

1. 工会经费

《企业所得税法实施条例》第四十一条规定，企业拨缴的工会经费，不超过工资、薪金总额2%的部分，准予扣除。2010年7月1日以后必须使用《工会经费收入专用收据》。

职工福利费和工会经费支出，没有超过规定的扣除限额，都可以在计算当年应纳税所得额的时候据实扣除；职工教育经费支出超过规定的扣除限额，则不能在计算应纳税所得额时据实扣除，但是可以在以后纳税年度结转扣除。

2. 职工福利费

企业发生的职工福利费支出，不超过工资薪金总额14%的部分，准予扣除。

《企业所得税法实施条例》第四十条规定的企业职工福利费，包括以下内容。

(1) 尚未实行分离办社会职能的企业，其内设福利部门所发生的设备、设施和人员费用，包括职工食堂、职工浴室、理发室、医务所、托儿所、疗养院等集体福利部门的设备、设施及维修保养费用和福利部门工作人员的工资薪金、社会保险费、住房公积金、劳务费等。

(2) 为职工卫生保健、生活、住房、交通等所发放的各项补贴和非货币性福利，包括企业向职工发放的因公外地就医费用、未实行医疗统筹企业职工医疗费用、职工供养直系亲属医疗补贴、供暖费补贴、职工防暑降温费、职工困难补贴、救济费、职工食堂经费补贴、职工交通补贴等。

(3) 按照其他规定发生的其他职工福利费，包括丧葬补助费、抚恤费、安家费、探亲假路费等。

企业发生的职工福利费，应该单独设置账册，进行准确核算。没有单独设置账册准确核算的，税务机关应责令企业在规定的期限内进行改正。逾期仍未改正的，税务机关可对企业发生的职工福利费进行合理的核定。

"工资薪金总额"，是指企业每一纳税年度支付给在本企业任职或者受雇的员工的所有现金形式或者非现金形式的劳动报酬，包括基本工资、奖金、津贴、补贴、年终加薪、加班工资，以及与员工任职或者受雇有关的其他支出的总额。

原内资企业所得税规定，职工福利费按照计税工资总额的14%计算扣除。新企业所得税法放宽了这一规定，按照实际发生的不超过工资薪金总额14%的部分准予扣除。

职工福利费支出，要按照实际发生额和规定比例扣除，而不能按照14％的比例计提。

《企业会计准则》规定，企业发生的职工福利费通过“应付职工薪酬”科目核算。并且财企[2009]242号文件规定了职工福利费的会计核算范围，注意与税收口径上的区别。

3. 职工教育经费

除国务院财政、税务主管部门另有规定外，企业发生的职工教育经费支出，不超过工资薪金总额2.5％的部分，准予扣除；超过部分，准予在以后纳税年度结转扣除。

职工教育经费支出是指企业为提高其职工工作技能，为企业带来更多的经济利益流入，而通过各种形式提升职工素质，提供职工工作能力等方面的教育所发生教育费支出。具体的范围由国务院财政、税务主管部门具体认定。

准予扣除的职工教育经费必须是企业实际发生的，不能按2.5％的比例计提。

《企业会计准则》规定，企业发生的职工教育经费通过“应付职工薪酬”科目核算。

◆ 社会保险支出和住房公积金

企业依照国务院有关主管部门或者省级人民政府规定的范围和标准为职工缴纳的基本养老保险费、基本医疗保险费、失业保险费、工伤保险费、生育保险费等基本社会保险费和住房公积金，准予扣除。

企业为投资者或者职工支付的补充养老保险费、补充医疗保险费，在国务院财政、税务主管部门规定的范围和标准内，准予扣除。财政部、国家税务总局《关于补充养老保险费 补充医疗保险费有关企业所得税政策问题的通知》(财税[2009]27号)规定，企业根据国家有关政策规定，为在本企业任职或者受雇的全体员工支付的补充养老保险费、补充医疗保险费，分别在不超过职工工资总额5％标准内的部分，在计算应纳税所得额时准予扣除；超过的部分，不予扣除。

除企业依照国家有关规定为特殊工种职工支付的人身安全保险费和国务院财政、税务主管部门规定可以扣除的其他商业保险费外，企业为投资者或者职工支付的商业保险费，不得扣除。

目前，国家关于基本社会保险费和住房公积金的征缴都有相应的规定。根据《社会保险费征缴暂行条例》第三条规定，基本养老保险费的征缴范围包括国有企业、城镇集体企业、外商投资企业、城镇私营企业和其他城镇企业及其职工，实行企业化管理的事业单位及其职工；基本医疗保险费的征缴范围包括国有企业、城镇集体企业、外商投资企业、城镇私营企业和其他城镇企业及其职工，事业单位及其职工，民办非企业单位及其职工，社会团体及其专职人员；失业保险费的征缴范围包括国有企业、城镇集体企业、外商投资企业、城镇私营企业和其他城镇企业及其职工，事业单位及其职工。省、自治区、直辖市人民政府根据本地实际情况，可以决定《社会保险费征缴暂行条例》适用于本行政区域内工伤保险费和生育保险费的征收、缴纳。根据《住房公积金管理条例》的规定，国有企业、城镇集体企业、外商投资企业、城镇私营企业及其他城镇企业、事业单位、民办非企业单位、社会团体应当每月为职工缴存职工本人上一年度月平均工资乘以职工住房公积金缴存比例后的数额的住房公积金。

经有关部门批准，企业可为其职工办理补充养老保险和补充医疗保险。申请设立企业补充养老保险、补充医疗保险，是企业及其职工在依法参加基本养老保险、医疗保险的基础上，自愿建立的补充保险制度，以便更好地保障企业职工退休后的生活，防止职工因病返贫。

国家法律法规强制性规定的特殊行业、从事特定工种的职工的人身安全保险可以扣除。例如，《中华人民共和国建筑法》第四十八条规定，建筑施工企业必须为从事危险作业的职工办理意外伤害保险，支付保险费。《中华人民共和国煤炭法》第四十四条规定，煤炭企业必须为煤矿井下作业职工办理意外伤害保险，支付保险费。

《企业会计准则》规定，企业为职工发生的保险费和住房公积金通过“应付职工薪酬”科目核算。

◆ 劳动保护支出

企业发生的合理的劳动保护支出，准予扣除。

劳动保护支出，通常需要满足以下条件：

(1) 必须是确因工作需要，如果企业所发生的所谓的支出，并非出于工作的需要，那么其支出就不得予以扣除；

(2) 为其雇员配备或提供，而不是给其他与其没有劳动关系的人配备或提供；

(3) 限于工作服、手套、安全保护用品、防暑降温品等，如高温冶炼企业职工、道路施工企业的防暑降温品、采煤工人的手套、头盔等用品。

◆ 利息支出

企业在生产经营活动中发生的下列利息支出，准予扣除：

(1) 非金融企业向金融企业借款的利息支出、金融企业的各项存款利息支出和同业拆借利息支出、企业经批准发行债券的利息支出；

(2) 非金融企业向非金融企业借款的利息支出，不超过按照金融企业同期同类贷款利率计算的数额的部分。

金融机构是指各类银行、保险公司及经中国人民银行批准从事金融业务的非银行金融机构，包括国家专业银行、区域性银行、股份制银行、外资银行、中外合资银行及其他综合性银行；全国性保险企业、区域性保险企业、股份制保险企业、中外合资保险企业及其他专业性保险企业；城市及农村信用社、各类财务公司及从事信托投资、租赁等业务的专业性和综合性非银行金融机构。非金融机构，是指除上述金融机构以外的所有企业、事业单位及社会团体等企业或组织。

◆ 借款费用

《企业所得税法实施条例》第三十七条规定，企业在生产经营活动中发生的合理的不需要资本化的借款费用，准予扣除。

企业为购置、建造固定资产、无形资产和经过 12 个月以上的建造才能达到预定可销售状态的存货发生借款的，在有关资产购置、建造期间发生的合理的借款费用，应当作为资本性支出计入有关资产的成本，并依照本条例的规定扣除。有关资产交付使用后发生的借款利息，可在发生当期扣除。

◆ 汇兑损失

《企业所得税法实施条例》第三十九条规定，企业在货币交易中，以及纳税年度终了时将人民币以外的货币性资产、负债按照期末即期人民币汇率中间价折算为人民币时产生的汇兑损失，除已经计入有关资产成本以及与向所有者进行利润分配相关的部分外，准予扣除。

◆ 业务招待费

业务招待费是指纳税人为业务、经营的合理需要而支付的应酬费用。在实务操作中，税务机关通常将业务招待费的支出范围界定为餐饮、住宿、香烟、食品、茶叶、礼品、正常的娱乐活动、安排客户旅游等费用支出。

《企业所得税法实施条例》第四十三条规定，企业发生的与生产经营活动有关的业务招待费支出，按照发生额的 60% 扣除，但最高不得超过当年销售(营业)收入的 5‰。

纳税人申报扣除的业务招待费，主管税务机关要求提供证明资料的，应提供证明真实性的足够的有效凭证或资料；不能提供的，不得在税前扣除。

国家税务总局《关于企业所得税执行中若干税务处理问题的通知》（国税函[2009]202 号）关于销售（营业）收入基数的确定，企业在计算业务招待费、广告费和业务宣传费等费用扣除限额时，其销售（营业）收入额应包括《企业所得税法实施条例》第二十五条规定的视同销售（营业）收入额，即企业发生非货币性资产交换，以及将货物、财产、劳务用于捐赠、偿债、赞助、集资、广告、样品、职工福利或者利润分配等用途的，应当视同销售货物、转让财产或者提供劳务，但国务院财政、税务主管部门另有规定的除外。

在计算业务招待费的扣除时要注意以下两点。

（1）销售收入基数的范围是当年销售（营业）收入，销售（营业）收入包括销售货物收入、让渡资产使用权（收取资产租金或使用费）收入、提供劳务收入等主营业务收入，还包括其他业务收入、视同销售收入等。但是不含营业外收入、让渡固定资产或无形资产所有权收入、投资收益。

（2）作两个标准的计算并进行比较，将年销售（营业）收入的 5‰与实际招待费开支的 60％比大小，以其小者作为可扣除金额。

企业发生的与生产经营活动有关的业务招待费支出，按照发生额的60％扣除，但是最高不得超过当年销售（营业）收入的 5‰。所以用于在建工程的业务招待费，只要与生产经营活动有关，都可以按规定在税前扣除。

◆ 广告费和业务宣传费

广告费是企业为了扩大声誉或促进销售业务而通过一定的媒体传播向公众介绍商品、劳务和企业信息等发生的相关费用。

业务宣传费是企业开展业务宣传活动所支付的费用，主要是指未通过媒体的广告性支出，包括企业发放的印有企业标志的礼品、纪念品等。

广告费、业务宣传费与赞助费的区别要分清。非广告性质的赞助费在所得税前不得列支。

《企业所得税法实施条例》第四十四条规定，企业发生的符合条件的广告费和业务宣传费支出，除国务院财政、税务主管部门另有规定外，不超过当年销售（营业）收入 15％的部分，准予扣除；超过部分，准予在以后纳税年度结转扣除。这里广告费和业务宣传费是合并计算的。

《关于部分行业广告费和业务宣传费税前扣除政策的通知》（财税[2009]72 号）规定，对化妆品制造、医药制造和饮料制造（不含酒类制造，下同)企业发生的广告费和业务宣传费支出,不超过当年销售(营业)收入30%的部分,准予扣除;超过部分,准予在以后纳税年度结转扣除;烟草企业的烟草广告费和业务宣传费支出,一律不得在计算应纳税所得额时扣除。

国家税务总局《关于企业所得税若干税务事项衔接问题的通知》(国税函[2009]98号)规定,关于以前年度未扣除的广告费的处理:企业在2008年以前按照原政策规定已发生但尚未扣除的广告费,2008年实行《企业所得税法》后,其尚未扣除的余额,加上当年度新发生的广告费和业务宣传费后,按照《企业所得税法》规定的比例计算扣除。

◆ 企业提取的专项基金

对于特殊行业的特定资产,通常需要根据国家法律、行政法规和国际条约等规定,承担环境保护和生态恢复等义务,如核电站设施等的弃置和恢复环境义务。对于企业这部分支出,国家有明确的法律规定和要求,有专门和特定的用途,税收处理上给予一定的支持。《企业所得税法实施条例》第四十五条规定,企业依照法律、行政法规有关规定提取的用于环境保护、生态恢复等方面的专项资金,准予扣除。上述专项资金提取后改变用途的,不得扣除。

◆ 财产保险支出

企业参加财产保险,按照规定缴纳的保险费,准予扣除。

企业参加财产保险所发生的保险费支出,是与企业取得收入有关的支出,应准予扣除。

企业参加商业保险,发生保险事故时,企业将依据合同约定获得相应的赔偿,这时企业参加商业保险的保险费支出仍然允许扣除,其所获取的赔偿,在计算应纳税所得额时,应抵扣相应财产的损失后,再计算出企业参加商业保险的财产的净损失,计入当期损益。

◆ 固定资产租赁费

《企业所得税法实施条例》第四十七条规定,企业根据生产经营活动的需要租赁固定资产支付的租赁费,按照以下方法扣除:

(1) 以经营租赁方式租入固定资产发生的租赁费支出,按照租赁期限均匀扣除;

(2) 以融资租赁方式租入固定资产发生的租赁费支出,按照规定构成融资租赁固定资产价值的部分应当提取折旧费用,分期扣除。

◆ **公益性捐赠支出**

(1) 企业发生的公益性捐赠支出，在年度利润总额12%以内的部分，准予在计算应纳税所得额时扣除。

公益性捐赠是指企业通过公益性社会团体或者县级以上人民政府及其部门，用于《中华人民共和国公益事业捐赠法》规定的公益事业的捐赠。

公益性社会团体是指同时符合下列条件的基金会、慈善组织等社会团体：

① 依法登记，具有法人资格；

② 以发展公益事业为宗旨，且不以营利为目的；

③ 全部资产及其增值为该法人所有；

④ 收益和营运结余主要用于符合该法人设立目的的事业；

⑤ 终止后的剩余财产不归属任何个人或者营利组织；

⑥ 不经营与其设立目的无关的业务；

⑦ 有健全的财务会计制度；

⑧ 捐赠者不以任何形式参与社会团体财产的分配；

⑨ 国务院财政、税务主管部门会同国务院民政部门等登记管理部门规定的其他条件。

年度利润总额是指企业依照国家统一会计制度的规定计算的年度会计利润。

(2) 财政部、国家税务总局、民政部《关于公益性捐赠税前扣除有关问题的通知》(财税[2008]160号)规定如下。

1) 企业通过公益性社会团体或者县级以上人民政府及其部门，用于公益事业的捐赠支出，在年度利润总额12%以内的部分，准予在计算应纳税所得额时扣除。年度利润总额，是指企业依照国家统一会计制度的规定计算的大于零的数额。

2) 个人通过社会团体、国家机关向公益事业的捐赠支出，按照现行税收法律、行政法规及相关政策规定准予在所得税税前扣除。

3) 第1)条所称的用于公益事业的捐赠支出，是指《中华人民共和国公益事业捐赠法》规定的向公益事业的捐赠支出，具体范围包括：

① 救助灾害、救济贫困、扶助残疾人等困难的社会群体和个人的活动；

② 教育、科学、文化、卫生、体育事业；

③ 环境保护、社会公共设施建设；

④ 促进社会发展和进步的其他社会公共和福利事业。

4）第1）条所称的公益性社会团体和第2）条所称的社会团体均指依据国务院发布的《基金会管理条例》和《社会团体登记管理条例》的规定，经民政部门依法登记、符合以下条件的基金会、慈善组织等公益性社会团体。

① 符合《企业所得税法实施条例》第五十二条第（一）项至第（八）项规定的条件。

② 申请前3年内未受到行政处罚。

③ 基金会在民政部门依法登记3年以上（含3年）的，应当在申请前连续2年年度检查合格，或最近1年年度检查合格且社会组织评估等级在3A以上（含3A），登记3年以下1年以上（含1年）的，应当在申请前1年年度检查合格或社会组织评估等级在3A以上（含3A），登记1年以下的基金会具备本款①、②规定的条件。

④ 公益性社会团体（不含基金会）在民政部门依法登记3年以上，净资产不低于登记的活动资金数额，申请前连续2年年度检查合格，或最近1年年度检查合格且社会组织评估等级在3A以上（含3A），申请前连续3年每年用于公益活动的支出不低于上年总收入的70%（含70%），同时需达到当年总支出的50%以上（含50%）。

前款所称年度检查合格是指民政部门对基金会、公益性社会团体（不含基金会）进行年度检查，作出年度检查合格的结论；社会组织评估等级在3A以上（含3A）是指社会组织在民政部门主导的社会组织评估中被评为3A、4A、5A级别，且评估结果在有效期内。

5）第1）条所称的县级以上人民政府及其部门和第2）条所称的国家机关均指县级（含县级，下同）以上人民政府及其组成部门和直属机构。

6）符合第4）条规定的基金会、慈善组织等公益性社会团体，可按程序申请公益性捐赠税前扣除资格。

① 经民政部批准成立的公益性社会团体，可分别向财政部、国家税务总局、民政部提出申请；

② 经省级民政部门批准成立的基金会，可分别向省级财政、税务（国税、地税，下同）、民政部门提出申请。经地方县级以上人民政府民政部门批准成立的公益性社会团体（不含基金会），可分别向省、自治区、直辖市和计划单列市财政、税务、民政部门提出申请；

③ 民政部门负责对公益性社会团体的资格进行初步审核，财政、税务部门会同民政部门对公益性社会团体的捐赠税前扣除资格联合进行审核确认；

④ 对符合条件的公益性社会团体，按照上述管理权限，由财政部、国家税务总局和民政部及省、自治区、直辖市和计划单列市财政、税务和民政部门分别定期予以公布。

7）申请捐赠税前扣除资格的公益性社会团体，需报送以下材料：

① 申请报告；

② 民政部或地方县级以上人民政府民政部门颁发的登记证书复印件；

③ 组织章程；

④ 申请前相应年度的资金来源、使用情况，财务报告，公益活动的明细，注册会计师的审计报告；

⑤ 民政部门出具的申请前相应年度的年度检查结论、社会组织评估结论。

8）公益性社会团体和县级以上人民政府及其组成部门和直属机构在接受捐赠时，应按照行政管理级次分别使用由财政部或省、自治区、直辖市财政部门印制的公益性捐赠票据，并加盖本单位的印章；对个人索取捐赠票据的，应予以开具。

新设立的基金会在申请获得捐赠税前扣除资格后，原始基金的捐赠人可凭捐赠票据依法享受税前扣除。

9）公益性社会团体和县级以上人民政府及其组成部门和直属机构在接受捐赠时，捐赠资产的价值，按以下原则确认：

① 接受捐赠的货币性资产，应当按照实际收到的金额计算；

② 接受捐赠的非货币性资产，应当以其公允价值计算。捐赠方在向公益性社会团体和县级以上人民政府及其组成部门和直属机构捐赠时，应当提供注明捐赠非货币性资产公允价值的证明，如果不能提供上述证明，公益性社会团体和县级以上人民政府及其组成部门和直属机构不得向其开具公益性捐赠票据。

10）存在以下情形之一的公益性社会团体，应取消公益性捐赠税前扣除资格：

① 年度检查不合格或最近一次社会组织评估等级低于3A的；

② 在申请公益性捐赠税前扣除资格时有弄虚作假行为的；

③ 存在偷税行为或为他人偷税提供便利的；

④ 存在违反该组织章程的活动，或者接受的捐赠款项用于组织章程规定用途之外的支出等情况的；

⑤ 受到行政处罚的。

被取消公益性捐赠税前扣除资格的公益性社会团体，存在①情形的，1年内不得重新申请公益性捐赠税前扣除资格，存在②、③、④、⑤情形的，3年内不得重新申请公益性捐赠税前扣除资格。

对③、④情形，应对其接受捐赠收入和其他各项收入依法补征企业所得税。

并非企业对外任何形式的捐赠都允许税前扣除，而必须是用于公益性事业的捐赠，才允许税前扣除。允许扣除的公益、救济性捐赠，必须是通过公益性社会团体或者县级以上人民政府及其部门，用于《公益事业捐赠法》规定的公益事业的捐赠。企业直接对外捐赠不允许扣除。

◆ **有关资产的费用**

企业转让各类资产发生的费用允许扣除。企业按规定计算的固定资产折旧费、无形资产和递延资产的摊销费，准予扣除。

◆ **总机构分摊的费用**

非居民企业在中国境内设立的机构、场所，就其中国境外总机构发生的与该机构、场所经营有关的费用，能够提供总机构出具的费用汇集范围、定额、分配依据和方法等证明文件，并合理分摊的，准予扣除。

◆ **资产损失**

企业发生的资产盘亏、报废净损失，减除责任人赔偿和保险赔款后的余额，经主管税务机关审核可以扣除。企业因管理不善造成的资产被盗、丢失、霉烂变质等损失不得抵扣的进项税额，应视同财产损失，与资产损失一起在所得税前按规定扣除。

◆ **其他**

依照有关法律、行政法规和国家有关税法规定准予扣除的其他项目，如会员费、合理的会议费、差旅费、违约金、诉讼费等可以扣除。

相关知识

◆ **不得扣除的项目**

《企业所得税法》第十条规定，在计算应纳税所得额时，下列支出不得扣除。

(1) 向投资者支付的股息、红利等权益性投资收益款项，股息、红利等是企业向投资者支付的投资报酬，必须在缴纳了企业所得税之后才能进行。

(2) 企业所得税税款。

(3) 税收滞纳金。

(4) 罚金、罚款和被没收财物的损失，这里要明确罚金和罚款的区别：

罚金是法院判处的经济刑，属于刑事责任中附加刑，在所得税前不得扣除，而罚款包括企业间的罚款(例如企业间罚息、违约金，所得税前可扣除)和政府对企业的行政罚款(所得税前不可扣除)两类。

(5)《企业所得税法》第九条规定以外的捐赠支出，即企业发生的非公益性捐赠支出、向受益人的直接捐赠支出、超标准的公益性捐赠支出，不得扣除。

(6) 赞助支出。《企业所得税法实施条例》第五十四条规定，赞助支出是指企业发生的与生产经营活动无关的各种非广告性质支出。

在现实生活中，由于赞助的范围很难界定，所以，税法规定赞助支出不允许税前扣除。纳税人向经过工商部门批准专门从事广告业的部门赞助的广告性支出可以作为生产、经营的费用允许在税前扣除。赞助费之所以不允许扣除的主要原因在于其不规范性，赞助费类似于不符合条件的捐赠支出，这是不能扣除的，有时候赞助费是一种广告宣传性质的支出，但是必须采取规范的广告费的形式，否则也是不能扣除的。

(7) 未经核定的准备金支出。《企业所得税法实施条例》第五十五条规定，未经核定的准备金支出是指不符合国务院财政、税务主管部门规定的各项资产减值准备、风险准备等准备金支出。

(8) 与取得收入无关的其他支出。

(9)《企业所得税法实施条例》第四十九条规定，企业之间支付的管理费、企业内营业机构之间支付的租金和特许权使用费，以及非银行企业内营业机构之间支付的利息，不得扣除。

实例详解

【例 2-5】 某企业本纳税年度发生合理的工资、薪金支出 300 万元，发生职工福利费支出 39 万元，拨缴的工会经费 6 万元，发生的职工教育经费支出 12 万元。试问三项经费如何扣除？

【分析】

职工福利费规定的扣除限额＝300×14％＝42(万元)

工会经费规定的扣除限额＝300×2％＝6(万元)

职工教育经费规定的扣除限额＝300×2.5％＝7.5(万元)

职工教育经费可以结转下年扣除：12－7.5＝4.5(万元)

【例 2-6】 某企业 2010 年平均职工人数 1000 人，全年实际发生合理的工资薪金支出 1800 万元，全年发生职工福利费支出 260 万元，2010 年准予在税前扣除的职工福利费是多少？超过标准扣除的部分是否可结转下年抵扣？

【分析】

准予在税前扣除的职工福利费限额＝1800×14％＝252(万元)

实际发生职工福利费支出 260 万元。

准予在税前扣除的职工福利费是 252 万元。

超过扣除标准＝260－252＝8(万元)，不允许结转下年扣除。

【例 2-7】 某企业 2010 年度实际发生合理的工资薪金支出 70 万元，实际发生职工教育经费 4 万元，该企业在计算应纳税所得额时允许扣除的职工教育经费是多少？不允许扣除部分是否可结转下年扣除？

【分析】

税法规定允许扣除职工教育经费限额＝70×2.5％＝1.75(万元)

超过限额部分＝4－1.75＝2.25(万元)

调增应纳税所得额 2.25 万元，超过标准的 2.25 万元可以在以后纳税年度结转扣除。

【例 2-8】 A 企业向银行借款 500 万元用于建造厂房，借款期从 2010 年 1 月 1 日至 12 月 31 日，支付当年全年借款利息 36 万元，该厂房于 2010 年 10 月 31 日达到可使用状态交付使用，11 月 30 日做完完工结算。试问 A 企业当年税前可扣除的利息费用是多少？

【分析】 固定资产购建期间发生的合理的利息费用应予以资本化，交付使用后发生的利息，可在发生当期扣除。

该企业当年税前可扣除的利息费用＝36÷12×2＝6(万元)

【例 2-9】 某企业 2010 年销售收入 12000 万元，实际发生业务招待费 100 万元，允许在企业所得税前扣除的业务招待费是多少？

【分析】

业务招待费扣除限额＝12000×5‰＝60(万元)

业务招待费发生额的 60％＝100×60％＝60(万元)

该企业允许在所得税前扣除的业务招待费是 60 万元。

企业实际发生业务招待费支出 100 万元。

应调增应纳税所得额＝100－60＝40(万元)

【例 2-10】 某企业 2010 年销售货物收入 3200 万元，让渡专利使用权收入 320 万元，包装物出租收入 120 万元，视同销售货物收入 650 万元，转让商标所有权收入 200 万元，接受捐赠收入 25 万元，债务重组收益 12 万元，当年实际发生业务招待费 32 万元。试问该企业当年可在所得税前列支的业务招待费金额是多少？

【分析】 转让商标所有权、捐赠收入、债务重组收益均属于营业外收入范畴，不能作为计算业务招待费的收入基数。

确定计算业务招待费的收入基数＝3200＋320＋120＋650＝4290（万元）

业务招待费发生额的 60％＝32×60％＝19.2（万元）

税前扣除限额＝4290×5‰＝21.45（万元）

由于业务招待费发生额的 60％小于当年销售收入的 5‰，在计算应纳税所得额时按照 19.2 万元扣除，实际支出的业务招待费 32 万元和税前扣除的业务招待费 19.2 万元之间的差额 12.8 万元作纳税调增处理。

【例 2-11】 某企业 2009 年度发生符合条件的广告费和业务宣传费支出 500 万元，企业当年的销售收入为 2600 万元。2010 年度发生符合条件的广告费和业务宣传费支出 500 万元，企业当年的销售收入为 4500 万元。

（1）2009 年广告费和业务宣传费支出如何扣除？

（2）2010 年广告费和业务宣传费支出如何扣除？

【分析】

（1）2009 年按照 15％的比例计算的广告费和业务宣传费支出的扣除限额只有 390 万元（2600×15％）。该企业当年的广告费和业务宣传费支出，在计算应纳税所得额的时候只能扣除 390 万元，超过扣除限额的 110 万元（500－390）可以在以后年度结转扣除。所得税汇算时调增应纳税所得额 110 万元。

（2）广告费和业务宣传费的扣除限额＝4500×15％＝675（万元）

2010 年实际发生的广告费和业务宣传费支出 500 万元加上上年结转待扣金额 110 万元，共计 610 万元，没有超过当年的扣除限额。2010 年可在税前扣除的金额为 610 万元。所得税汇算时调减应纳税所得额 110 万元。

【例 2-12】 某企业自 2010 年 5 月 1 日起租入一幢门面房用作产品展示厅，一次支付 1 年租金 36 万元。试问计入 2010 年成本费用的租金是多少？

【分析】 以经营租赁方式租入固定资产发生的租赁费支出，按照租赁期限均匀扣除。

该企业 2010 年有 8 个月租用该房屋，则计入当年成本费用的租金为 24 万元(36÷12×8)。

【例 2-13】 某企业自 2010 年 2 月 1 日起融资租入一台设备，合同规定每月向出租方支付租赁费 3.2 万元，共支付 3 年，3 年后支付象征性买断款 1 元，该设备归该企业所有。试问该企业能否按月将支付的 3.2 万元租赁费作为租金额计入成本费用，直接在所得税前扣除？

【分析】 该企业不得将融资租赁发生的租赁费直接扣除。融资租赁固定资产应视同自有固定资产通过折旧的方式进行价值转移，构成融资租赁固定资产价值的部分应当提取折旧费用，分期扣除。

【例 2-14】 2010 年，某企业产品销售收入 900 万元，销售成本 600 万元，销售费用 120 万元，管理费用 80 万元，财务费用 15 万元，营业外支出 25 万元(包括通过市级民政部门向灾区捐赠现金 20 万元，直接向灾区捐赠现金 5 万元)。该企业可以税前扣除的公益性捐赠支出限额是多少？该企业应缴纳多少企业所得税？

【分析】

企业会计利润＝900－600－120－80－15－25＝60(万元)

通过市级民政部门向灾区的捐赠在会计利润 12%的比例内准予扣除，直接向灾区的捐赠属非公益性捐赠不得税前扣除。

可在税前扣除的公益性捐赠支出限额＝60×12%＝7.2(万元)

应调增应纳税所得额＝20－7.2＋5＝17.8(万元)

应纳企业所得税＝(60＋17.8)×25%＝19.45(万元)

【例 2-15】 某公司非金融、保险企业 2010 年度的销售收入为 1200 万元，实际发生的符合条件的广告费支出为 210 万元，各种非广告性质的赞助支出为 120 万元。试问该公司 2010 年度的支出中不能扣除的数额是多少？

【分析】 企业实际发生的与取得收入有关的、合理的支出，包括成本、费用、税金、损失和其他支出，准予在计算应纳税所得额时扣除。

企业发生的符合条件的广告费和业务宣传费支出，除国务院财政、税务主管部门另有规定的外，不超过当年销售(营业)收入 15%的部分，准予扣除；超过部分，准予在以后纳税年度结转扣除。

该公司 2010 年度的销售收入为 1000 万元，当年广告费支出扣除限额为 180 万元(1200×15%)。

该公司2010年度实际发生的符合条件的广告费支出为210万元，其中180万元可以在当年扣除，剩余的30万元可以在2011年度予以扣除。

在计算应纳税所得额时，赞助支出不得扣除。这里的赞助支出是指企业发生的与生产经营活动无关的各种非广告性质支出。

该公司2010年度各种非广告性质的赞助支出120万元不能在当年度扣除，也不能在以后年度扣除。

【例2-16】 该公司2010年度未经国务院财政、税务主管部门核定而提取各项资产减值准备金120万元、风险准备金120万元，并进行了税前扣除。试问该公司的税务处理是否正确？

【分析】 该公司的税务处理是错误的。在计算应纳税所得额时，未经核定的准备金支出不得扣除。未经核定的准备金支出是指不符合国务院财政、税务主管部门规定的各项资产减值准备、风险准备等准备金支出。该公司2010年度未经国务院财政、税务主管部门核定而提取各项资产减值准备金120万元以及风险准备金120万元均不能在税前扣除。

2.4 亏损弥补

要 点

亏损是指企业依照《企业所得税法》及其实施条例的规定，将每一纳税年度的收入总额减除不征税收入、免税收入和各项扣除后小于零的数额。税法规定，企业纳税年度发生的亏损，准予向以后年度结转、用以后年度的所得弥补，但结转年限最长不得超过五年。而且，企业在汇总计算缴纳企业所得税时，其境外营业机构的亏损不得抵减境内营业机构的盈利。

解 释

◆ 亏损弥补

《企业所得税法》第十八条规定，企业纳税年度发生的亏损，准予向以后年度结转，用以后年度的所得弥补，但结转年限最长不得超过五年。五年内无论是盈利或亏损，都作为实际弥补期限计算。

亏损结转是一个比较复杂的制度，在实践中可以参照以下规定执行：

(1) 汇总企业亏损结转，汇总、合并纳税成员企业在汇总、合并前发生的亏损，仍可用本企业以后年度的所得予以弥补。

(2) 企业分立亏损结转,在企业分立情况下,企业分立前尚未弥补的经营亏损,根据分立协议约定由分立后的各企业负担的数额,按税法规定的亏损弥补年限,在剩余期限内,由分立后的各企业逐年延续弥补。

(3) 企业兼并亏损结转,在企业兼并情况下,被合并企业合并以前的全部企业所得税纳税事项由合并企业承担,以前年度的亏损,如果未超过法定弥补期限,可由合并企业继续按规定用以后年度实现的与被合并企业资产相关的所得弥补。具体按下列公式计算:

某一纳税年度可弥补被合并企业亏损的所得额=合并企业某一纳税年度未弥补亏损前的所得额×(被合并企业净资产公允价值÷合并后合并企业全部净资产公允价值)

被兼并企业在被兼并后仍独立纳税的,其兼并前尚未弥补的亏损,可在规定期限内,由其以后年度的所得逐年延续弥补。被兼并企业在被兼并后不具有独立纳税资格,在税法规定期限内,可由兼并企业用以后年度的所得逐年延续弥补。

(4) 企业重组亏损结转,进行股权重组情况下,在股权转让前尚未弥补的经营亏损,可按税法规定的期限,在剩余期限内,由股权重组后的企业,逐年延续弥补。

(5) 汇总纳税亏损结转,汇总纳税的企业汇总后为亏损的,其亏损额由总机构用以后年度的汇总所得按规定弥补,汇总纳税企业取消汇总纳税后,其以前年度汇总尚未弥补的亏损额,经主管税务机关审核确认后,报经国家税务总局批准,可按照各亏损成员企业以前年度发生亏损额的比例进行分解,成员企业按分解的亏损额,在规定的剩余期限内结转弥补。

相关知识

◆ 境外机构亏损的税务处理

《企业所得税法》第十七条规定,企业在汇总计算缴纳企业所得税时,其境外营业机构的亏损不得抵减境内营业机构的盈利。但是企业境外业务之间的盈亏可以相互弥补,即同一个国家内的盈亏可以相互弥补,不同国家的盈亏不能相互弥补。我国境外所得已纳税额抵免限额是分国不分项计算的。

企业的境内分支机构不具有独立的法人资格,应当和企业一起合并缴纳企业所得税,分支机构的亏损可以用总机构的盈利来弥补,总机构的亏损也可以用分支机构的盈利来弥补,这是一般的原则。但是在涉及境外分支机构时，国家通常会作出一些变通的规定。《企业所得税法》第十七条规定境外营业机构的亏损不得抵减境内营业机构的盈利，即境内营业机构和境外营业机构应当分别计算自己的应纳税所得额，并且分别计算自己的应纳税额。汇总缴纳企业所得税，仅仅是指在最后缴纳时汇总在一起，但是在之前的计算中都是分开。

这种规定主要是考虑到境外的经营机构属于外国的常设机构，该常设机构应当和当地的独立纳税人一样核算收入和支出，并且按照当地税法的规定承担纳税义务。如果允许境内营业机构的盈利弥补境外营业机构的亏损，就会减少我国本来应当征收的税款，也就相当于我国用税款去弥补境内企业的境外亏损。但是根据常设机构的规则，外国通常不会允许用常设机构的盈利来弥补其总机构的亏损，从对等性原则出发，总机构所在国也不应当允许用总机构的盈利来弥补境外营业机构的亏损。这是为了避免企业将境外营业机构的亏损转嫁到境内，减少本国的税收。

实例详解

【例 2-17】 假设某企业从 2010—2018 年，各年度弥补亏损前的应纳税所得额情况如表 2-1 所示。试问 2015 年起各年度弥补以前年度亏损以后的应纳税所得额是多少？

表 2-1　2010—2018 年度应纳税所得额　　金额单位：万元

年度	2010	2011	2012	2013	2014	2015	2016	2017	2018
应纳税所得额	−70	−50	−40	−20	0	10	30	40	90

【分析】 企业纳税年度发生的亏损，准予向以后年度结转，用以后年度的所得弥补，但是结转年限最长不得超过 5 年。所以，企业在计算当年度的应纳税所得额时，如果以前 5 个纳税年度有亏损，应当用该年度的应纳税所得额减去亏损的数额，如果仍有余额才需要缴纳企业所得税。

2015 年度，该企业弥补亏损前的应纳税所得额为 10 万元，但其前 5 年有亏损，2015 年的应纳税所得额首先用于弥补 2010 年的亏损，弥补以后，该企业 2015 年度应纳税所得额为 0。

2016 年度，该企业弥补亏损前的应纳税所得额为 30 万元，该应纳税所得额最多可以弥补 2011 年的亏损，弥补亏损以后，2016 年度的应纳税所得额为 0。

2017 年度，该企业弥补亏损前的应纳税所得额为 40 万元，该应纳税所得额最多可以弥补 2012 年的亏损，弥补亏损以后，2017 年度的应纳税所得额为 0。

2018 年度，该企业弥补亏损前的应纳税所得额为 90 万元，该应纳税所得额最多可以弥补 2013 年度的亏损，弥补亏损以后，2018 年度的应纳税所得额为 70 万元。

【例 2-18】 某企业 2010 年度的总收入为 1200 万元，企业按照税法规定自己计算的成本为 500 万元，费用为 210 万元，损失为 60 万元，税金为 120 万元。另外，该企业还在 A 国设立了一家分支机构，该分支机构当年度亏损 60 万元；在 B 国设立一家分支机构，该分支机构当年度亏损 90 万元。试问该企业 2010 年纳税年度应纳税所得额是多少？

【分析】 企业在汇总计算缴纳企业所得税时，其境外营业机构的亏损不得抵减境内营业机构的盈利。因此，该企业在 A 国和 B 国设立的两个分支机构的亏损不得抵减境内营业机构的盈利。

该企业 2010 年纳税年度的应纳税所得额＝1200－500－210－60－120＝310(万元)

2.5 资产的税务处理

要 点

资产是指企业过去的交易或者事项形成的、由企业拥有或者控制的、预期会给企业带来经济利益的资源。资产税务处理的最终目的是要确定准予税前扣除的项目金额，从而为正确计算应纳税所得额奠定坚实的基础。

解 释

◆ 固定资产的税务处理

《企业所得税法实施条例》第五十七条规定，固定资产是指企业为生产产品、提供劳务、出租或者经营管理而持有的、使用时间超过 12 个月的非货币性资产，包括房屋、建筑物、机器、机械、运输工具以及其他与生产经营活动有关的设备、器具、工具等。

1. 固定资产的计税基础

《企业所得税法实施条例》第五十八条规定，固定资产按照以下方法确定计税基础：

(1) 外购的固定资产，以购买价款和支付的相关税费以及直接归属于使该资产达到预定用途发生的其他支出为计税基础；

(2) 自行建造的固定资产，以竣工结算前发生的支出为计税基础；

(3) 融资租入的固定资产，以租赁合同约定的付款总额和承租人在签订租赁合同过程中发生的相关费用为计税基础，租赁合同未约定付款总额的，以该资产的公允价值和承租人在签订租赁合同过程中发生的相关费用为计税基础；

(4) 盘盈的固定资产，以同类固定资产的重置完全价值为计税基础；

(5) 通过捐赠、投资、非货币性资产交换、债务重组等方式取得的固定资产，以该资产的公允价值和支付的相关税费为计税基础；

(6) 改建的固定资产，除已足额提取折旧规定资产的改建支出和租入固定资产的改建支出外，以改建过程中发生的改建支出增加计税基础。

2. 固定资产的折旧范围

在计算应纳税所得额时，企业按照规定计算的固定资产折旧，准予扣除。下列固定资产不得计算折旧扣除：

(1) 房屋、建筑物以外未投入使用的固定资产；

(2) 以经营租赁方式租入的固定资产；

(3) 以融资租赁方式租出的固定资产；

(4) 已足额提取折旧仍继续使用的固定资产；

(5) 与经营活动无关的固定资产；

(6) 单独估价作为固定资产入账的土地；

(7) 其他不得计算折旧扣除的固定资产。

3. 固定资产折旧的计提方法

《企业所得税法》第十一条规定，在计算应纳税所得额时，企业按照规定计算的固定资产折旧，准予扣除。

《企业所得税法实施条例》第五十九条规定，固定资产按照直线法计算的折旧，准予扣除。企业应当自固定资产投入使用月份的次月起计算折旧；停止使用的固定资产，应当自停止使用月份的次月起停止计算折旧。

直线法中的平均年限法的计算公式如下：

年折旧率＝(1－预计净残值率)÷折旧年限×100％

月折旧率＝年折旧率÷12

月折旧额＝固定资产原值×月折旧率

企业应当根据固定资产的性质和使用情况，合理确定固定资产的预计净残值。固定资产的预计净残值一经确定，不得变更。

《企业所得税法实施条例》第六十一条规定，从事开采石油、天然气等矿产资源的企业，在开始商业性生产前发生的费用和有关固定资产的折耗、折旧方法，由国务院财政、税务主管部门另行规定。

国家税务总局《关于企业所得税若干税务事项衔接问题的通知》(国税函[2009]98 号)规定如下。

(1) 关于已购置固定资产预计净残值和折旧年限的处理问题。《企业所得税法》实施前已投入使用的固定资产，企业已按原税法规定预计净残值并计提的折旧，不做调整。《企业所得税法》实施后，对此类继续使用的固定资产，可以重新确定其残值，并就其尚未计提折旧的余额，按照《企业所得税法》规定的折旧年限减去已经计提折旧的年限后的剩余年限，按规定的折旧方法计算折旧。《企业所得税法》实施后，固定资产原确定的折旧年限不违背《企业所得税法》规定原则的，也可以继续执行。

(2) 关于递延所得的处理。企业按原税法规定已做递延所得确认的项目，其余额可在原规定的递延期间的剩余期间内继续均匀计入各纳税期间的应纳税所得额。

4. 固定资产折旧的计提年限

《企业所得税法实施条例》第六十条规定，除国务院财政、税务主管部门另有规定外，固定资产计算折旧的最低年限如下：

(1) 房屋、建筑物为 20 年；

(2) 飞机、火车、轮船、机器、机械和其他生产设备为 10 年；

(3) 与生产经营活动有关的器具、工具、家具等为 5 年；

(4) 飞机、火车、轮船以外的运输工具为 4 年；

(5) 电子设备为 3 年。

此外，按照财政部、国家税务总局《关于企业所得税若干优惠政策的通知》(财税[2008]1 号)的规定，企事业单位购进软件，凡符合固定资产或无形资产确认条件的，可以按照固定资产或无形资产进行核算，经主管税务机关核准，其折旧或摊销年限可以适当缩短，最短可为 2 年。集成电路生产企业的生产性设备，经主管税务机关核准，其折旧年限可以适当缩短，最短可为 3 年。

◆ 生物资产的税务处理

《企业会计准则第 5 号——生物资产》规定，生物资产是指有生命的动物与植物。生物资产分为消耗性生物资产、生产性生物资产和公益性生物资产。生产性生物资产是指企业为生产农产品、提供劳务或者出租等而持有的生物资产，包括经济林、薪炭林、产畜和役畜等。

生物资产同时满足下列条件的，才能予以确认：

（1）企业因过去的交易或者事项而拥有或者控制该生物资产；

（2）与该生物资产有关的经济利益或服务潜能很可能流入企业；

（3）该生物资产的成本能够可靠地计量。

生产性生物资产在一定程度上具有固定资产的特征。

1. 生物性生物资产的计税基础

《企业所得税法实施条例》第六十二条规定，生产性生物资产按照以下方法确定计税基础：

（1）外购的生产性生物资产，以购买价款和支付的相关税费为计税基础；

（2）通过捐赠、投资、非货币性资产交换、债务重组等方式取得的生产性生物资产，以该资产的公允价值和支付的相关税费为计税基础。

2. 生物性生物资产的折旧方法

《企业所得税法实施条例》第六十三条规定，生产性生物资产按照直线法计算的折旧，准予扣除。企业应当自生产性生物资产投入使用月份的次月起计算折旧；停止使用的生产性生物资产，应当自停止使用月份的次月起停止计算折旧。

企业应当根据生产性生物资产的性质和使用情况，合理确定生产性生物资产的预计净残值。生产性生物资产的预计净残值一经确定，不得变更。

可见，生产性生物资产的折旧方法与固定资产的折旧方法相同。

3. 生物性生物资产的折旧年限

《企业所得说实施条例》第六十四条规定，生产性生物资产计算折旧的最低年限如下：

（1）林木类生产性生物资产为 10 年；

（2）畜类生产性生物资产为 3 年。

◆ 无形资产的税务处理

《企业所得税法实施条例》第六十五条规定，无形资产是指企业为生产产品、提供劳务、出租或者经营管理而持有的、没有实物形态的非货币性长期资产，包括专利权、商标权、著作权、土地使用权、非专利技术、商誉等。

（1）专利权是指专利权人对其发明、实用新型和外观设计在一定期间内所享有的人身权和财产权。

（2）商标权是指自然人、法人或者其他组织对其依法申请注册的商标所享有的人身权和财产权。

(3) 著作权是指著作权人对其作品所享有的人身权和财产权。著作权人包括：作者以及其他依照本法享有著作权的公民、法人或者其他组织。著作权的内容包括发表权、署名权、修改权、保护作品完整权、复制权、发行权、出租权、展览权、表演权、放映权、广播权、信息网络传播权、摄制权、改编权、翻译权、汇编权以及应当由著作权人享有的其他权利。

(4) 土地使用权是指自然人、法人或者其他组织在使用期限内转让、出租、抵押土地或者将土地用于其他经济活动的权利。

(5) 非专利技术是指未申请专利的技术成果、未授予专利权的技术成果以及专利法规定不授予专利权的技术成果。非专利技术成果应具备的条件：包括技术知识、经验和信息的技术方案或技术诀窍；处于秘密状态，即不能从公共渠道直接获得；有实用价值，即能使所有人获得经济利益或竞争优势；拥有者采取了适当保密措施，并且未曾在没有约定保密义务的前提下将其提供给他人。

(6) 商誉是指企业凭借主客观因素创造的良好的声誉和社会知名度，商誉具有可长期使用性、收益具有不确定性、无实物形态性以及垄断性等特征。

(7)《企业会计准则第 6 号——无形资产》指出，无形资产满足下列条件，才能予以确认：

① 与该无形资产有关的经济利益很可能流入企业；

② 该无形资产的成本能够可靠地计量。

1. 无形资产的计税基础

《企业所得税法实施条例》第六十六条规定，无形资产按照以下方法确定计税基础：

(1) 外购的无形资产，以购买价款和支付的相关税费以及直接归属于使该资产达到预定用途发生的其他支出为计税基础；

(2) 自行开发的无形资产，以开发过程中该资产符合资本化条件后至达到预定用途前发生的支出为计税基础。

自 2007 年 1 月 1 日在上市公司实施的会计准则中，对于企业自行进行的研究开发项目，无形资产准则要求对研究阶段与开发阶段两个部分分别进行核算。其中研究阶段是指为获取新的技术和知识等进行的有计划的调查、研究活动；开发阶段是指在进行商业性生产或使用前，将研究成果或其他知识应用于某项计划或设计，以生产出新的或具有实质性改进的材料、装置、产品等。研究阶段和不符合资本化条件的开发阶段的支出应计入当期的费用，在税前一次性扣除；开发过程中符合资本化条件后至达到预定用途前发生的实际支出作为资本性支出，计入无形资产的计税基础，分期摊销。在开发阶段，判断可以将有关支出资本化计入无形资产成本的条件包括：

① 完成该无形资产以使其能够使用或出售在技术上具有可行性；

② 具有完成该无形资产并使用或出售的意图；

③ 无形资产产生经济利益的方式，包括能够证明运用该无形资产生产的产品存在市场或无形资产自身存在市场，无形资产将在内部使用的，应当证明其有用性；

④ 有足够的技术、财务资源和其他资源支持，以完成该无形资产的开发，并有能力使用或出售该无形资产；

⑤ 归属于该无形资产开发阶段的支出能够可靠地计量。

在《企业所得税法》中，自行开发的无形资产，无论是否依法申请取得相应的权利，只要符合资本化条件，都应该资本化。

(3) 通过捐赠、投资、非货币性资产交换、债务重组等方式取得的无形资产，以该资产的公允价值和支付的相关税费为计税基础。

2. 无形资产的摊销范围

《企业所得税法》第十二条规定，在计算应纳税所得额时，企业按照规定计算的无形资产摊销费用，准予扣除。

下列无形资产不得计算摊销费用扣除：

(1) 自行开发的支出已在计算应纳税所得额时扣除的无形资产；

(2) 自创商誉；

(3) 与经营活动无关的无形资产；

(4) 其他不得计算摊销费用扣除的无形资产。

3. 无形资产的摊销方法及年限

《企业所得税法》第十二条规定，在计算应纳税所得额时，企业按照规定计算的无形资产摊销费用，准予扣除。

《企业所得税法实施条例》第六十七条规定，无形资产按照直线法计算的摊销费用，准予扣除。无形资产的摊销年限不得低于10年。

作为投资或者受让的无形资产，有关法律规定或者合同约定了使用年限的，可以按照规定或者约定的使用年限分期摊销。对于法律规定或者合同约定的使用年限，从企业实际情况看，按照规定或者约定的较短使用年限摊销，将有助于企业增加税前扣除金额，降低当年的应纳税所得额，降低应纳税额，可以获得相应税款的货币时间价值。

外购商誉的支出，在企业整体转让或者清算时，准予扣除。

◆ 长期待摊费用的税务处理

长期待摊费用是指企业已经支出，但是根据权责发生制的原则，应由本期和以后各期分别负担，摊销期限在1年以上(不含1年)的各项费用，包括租入固定资产的改建支出、固定资产的大修理支出等以及其他长期待摊费用。长期待摊费用应当单独核算，在费用的受益期内分期平均摊销。其处理方式类似固定资产和无形资产的处理方式。

《企业所得税法》第十三条规定，在计算应纳税所得额时，企业发生的下列支出作为长期待摊费用，按照规定摊销的，准予扣除：

(1) 已足额提取折旧的固定资产的改建支出；

(2) 租入固定资产的改建支出；

(3) 固定资产的大修理支出；

(4) 其他应当作为长期待摊费用的支出。

需要注意的是，固定资产的修理支出不等同于固定资产的大修理支出。固定资产的修理支出可在发生当期直接扣除；固定资产的大修理支出，则要按照固定资产尚可使用年限分期摊销《企业所得税法》所指固定资产的大修理支出。

《企业所得税法实施条例》第六十八条规定，固定资产的改建支出是指改变房屋或者建筑物结构、延长使用年限等发生的支出。已足额提取折旧的固定资产的改建支出按照固定资产预计尚可使用年限分期摊销；租入固定资产的改建支出按照合同约定的剩余租赁期限分期摊销。

改建的固定资产延长使用年限的，除已足额提取折旧的改建的固定资产、租入的改建的固定资产规定外，应当适当延长折旧年限。

《企业所得税法实施条例》第六十九条规定，固定资产的大修理支出是指同时符合下列条件的支出：

(1) 修理支出达到取得固定资产时的计税基础50%以上；

(2) 修理后固定资产的使用年限延长2年以上。

固定资产的大修理支出，按照固定资产尚可使用年限分期摊销。但会计核算时不分大修理、中修理还是小修理，一律进费用，所以当该修理支出属税法中规定的大修理支出则需进行纳税调整。

《企业所得税法实施条例》第七十条规定，其他应当作为长期待摊费用的支出，自支出发生月份的次月起，分期摊销，摊销年限不得低于3年。

◆ 存货的税务处理

存货是指企业持有以备出售的产品或者商品、处在生产过程中的在产品、在生产或者提供劳务过程中耗用的材料和物料等。

1. 存货的计税基础

存货按照以下方法确定成本：

(1) 通过支付现金方式取得的存货，以购买价款和支付的相关税费为成本；

(2) 通过支付现金以外的方式取得的存货，以该存货的公允价值和支付的相关税费为成本；

(3) 生产性生物资产收获的农产品，以产出或者采收过程中发生的材料费、人工费和分摊的间接费用等必要支出为成本。

2. 存货成本的计算方法

企业使用或者销售的存货的成本计算方法包括先进先出法、加权平均法和个别计价法。计价方法一经选用，不得随意变更。

企业转让以上资产，在计算应纳税所得额时，资产的净值允许扣除。其中，资产的净值是指有关资产、财产的计税基础减除已经按照规定扣除的折旧、折耗、摊销、准备金等后的余额。

除国务院财政、税务主管部门另有规定外，企业在重组过程中，应当在交易发生时确认有关资产的转让所得或者损失，相关资产应当按照交易价格重新确定计税基础。

◆ 投资资产的税务处理

《企业所得税法》第十四条、《企业所得税法实施条例》第七十一条规定，企业投资资产是指企业对外进行权益性投资和债权性投资形成的资产。

权益性投资是指以购买被投资企业股票、股份、股权等类似形式进行的投资，投资企业拥有被投资企业的产权，是被投资单位的所有者之一，投资企业有权参与被投资单位的经营管理和利润分配。

债权性投资主要是指购买债券、债权的投资，投资企业与被投资企业之间形成了一种债权、债务关系，双方以契约形式规定了还本付息的期限和金额，投资企业对被投资企业只有投资本金和利息的索偿权，而没有参与被投资企业的经营管理权和利润分配权。

投资资产按照以下方法确定成本：

(1) 通过支付现金方式取得的投资资产，以购买价款为成本；

(2) 通过支付现金以外的方式取得的投资资产，以该资产的公允价值和支付的相关税费为成本，即企业以购买权益性证券、投资者投入、接受捐赠、非货币性资产交换、债务重组取得的投资资产，按该资产的公允价值和支付的相关税费为计税承包额。

对外投资期间，投资资产的成本在计算应纳税所得额时不得扣除。可见，企业的对外投资，在持有期间，不允许折旧和摊销，更不允许作为费用直接扣除。但企业在转让或者处置投资资产时，投资资产的成本，准予扣除。

相关知识

◆ 税法规定与会计规定差异的处理

税法规定与会计规定差异的处理，是指企业在财务会计核算中与税法规定不一致的，应当依照税法规定予以调整。即企业在平时进行会计核算时，可以按会计制度的有关规定进行账务处理；但在纳税申报时，对税法规定与会计制度规定有差异的，要按税法规定进行纳税调整。

(1) 企业不能提供完整、准确的收入及成本、费用凭证，不能正确计算应纳税所得额的，由税务机关核定其应纳税所得额。

(2) 企业依法清算时，以其清算终了后的清算所得为应纳税所得额，按规定缴纳企业所得税。所谓清算所得，是指企业的全部资产可变现价值或者交易价格减除资产净值、清算费用及相关税费等后的余额。

投资方企业从被清算企业分得的剩余资产，其中相当于从被清算企业累计未分配利润和累计盈余公积中应当分得的部分，应当确认为股息所得；剩余资产减除上述股息所得后的余额，超过或者低于投资成本的部分，应当确认为投资资产转让所得或者损失。

(3) 企业应纳税所得额是根据税收法规计算出来的，它在数额上与依据财务会计制度的利润总额往往不一致。因此，税法规定：对企业按照有关财务会计规定计算的利润总额，要按照税法的规定进行必要调整后，才能作为应纳税所得额计算缴纳所得税。

实例详解

【例 2-19】 某公司建造一栋房屋，2010 年 3 月 10 日完工，4 月 1 日投入使用，建造成本为 900 万元。该房屋预计可以使用 20 年，预计净残值为 60 万元。试问该公司每月应当就该房屋提取多少折旧？从哪个月开始提取折旧？

【分析】 固定资产按照直线法计算的折旧，准予扣除。企业应当自固定资产投入使用月份的次月起计算折旧；停止使用的固定资产，应当自停止使用月份的次月起停止计算折旧。企业应当根据固定资产的性质和使用情况,合理确定固定资产的预计净残值。固定资产的预计净残值一经确定,不得变更。

公司每月应当就该房屋提取折旧额＝(900－60)÷20÷12＝3.5(万元)

应当从2010年5月开始提取折旧。

【例2-20】 某公司外购一台机器,支付价款和相关税费合计800万元,预计使用期限为9年,该公司每年提取折旧100万元。试问该公司的税务处理方式是否正确?

【分析】 该公司的税务处理方式是错误的。机器的最低折旧年限是10年,所以,该公司应当按照10年期限提取折旧,每年提取折旧80万元。

【例2-21】 某公司为产出农产品、提供劳务或出租而持有经济林、薪炭林和役畜。该企业获得上述资产的购买价格分别为120万元、170万元和70万元,支付的相关税费分别为12万元、21万元和6万元。试问该公司上述资产的计税价格分别是多少?

【分析】 该公司持有的经济林、薪炭林和役畜资产显然属于生产性生物资产。外购生产性生物资产,以购买价款和支付的相关税费为计税基础。

该公司上述资产的计税价格分别是132万元(120＋12)、191万元(170＋21)和76万元(70＋6)。

【例2-22】 某企业外购一专利权,支付专利费120万元,支付相关税费12万元,为了将该专利权投入生产流程花费15万元。同年,该企业还自行开发一个商标并进行了注册,花费成本90万元。试问该企业的专利权和商标权的计税基础分别是多少?

【分析】 该企业所持有的专利权和商标权属于无形资产。外购的无形资产,以购买价款和支付的相关税费以及直接归属于使该资产达到预定用途发生的其他支出为计税基础。自行开发的无形资产,以开发过程中该资产符合资本化条件后至达到预定用途前发生的支出为计税基础。

该企业获得该专利权的计税基础＝120＋12＋15＝147(万元)

该企业商标权的计税基础为90万元。

【例2-23】 某公司外购一专利权,使用期限为7年,该公司为此支付价款和税费700万元。同时,该公司自行开发一商标权,开发费用为400万元。试问该项专利权、商标权每年摊销多少费用?

【分析】 无形资产按照直线法计算的摊销费用，准予扣除。无形资产的摊销年限不得低于 10 年。作为投资或者受让的无形资产，有关法律规定或者合同约定了使用年限的，可以按照规定或者约定的使用年限分期摊销。

该专利权所支付的费用应当在 7 年内采取直线法摊销。

该公司应当每年摊销的费用＝700÷7＝100(万元)

该商标权所支付的费用应当在 10 年内采取直线法摊销。

该公司应当每年摊销的费用＝400÷10＝40(万元)

【例 2-24】 某企业改变房屋结构、延长使用年限而发生费用 120 万元，延长房屋使用寿命 5 年，原房屋的计税基础为 900 万元，预计使用 20 年，预计残值为 60 万元，已经提取折旧 10 年。试问该笔费用应当如何进行税务处理？

【分析】

由于该房屋的计税基础为 900 万元，预计使用 20 年，预计残值为 60 万元。

每年提取折旧额＝(900－60)÷20＝42(万元)

该房屋已经提取折旧额＝42×10＝420(万元)

该房屋当前的账面价值＝900－420＝480(万元)

经过改建该房屋的账面价值＝480＋120＝600(万元)

该房屋的剩余使用年限是 15 年，残值是 60 万元。

该房屋以后年度应当每年提取的折旧额＝(600－60)÷15＝36(万元)

【例 2-25】 某企业 2010 年度取得总收入为 1500 万元，企业按照税法规定自己计算的成本为 500 万元，费用为 210 万元，损失为 60 万元，税金为 150 万元。该企业 2010 年 3 月份对另外一家企业投资，该项投资是以现金的形式进行的，投资额为 200 万元。试问该企业 2010 年纳税年度的应纳税所得额为多少？

【分析】 该企业 2010 年 3 月份对另外一家企业投资资产的成本 200 万元不能在计算应纳税所得额时扣除。

该企业 2010 年纳税年度的应纳税所得额＝1500－500－210－60－150＝580(万元)

2.6　企业重组的税务处理

要　点

随着我国市场经济体制改革的不断推进，资本市场发育日渐成熟，市场竞争逐渐加剧，出于经营管理的需要，企业之间的重组行为会经常发生，针对企业重组的税收安排显得十分必要。企业重组是涉及一个或一个以上企业的实质性或重大的法律或经济结构改变的交易，包括企业股权收购、资产收购、整体资产置换、企业合并、企业分立和企业法律形式的改变等。

解　释

◆ 企业法律形式改变的税务处理

企业法律形式改变是指企业注册名称、住所及企业组织形式等的简单改变，但符合《关于企业重组业务企业所得税处理若干问题的通知》(以下简称《通知》)规定其他重组的类型除外。

1. 企业转变为个人独资企业、合伙企业或转移至境外注册的税务处理

企业由法人组织转变为个人独资企业、合伙企业等非法人组织，或将登记注册地转移至中华人民共和国境外(包括港澳台地区)，应视同企业进行清算、分配，股东重新投资成立新企业。

根据《民法通则》规定：法人是按照《公司法》注册登记，具有民事权利能力和民事行为能力，依法独立享有民事权利和承担民事义务的组织。合伙企业是按照《合伙企业法》设立，由合伙人订立合伙协议，共同出资、共享收益、共担风险，并由合伙人对合伙企业债务承担无限连带责任的营利性组织。个人独资企业是依照《独资企业法》设立，由一个自然人投资，财产为投资人个人所有，投资人以其个人财产对企业债务承担无限责任的经济实体。

从税法角度来讲，法人的纳税人是法人组织，合伙企业、个人独资企业的纳税人是自然人。法人转变为个人独资企业、合伙企业，意味着法人组织的结束，再重新设立非法人组织。根据《公司法》和《企业破产法》等规定法人组织需要进行清算。

企业“将登记注册地转移至中华人民共和国境外”，意味着结束居民

企业，再依照外国法律设立企业，同样需要对居民企业进行清算。

企业法律形式改变是指企业注册名称、住所及企业组织形式等的简单改变，与企业由法人转变为个人独资企业、合伙企业等非法人组织，或将登记注册地转移至中华人民共和国境外（包括港澳台地区）显然不同。后者是企业不再持续经营，结束自身业务、处置资产、偿还债务及向所有者分配剩余财产等经济行为，企业具备清算条件的，应当按照《企业所得税法》的有关规定进行清算，依法对清算所得、清算所得税、股息分配等事项进行处理。

2. 企业发生法律形式简单改变的税务处理

企业发生其他法律形式简单改变的，是指企业注册名称、住所以及企业组织形式等的简单改变，可直接变更税务登记，除另有规定外，有关企业所得税纳税事项（包括亏损结转、税收优惠等权益和义务）由变更后企业承继，但因住所发生变化而不符合税收优惠条件的除外。

◆ 企业债务重组的税务处理

债务重组是指在债务人发生财务困难的情况下，债权人按照其余债务人达成的书面协议或者法院裁定书，就其债务人的债务作出让步的事项。

1. 债务重组的一般性税务处理

（1）以非货币资产清偿债务，应当分解为转让相关非货币性资产和按非货币性资产公允价值清偿债务两项业务，确认相关资产的所得或损失。

（2）发生债权转股权的，应当分解为债务清偿和股权投资两项业务，确认有关债务清偿所得或损失。

（3）债务人应当按照支付的债务清偿额低于债务计税基础的差额，确认债务重组所得；债权人应当按照收到的债务清偿额低于债权计税基础的差额，确认债务重组损失。

（4）债务人的相关所得税纳税事项原则上保持不变。

2. 债务重组的特殊性税务处理

（1）特殊性税务处理的条件

债务重组同时符合下列条件的，适用特殊性税务处理规定。

① 具有合理的商业目的，且不以减少、免除或者推迟缴纳税款为主要目的。

② 被收购、合并或分立部分的资产或股权比例符合本《通知》规定的比例。

③ 企业重组后的连续12个月内不改变重组资产原来的实质性经营活动。

④ 重组交易对价中涉及股权支付金额符合本《通知》规定比例。

⑤ 企业重组中取得股权支付的原主要股东，在重组后连续12个月内，不得转让所取得的股权。

(2) 特殊性税务处理方法

① 企业债务重组确认的应纳税所得额占该企业当年应纳税所得额50%以上，可以在5个纳税年度的期间内，均匀计入各年度的应纳税所得额。

② 企业发生债权转股权业务，对债务清偿和股权投资两项业务暂不确认有关债务清偿所得或损失，股权投资的计税基础以原债权的计税基础确定。企业的其他相关所得税事项保持不变。

◆ 资产收购的税务处理

资产收购是指一家企业(以下称为受让企业)购买另一家企业(以下称为转让企业)的股权，以实现对被收购企业控制的交易。收购企业支付对价的形式包括股权支付、非股权支付或者两者的组合。

1. 资产收购的一般性税务处理

资产收购重组交易，一般性税务处理的相关交易应按以下规定处理。

(1) 被收购方应确认资产转让所得或损失，计算缴纳企业所得税。

(2) 收购方取得资产的计税基础应以公允价值为基础确定。

由于被收购方确认了资产转让所得或损失，计算并缴纳了企业所得税，完成了计税基础，所以受让企业取得转让企业资产的计税基础，可以按照公允价值确定。

(3) 被收购企业的相关所得税事项原则上保持不变。

2. 资产收购的特殊性税务处理

(1) 特殊性税务处理的条件

① 具有合理的商业目的，且不以减少、免除或者推迟缴纳税款为主要目的。

② 资产收购，受让企业收购的资产不低于转让企业全部资产的75%。

③ 受让企业在该资产收购发生时的股权支付金额不低于其交易支付总额的85%。

④ 资产收购后的连续12个月内不改变重组资产原来的实质性经营活动。

⑤ 资产收购中取得股权支付的原主要股东，在重组后连续 12 个月内，不得转让所取得的股权。

(2) 特殊性税务处理的方法

1) 企业资产收购同时具备上述条件的，对交易中“股权支付”暂不确认有关资产的转让所得或损失。

2) “非股权支付”仍应在交易当期确认相应的资产转让所得或损失，并调整相应资产的计税基础。

非股权支付对应的资产转让所得或损失=(被转让资产的公允价值－被转让资产的计税基础)×(非股权支付金额÷被转让资产的公允价值)

3) 转让企业取得受让企业股权的计税基础，以被转让资产的原有计税基础确定。

4) 受让企业取得转让企业资产的计税基础，以被转让资产的原有计税基础确定。

◆ 股权收购的税务处理

股权收购是指一家企业(以下称为收购企业)购买另一家企业(以下称为被收购企业)的股权，以实现对被收购企业控制的交易。收购企业支付对价的形式包括股权支付、非股权支付或两者的组合。

1. 股权收购的一般性税务处理

一般性股权收购相关交易应按以下规定处理：

(1) 被收购方应当按照公允价确认股权转让所得或损失，依法缴纳企业所得税；

(2) 由于被收购方已经完成计税基础，收购方取得股权或资产的计税基础应按照公允价值为基础确定；

(3) 被收购企业的相关所得税事项原则上保持不变。

2. 股权收购的特殊性税务处理

(1) 特殊性税务处理的条件

① 具有合理的商业目的，且不以减少、免除或者推迟缴纳税款为主要目的。

② 股权收购，收购企业购买的股权不低于被收购企业全部股权的 75%。

③ 股权收购，收购企业在该股权收购发生时的股权支付金额不低于其交易支付总额的 85%。

④ 股权收购后的连续 12 个月内不改变重组资产原来的实质性经营

活动。

⑤ 股权收购中取得股权支付的原主要股东，在重组后连续12个月内，不得转让所取得的股权。

(2) 特殊性税务处理的方法

① 企业股权收购同时具备上述条件的，对交易中的“股权支付”暂不确认有关资产的转让所得或损失。

② “非股权支付”仍应在交易当期确认相应的资产转让所得或损失，并调整相应资产的计税基础。

非股权支付对应的资产转让所得或损失=(被转让资产的公允价值－被转让资产的计税基础)×(非股权支付金额÷被转让资产的公允价值)

③ 被收购企业的股东取得收购企业股权的计税基础，以被收购股权的原有计税基础确定。

④ 收购企业取得被收购企业股权的计税基础，以被收购股权的原有计税基础确定。

⑤ 收购企业、被收购企业的原有各项资产和负债的计税基础和其他相关所得税事项保持不变。

◆ 企业合并的税务处理

合并是指一家或多家企业(以下称为被合并企业)将其全部资产和负债转让给另一家现存或新设企业(以下称为合并企业)，被合并企业股东换取合并企业的股权或非股权支付，实现两个或两个以上企业的依法合并。

1. 企业合并的一般性税务处理

企业合并，当事各方应按下列规定处理：

(1) 合并企业应按公允价值确定接受被合并企业各项资产和负债的计税基础；

(2) 被合并企业及其股东都应按清算进行所得税处理；

(3) 被合并企业的亏损不得在合并企业结转弥补。

2. 企业合并的特殊性税务处理

(1) 特殊性税务处理的条件

① 具有合理的商业目的，且不以减少、免除或者推迟缴纳税款为主要目的。

② 企业股东在该企业合并发生时取得的股权支付金额不低于其交易支付总额的85%，以及同一控制下且不需要支付对价的企业合并。

③ 股权合并后的连续12个月内不改变重组资产原来的实质性经营活动。

④ 企业合并中取得股权支付的原主要股东，在重组后连续12个月内，不得转让所取得的股权。

(2) 特殊性税务处理的方法

① 企业合并同时具备上述条件的，对交易中的"股权支付"暂不确认有关资产的转让所得或损失。

② "非股权支付"仍应在交易当期确认相应的资产转让所得或损失，并调整相应资产的计税基础。

非股权支付对应的资产转让所得或损失＝(被转让资产的公允价值－被转让资产的计税基础)×(非股权支付金额÷被转让资产的公允价值)

③ 合并企业接受被合并企业资产和负债的计税基础，以被合并企业的原有计税基础确定。

④ 被合并企业合并前的相关所得税事项由合并企业承继。

⑤ 可由合并企业弥补的被合并企业亏损的限额＝被合并企业净资产公允价值×截至合并业务发生当年年末国家发行的最长期限的国债利率。

⑥ 被合并企业股东取得合并企业股权的计税基础，以其原持有的被合并企业股权的计税基础确定。

◆ 企业分立的税务处理

分立是指一家企业(以下称为被分立企业)将部分或全部资产分离转让给现存或新设的企业(以下称为分立企业)，被分立企业股东换取分立企业的股权或非股权支付，实现企业的依法分立。

1. 企业分立的一般性税务处理

企业分立，当事各方应按下列规定处理：

(1) 被分立企业对分立出去资产应按公允价值确认资产转让所得或损失；

(2) 分立企业应按公允价值确认接受资产的计税基础；

(3) 被分立企业继续存在时，其股东取得的对价应视同被分立企业分配进行处理；

(4) 被分立企业不再继续存在时，被分立企业及其股东都应按清算进行所得税处理；

(5) 企业分立相关企业的亏损不得相互结转弥补。

2. 企业分立的特殊性税务处理

(1) 特殊性税务处理的条件

① 具有合理的商业目的，且不以减少、免除或者推迟缴纳税款为主要目的。

② 被分立企业所有股东按原持股比例取得分立企业的股权，分立企业和被分立企业均不改变原来的实质经营活动。

③ 被分立企业股东在该企业分立发生时取得的股权支付金额不低于其交易支付总额的85%。

④ 企业分立中取得股权支付的原主要股东，在重组后连续12个月内，不得转让所取得的股权。

(2) 特殊性税务处理的方法

① 企业分立同时具备上述条件的，对交易中的“股权支付”暂不确认有关资产的转让所得或损失。

② “非股权支付”仍应在交易当期确认相应的资产转让所得或损失，并调整相应资产的计税基础。

非股权支付对应的资产转让所得或损失＝(被转让资产的公允价值－被转让资产的计税基础)×(非股权支付金额÷被转让资产的公允价值)

③ 分立企业接受被分立企业资产和负债的计税基础，以被分立企业的原有计税基础确定。

④ 被分立企业已分立出去资产相应的所得税事项由分立企业承继。

⑤ 被分立企业未超过法定弥补期限的亏损额可按分立资产占全部资产的比例进行分配，由分立企业继续弥补。

⑥ 被分立企业的股东取得分立企业的股权(以下简称“新股”)，如需部分或全部放弃原持有的被分立企业的股权(以下简称“旧股”)，“新股”的计税基础应以放弃“旧股”的计税基础确定。如不需放弃“旧股”，则其取得“新股”的计税基础可从以下两种方法中选择确定：直接将“新股”的计税基础确定为零；或者以被分立企业分立出去的净资产占被分立企业全部净资产的比例先调减原持有的“旧股”的计税基础，再将调减的计税基础平均分配到“新股”上。

相关知识

◆ **债务重组的方式**

债务重组的方式如表2-2所示。

表 2-2 债务重组的方式

方式	具体内容
以资产清偿债务	以资产清偿债务是指债务人转让其资产给债权人以清偿债务的债务重组方式。债务人用于清偿债务的资产包括现金资产和非现金资产，主要有现金、存货、金融资产、固定资产、无形资产等
将债务转为资本	将债务转为资本是指债务人将债务转为资本，同时债权人将债权转为股权的债务重组方式。当债务转为资本时，对股份有限公司而言，是将债务转为股本；对其他企业而言，是将债务转为实收资本。其结果是，债务人因此而增加股本（或实收资本），债权人因此而增加长期股权投资等
修改其他债务条件	修改其他债务条件，是指不包括上述两种方式在内的修改其他债务条件进行的债务重组方式，如减少债务本金、减少或免去债务利息等
以上三种方式的组合	以上三种方式的组合，是指采用以上三种方式共同清偿债务的债务重组方式。其组合偿债方式可能是：债务的一部分以资产清偿，一部分转为资本，另一部分则修改其他债务条件等

◆ 企业合并的方式与类型

1. 企业合并的方式

企业合并从合并方式划分，包括控股合并、吸收合并和新设合并，具体合并方式如表 2-3 所示。

表 2-3 企业合并的方式

方式	具体内容
控股合并	合并方（或购买方）通过企业合并交易或事项取得对被合并方（或被购买方）的控制权，企业合并后能够通过所取得的股权等主导被合并方的生产经营决策并从被合并方的生产经营活动中获益，被合并方在企业合并后仍维持其独立法人资格继续经营的，为控股合并
吸收合并	合并方在企业合并中取得被合并方的全部净资产，并将有关资产、负债并入合并方自身的账簿和报表进行核算。企业合并后，注销被合并方的法人资格，由合并方持有合并中取得的被合并方的资产、负债，在新的基础上继续经营，该类合并为吸收合并

续表

方式	具体内容
吸收合并	吸收合并中因被合并方(或被购买方)在合并发生以后被注销,从合并方(或购买方)的角度需要解决的问题是,其在合并日(或购买日)取得的被合并方有关资产、负债入账价值的确定,以及为了进行企业合并支付的对价与所取得被合并方资产、负债的入账价值之间存在差额的处理 企业合并期间,合并方应将合并中取得的资产、负债作为本企业的资产、负债核算
新设合并	参与合并的各方在企业合并后法人资格均被注销,重新注册成立一家新的企业,由新注册成立的企业持有参与合并企业的资产、负债在新的基础上经营,为新设合并

2. 企业合并的类型

《企业合并准则》将企业合并按照一定的标准划分为两大基本类型:即同一控制下的企业合并与非同一控制下的企业合并。

(1) 同一控制下的企业合并

同一控制下的企业合并是指参与合并的企业在合并前后均受同一方或相同的多方最终控制且该控制并非暂时性的。

(2) 非同一控制下的企业合并

非同一控制下的企业合并是指参与合并各方在合并前后不受同一方或相同的多方最终控制的合并交易,即除判断属于同一控制下企业合并的情况以外其他的企业合并。

2.7　企业清算的税务处理

要　点

清算是指企业因某种原因终止时,清理企业财产、收回债权、清偿债务并分配剩余财产的行为。清算按其产生原因可以分为解散清算、撤销清算和破产清算。解散清算是指企业根据公司章程的规定、股东会(股东大会)的决议以及合并或者分立的需要,在企业解体时进行的清算;撤销清算是指由于企业违反有关法律法规规定,被依法撤销时进行的清算;破产清算是指企业被宣告破产后,根据破产法的规定进行的清算。

按照《公司法》、《企业破产法》等规定需要进行清算的企业以及企业重组中需要按清算处理的企业,都需要依法进行清算。

实例详解

◆ 企业清算的所得税处理内容

企业清算的所得税处理包括以下内容：

(1) 全部资产均应按可变现价值或交易价格，确认资产转让所得或损失；

(2) 确认债权清理、债务清偿的所得或损失；

(3) 改变持续经营核算原则，对预提或待摊性质的费用进行处理；

(4) 依法弥补亏损，确定清算所得；

(5) 计算并缴纳清算所得税；

(6) 确定可向股东分配的剩余财产、应付股息等。

◆ 企业清算所得税的计算

企业的全部资产可变现价值或交易价格，减除资产的计税基础、清算费用、相关税费，加上债务清偿损益等后的余额，为清算所得。

企业应将整个清算期作为一个独立的纳税年度计算清算所得。

◆ 企业清算净所得的分配

企业全部资产的可变现价值或交易价格减除清算费用，职工的工资、社会保险费用和法定补偿金，结清清算所得税、以前年度欠税等税款，清偿企业债务，按规定计算可以向所有者分配的剩余资产。

被清算企业的股东分得的剩余资产的金额，其中相当于被清算企业累计未分配利润和累计盈余公积中按该股东所占股份比例计算的部分，应确认为股息所得；剩余资产减除股息所得后的余额，超过或低于股东投资成本的部分，应确认为股东的投资转让所得或损失。

被清算企业的股东从被清算企业分得的资产应按可变现价值或实际交易价格确定计税基础。

相关知识

◆ 企业汇算清缴与税收清算的区别

企业的生产经营一般要经历开业、发展、注销等阶段。在正常的生产经营阶段，企业在一个纳税年度内取得的正常持续经营所得，适用汇算清缴程序，按年计算，分月或者分季预缴，年终汇算清缴，多退少补；在因故注销而进行的清算阶段，企业在清算终了后形成的清算所得，适用税收清算程序。因清算期间已不存在持续经营的基础，所以，汇算清缴程序与税收清算程序存在很多不同之处。具体表现为征税对象、适用政策、计算方法、纳税年度以及纳税申报期间等方面的不同。

实战训练

一、单项选择题

1. 计算应纳税所得额时，在以下项目中，不超过规定比例的准予扣除，超过部分，准予在以后纳税年度结转扣除的项目是（　　）。

A. 工会经费　　B. 职工福利费

C. 社会保险费　　D. 职工教育经费

2. 以下关于企业所得税收入确认时间的正确表述是（　　）。

A. 股息、红利等权益性投资收益，以投资方收到分配金额作为收入的实现

B. 利息收入，按照合同约定的债务人应付利息的日期确认收入的实现

C. 租金收入，在实际收到租金收入时确认收入的实现

D. 特许权使用费收入，在实际收到使用费收入时确认收入的实现

3. 下列属于企业所得税的视同销售收入的是（　　）。

A. 房地产企业将开发房产转作办公用途

B. 某工业企业将产品用于管理部门使用

C. 某酒厂将产品用于捐赠

D. 房地产企业将开发房产用于经营酒店

4. 依据企业所得税相关规定，不得在税前扣除的保险费用有（　　）。

A. 参加运输保险支付的保险费

B. 按省级人民政府规定的比例为雇员缴纳的补充养老保险和医疗保险费

C. 为员工个人投保的家庭财产保险

D. 按规定上缴劳动保障部门的职工养老保险费

5. 企业在各个纳税期末，提供劳务交易的结果能够可靠估计的，应采用完工进度（完工百分比）法确认提供劳务收入，以下方法不属于企业所得税劳务完工进度确定的是（　　）。

A. 发生成本占总成本的比例　　B. 已完工作的测量

C. 合同约定的劳务量　　D. 已提供劳务占劳务总量的比例

6. 依据《企业所得税法》的规定，下列各项中按负担、支付所得的个人的住所所在地确定所得来源地的是(　　)。

A. 提供劳务所得　　B. 转让房屋所得

C. 权益性投资所得　　D. 特许权使用费所得

二、多项选择题

1. 纳税人下列经营业务的收入，可以分期确定并据以计算应纳税所得额的是(　　)。

A. 分期收款方式销售商品

B. 建筑安装工程，持续时间超过 12 个月的

C. 为其他企业加工、制造大型机器设备，持续时间超过 12 个月的

D. 代销方式销售商品

2. 下列关于商品销售收入及其确认时间的表述中正确的有(　　)。

A. 采用售后回购方式销售商品的，销售的商品按售价确认收入，回购的商品作为购进商品处理

B. 销售商品采用支付手续费方式委托代销的，在收到手续费时确认收入

C. 销售商品采用托收承付方式的，在办妥托收手续时确认收入

D. 销售商品采取预收款方式的，在发出商品时确认收入

3. 下列情况属于内部处置资产，不需缴纳企业所得税的有(　　)。

A. 将资产用于市场推广　　B. 将自建商品房转为经营

C. 将资产用于加工另一产品　　D. 将资产用于交际应酬

4. 下列企业发生的广告费和业务宣传费支出，不超过当年销售(营业)收入 30%的部分，准予扣除；超过部分，准予在以后纳税年度结转扣除的是(　　)。

A. 医药制造　　B. 化妆品制造

C. 饮料制造　　D. 洗涤品制造

5. 以下按照完工进度确认收入的项目是(　　)。

A. 宣传媒介的收费　　B. 为特定客户开发软件的收费

C. 商品售价内可区分的服务费　　D. 广告的制作费

6. 根据《企业所得税法》的有关规定，以下对于所得来源确定的表述中，正确的有(　　)。

A. 提供劳务所得，按照劳务发生地确定

B. 股息、红利等权益性投资所得，按照分配所得的企业所在地确定

C. 销售货物所得，按照交易活动发生地确定

D. 动产转让所得按照动产所在地确定

三、判断题

1. 企业发生的与生产经营活动有关的业务招待费支出，按照发生额的 60%扣除，但最高不得超过当年销售(营业)收入的 5%。(　　)

2. 企业对外投资期间，投资资产的成本在计算应纳税所得额时不得扣除。(　　)

3. 企业应纳税所得额的计算，以权责发生制为原则，属于当期的收入和费用，不论款项是否收付，均作为当期的收入和费用；不属于当期的收入和费用，即使款项已经在当期收付，均不作为当期的收入和费用。(　　)

4. 企业拨缴的工会经费，不超过工资、薪金总额 5%的部分，准予扣除。(　　)

5. 利息所得、租金所得、特许权使用费所得，按照负担、支付所得的企业或者机构、场所所在地确定，或者按照负担、支付所得的个人的住所地确定。(　　)

四、计算题

1. 某企业 2010 年全年实现收入总额 5400 万元，含出租设备收入 66 万元、国债利息收入 6 万元、金融债券利息收入 12 万元、从被投资公司分回的税后利润 45 万元；在进行年终汇算清缴时，自查发现如下问题：

(1) 12 月份转让一项无形资产的所有权取得收入 50 万元未做收入处理，该项无形资产的账面成本 30 万元也未转销。

(2) 12 月份向企业职工发放自产货物，成本价 25 万元，市场不含增值税销售价格 38 万元。企业核算时按成本价格直接冲减了产成品账户。

(3) 企业全年发生的业务招待费 40 万元。

试问：税前列支的业务招待费是多少?

2. 某企业 2010 年 2 月购入一台不需要安装的生产设备，取得增值税专用发票注明价款 45 万元，增值税 7.65 万元，购入设备产生运费 3 万元，当月投入使用，假定该企业生产设备采用 10 年折旧年限，预计净残值率 5%。试问在所得税前扣除的该设备的月折旧额是多少?

3. 2010 年 3 月 15 日，某公司对其所拥有某固定资产进行修理。该固定资产的计税基础为 1000 万元，发生的修理支出为 600 万元。修理以后，该固定资产的使用寿命延长了 3 年，发生修理后的固定资产生产的产品性能得到实质性改进，能够为企业带来经济利益的增加。试问对于该笔费用应当如何进行税务处理?

4. 某中国企业(居民企业)在 A、B 两个国家设有分支机构,其应纳税所得额情况如表 2-4 所示,试问 A 分支机构 2009 年度发生的亏损如何处理?

表 2-4 2010—2011 年度应纳税所得额 金额单位:万元

年度	境内应纳税所得额	A 国应纳税所得额	B 国应纳税所得额
2009	1600	−400	600
2010	2100	600	400

第3章

企业所得税应纳税额的计算

3.1　应纳税所得额的计算

要　点

本节主要介绍应纳税所得额的计算公式，读者应在实际计算中领悟收入总额、不征税收入、免税收入以及各项扣除的真正含义。

实例详解

◆ **应纳税所得额的计算公式**

应纳税所得额是指按照税法规定确定纳税人在一定期间所获得的所有应税收入减除在该纳税期间依法允许减除的各种支出后的余额，是计算企业所得税税额的计税依据。

《企业所得税法》第五条规定，企业每一纳税年度的收入总额，减除不征税收入、免税收入、各项扣除以及允许弥补的以前年度亏损后的余额，为应纳税所得额。用公式表示为：

应纳税所得额＝收入总额－不征税收入－免税收入－各项扣除
　　　　　　　－允许弥补的以前年度亏损

◆ **收入总额**

收入总额是指企业以货币形式和非货币形式从各种来源取得的收入。包括以下内容：

（1）销售货物收入；

（2）提供劳务收入；

（3）转让财产收入；

（4）股息、红利等权益性投资收益；

（5）利息收入；

（6）租金收入；

（7）特许权使用费收入；

(8) 接受捐赠收入;

(9) 其他收入。

企业取得收入的货币形式,包括现金、存款、应收账款、应收票据、准备持有至到期的债券投资以及债务的豁免等。

企业取得收入的非货币形式,包括固定资产、生物资产、无形资产、股权投资、存货、不准备持有至到期的债券投资、劳务以及有关权益等。

◆ 不征税收入

不征税收入是指从性质和根源上不属于企业营利性活动带来的经济利益,不负有纳税义务并不作为应纳税所得额组成部分的收入。

1. 收入总额中的下列收入为不征税收入

《企业所得税法》第七条、《企业所得税法实施条例》第二十六条规定,收入总额中的下列收入为不征税收入:

(1) 财政拨款

财政拨款是指各级人民政府对纳入预算管理的事业单位、社会团体等组织拨付的财政资金,但国务院和国务院财政、税务主管部门另有规定的除外。各级政府对企业拨付的各种价格补贴、税收返还等财政资金,除了出口退税款外,通常应作为应税收入缴纳企业所得税。

我国目前的政府包括中央政府、省级政府、市级政府、县级政府和乡级政府五级。只有上述五级政府才有资格拨付财政资金。其次,接受财政拨款的单位必须是纳入预算管理的事业单位、社会团体等组织,而企业都是没确定纳入预算管理的,所以,企业不能成为财政拨款的接受主体。

(2) 依法收取并纳入财政管理的行政事业性收费、政府性基金

行政事业性收费是指依照法律法规等有关规定,按照国务院规定程序批准,在实施社会公共管理,以及在向公民、法人或者其他组织提供特定公共服务过程中,向特定对象收取并纳入财政管理的费用。政府性基金是指企业依照法律、行政法规等有关规定,代政府收取的具有专项用途的财政资金。

(3) 国务院规定的其他不征税收入

国务院规定的其他不征税收入是指企业取得的,由国务院财政、税务主管部门规定专项用途并经国务院批准的财政性资金。

2. 对财政性资金、行政事业性收费、政府性基金有关企业所得税政策问题

财政部、国家税务总局《关于财政性资金、行政事业性收费、政府性基金有关企业所得税政策问题的通知》(财税[2008]151 号)规定,对财政性

资金、行政事业性收费、政府性基金有关企业所得税政策问题明确如下：

（1）财政性资金

财政性资金是指企业取得的来源于政府及其有关部门的财政补助、补贴、贷款贴息，以及其他各类财政专项资金。它包括直接减免的增值税和即征即退、先征后退、先征后返的各种税收，但是不包括企业按规定取得的出口退税款。国家投资是指国家以投资者身份投入企业、并且按有关规定相应增加企业实收资本（股本）的直接投资。

① 企业取得的各类财政性资金，除属于国家投资和资金使用后要求归还本金的以外，均应计入企业当年收入总额。

② 对企业取得的由国务院财政、税务主管部门规定专项用途并经国务院批准的财政性资金，准予作为不征税收入，在计算应纳税所得额时从收入总额中减除。

③ 纳入预算管理的事业单位、社会团体等组织按照核定的预算和经费报领关系收到的由财政部门或上级单位拨入的财政补助收入，准予作为不征税收入，在计算应纳税所得额时从收入总额中减除，但国务院和国务院财政、税务主管部门另有规定的除外。

（2）关于政府性基金和行政事业性收费

① 企业按照规定缴纳的、由国务院或财政部批准设立的政府性基金以及由国务院和省、自治区、直辖市人民政府及其财政、价格主管部门批准设立的行政事业性收费，准予在计算应纳税所得额时扣除。

企业缴纳的不符合上述审批管理权限设立的基金、收费，不得在计算应纳税所得额时扣除。

② 企业收取的各种基金、收费，应计入企业当年收入总额。

③ 对企业依照法律、法规及国务院有关规定收取并上缴财政的政府性基金和行政事业性收费，准予作为不征税收入，于上缴财政的当年在计算应纳税所得额时从收入总额中减除；未上缴财政的部分，不得从收入总额中减除。

此外，根据财政部、国家税务总局《关于企业所得税若干优惠政策的通知》（财税[2008]1 号）规定，软件生产企业和集成电路设计企业实行增值税即征即退政策所退还的税款，由企业用于研究开发软件产品和扩大再生产，不作为企业所得税应税收入，不予征收企业所得税。

财政部、国家税务总局《关于专项用途财政性资金有关企业所得税处理问题的通知》（财税[2009]87 号）规定如下。

（1）对企业在 2008 年 1 月 1 日至 2010 年 12 月 31 日期间从县级以

上各级人民政府财政部门及其他部门取得的应计入收入总额的财政性资金，凡同时符合以下条件的，可以作为不征税收入，在计算应纳税所得额时从收入总额中减除：

① 企业能够提供资金拨付文件，且文件中规定该资金的专项用途；

② 财政部门或其他拨付资金的政府部门对该资金有专门的资金管理办法或具体管理要求；

③ 企业对该资金以及以该资金发生的支出单独进行核算。

(2) 根据《企业所得税法实施条例》第二十八条的规定，不征税收入用于支出所形成的费用，不得在计算应纳税所得额时扣除；用于支出所形成的资产，其计算的折旧、摊销不得在计算应纳税所得额时扣除。

(3) 企业将符合《通知》第一条规定条件的财政性资金作不征税收入处理后。在 5 年(60 个月)内未发生支出且未缴回财政或其他拨付资金的政府部门的部分，应重新计入取得该资金第 6 年的收入总额；重新计入收入总额的财政性资金发生的支出，允许在计算应纳税所得额时扣除。

◆ **免税收入**

免税收入包括如下：

(1) 国债利息收入。为鼓励企业积极购买国债，支援国家建设，税法规定，企业因购买国债所得的利息收入，免征企业所得税。

(2) 符合条件的居民企业之间的股息、红利等权益性收益是指居民企业直接投资于其他居民企业取得的投资收益。

(3) 在中国境内设立机构、场所的非居民企业从居民企业取得与该机构、场所有实际联系的股息、红利等权益性投资收益。该收益不包括连续持有居民企业公开发行并且上市流通的股票不足 12 个月取得的投资收益。

(4) 符合条件的非营利组织的收入。符合条件的非营利组织是指：

① 依法履行非营利组织登记手续；

② 从事公益性或者非营利性活动；

③ 取得的收入除用于与该组织有关的、合理的支出外，全部用于登记核定或者章程规定的公益性或者非营利性事业；

④ 财产及其孳息不用于分配：

⑤ 按照登记核定或者章程规定，该组织注销后的剩余财产用于公益性或者非营利性目的，或者由登记管理机关转赠给与该组织性质、宗旨相同的组织，并向社会公告；

⑥ 投入人对投入该组织的财产不保留或者享有任何财产权利；

⑦ 工作人员工资福利开支控制在规定的比例内，不变相分配该组织的财产；

⑧ 国务院财政、税务主管部门规定的其他条件。

《企业所得税法》第二十六条第四项所称符合条件的非营利组织的收入，不包括非营利组织从事营利性活动取得的收入，但国务院财政、税务主管部门另有规定的除外。

◆ **各项扣除**

各项扣除是指企业实际发生的与取得收入有关的、合理的支出，包括成本、费用、税金、损失和其他支出。收益性支出在发生当期直接扣除，资本性支出应当分期扣除或者计入有关资产的成本，不得在发生当期直接扣除。

相关知识

◆ **计算应纳税所得额的基本原则**

企业应纳税所得额的计算，以权责发生制为原则，属于当期的收入和费用，不论款项是否收付，均作为当期的收入和费用；不属于当期的收入和费用，即使款项已经在当期收付，均不作为当期的收入和费用。《企业所得税法实施条例》和国务院财政、税务主管部门另有规定的除外。

权责发生制又称应计基础、应计制原则，是指以收到现金的权利或支付现金的责任的发生为标志来确认本期收入和费用，而不是以现金的收入与支付来确认收入费用。按照权责发生制原则，凡是本期已经实现的收入和已经发生或应当负担的费用，不论其款项是否收付，都应作为当期的收入和费用处理；凡是不属于当期的收入和费用，即使款项已经在当期收付，都不应作为当期的收入和费用。通常世界大多数国家在如何确认、何时确认纳税人的应税收入和费用支出方面，普遍采用权责发生制作为确认原则，目的是确保国家收入权益，同时也是税法固定性的体现和要求。

实例详解

【例 3-1】 A 公司 2010 年度会计核算的利润总额为 800 万元，其中包括购买国债所获得的利息 2 万元，银行储蓄存款利息 3 万元，其他企业占用该公司的资金所支付的利息 7 万元。试问该公司应当缴纳多少企业所得税？

【分析】 A公司购买国债所获得的利息2万元属于免税所得，不需要缴纳企业所得税，应当从应纳税所得额中予以扣除，银行储蓄存款利息3万元和其他企业占用A公司的资金所支付的利息7万元都属于应税所得，不需要进行调整。

A公司2010年度应当缴纳企业所得税额＝(800－2)×25％＝199.5(万元)

3.2 应纳税额的计算

要 点

本节主要介绍居民纳税人实行核算征收应纳税额的计算、居民纳税人实行核定征收应纳税额的计算以及非居民企业应纳税额的计算。

解 释

◆ 居民纳税人实行核算征收应纳税额的计算

《企业所得税法》第二十二条规定，企业的应纳税所得额乘以适用税率，减除依照本法关于税收优惠的规定减免和抵免的税额后的余额，为应纳税额。

《企业所得税法实施条例》第七十六条规定，应纳税额的计算公式为：

应纳税额＝应纳税所得额×适用税率－减免税额－抵免税额

公式中的减免税额和抵免税额，是指依照《企业所得税法》和国务院的税收优惠规定减征、免征和抵免的应纳税额。

公式中应纳税所得额的计算一般有直接计算法和间接计算法两种。

1. 直接计算法

直接计算法是企业每一纳税年度的收入总额减除不征税收入、免税收入、各项扣除及允许弥补的以前年度亏损后的余额，即为应纳税所得额。

2. 间接计算法

间接计算法是在会计利润总额的基础上加或减按照税法规定应调整的项目金额后的余额，即为应纳税所得额。计算公式如下：

应纳税所得额＝会计利润总额±纳税调整项目金额

纳税调整项目金额包括两方面的内容：

(1) 企业的会计处理和税收规定不一致的应予以调整的金额；

(2) 企业按税法规定准予扣除的税收金额。

◆ **居民纳税人实行核定征收应纳税额的计算**

国家税务总局《企业所得税核定征收办法(试行)》(国税发[2008]30号)第四条规定,税务机关应根据纳税人具体情况,对核定征收企业所得税的纳税人,核定应税所得率或者核定应纳所得税额。

具有下列情形之一的,核定其应税所得率:

(1) 能正确核算(查实)收入总额,但不能正确核算(查实)成本费用总额的;

(2) 能正确核算(查实)成本费用总额,但不能正确核算(查实)收入总额的;

(3) 通过合理方法,能计算和推定纳税人收入总额或成本费用总额的。

纳税人不属于以上情形的,核定其应纳所得税额。

国家税务总局《企业所得税核定征收办法(试行)》(国税发[2008]30号)第六条至第九条规定:

(1) 采用应税所得率方式核定征收企业所得税的,应纳所得税额计算公式如下:

应纳所得税额=应纳税所得额×适用税率

应纳税所得额=应税收入额×应税所得率

或:应纳税所得额=成本(费用)支出额/(1-应税所得率)×应税所得率

国家税务总局《关于企业所得税核定征收若干问题的通知》(国税函[2009]377号)规定,上述"应税收入额"等于收入总额减去不征税收入和免税收入后的余额。用公式表示为:

应税收入额=收入总额-不征税收入-免税收入

其中,收入总额为企业以货币形式和非货币形式从各种来源取得的收入。

(2) 实行应税所得率方式核定征收企业所得税的纳税人,经营多业的,无论其经营项目是否单独核算,均由税务机关根据其主营项目确定适用的应税所得率。

主营项目应为纳税人所有经营项目中,收入总额或者成本(费用)支出额或者耗用原材料、燃料、动力数量所占比重最大的项目。

(3) 应税所得率按表3-1规定的幅度标准确定。

表 3-1 各行业的应税所得率

行业	应税所得率(%)
农、林、牧、渔业	3～10
制造业	5～15
批发和零售贸易业	4～15
交通运输业	7～15
建筑业	8～20
饮食业	8～25
娱乐业	15～30
其他行业	10～30

(4) 纳税人的生产经营范围、主营业务发生重大变化，或者应纳税所得额或应纳税额增减变化达到20%的，应及时向税务机关申报调整已确定的应纳税额或应税所得率。

◆ 非居民企业应纳税额的计算

(1) 居民企业来源于中国境内的应税所得，非居民企业在中国境内设立机构、场所，取得的来源于中国境内的所得和发生在中国境内但与该机构、场所有实际联系的应税所得，应按照以下方法计算缴纳企业所得税。

计算公式为：应纳税额＝应纳税所得额×适用税率－减免税额－抵免税额

(2) 非居民企业在中国境内未设立机构、场所，或者虽设立机构、场所但取得的所得与其所设机构、场所没有实际联系的，应当就其来源于中国境内的所得缴纳企业所得税，其应纳税所得额按照下列方法计算：

① 股息、红利等权益性投资收益和利息，租金、特许权使用费所得，以收入全额为应纳税所得额；

② 转让财产所得，以收入全额减除财产净值后的余额为应纳税所得额；

③ 其他所得，参照前两项规定的方法计算应纳税所得额。

应按照下列方法计算缴纳应纳税所得额：

应纳税额＝应纳税所得额×适用税率－减免税额

相关知识

◆ 境外应纳税所得额的计算

财政部、国家税务总局《关于企业境外所得税收抵免有关问题的通知》(财税[2009]125号)第三条规定如下。

(1) 居民企业在境外投资设立不具有独立纳税地位的分支机构，其来源于境外的所得，以境外收入总额扣除与取得境外收入有关的各项合理支出后的余额为应纳税所得额。各项收入、支出按照《企业所得税法》及其实施条例的有关规定确定。

居民企业在境外设立不具有独立纳税地位的分支机构取得的各项境外所得，无论是否汇回中国境内，均应计入该企业所属纳税年度的境外应纳税所得额。

(2) 居民企业应就其来源于境外的股息、红利等权益性投资收益，以及利息、租金、特许权使用费、转让财产等收入，扣除按照《企业所得税法》及其实施条例等规定计算的与取得该项收入有关的各项合理支出后的余额为应纳税所得额。来源于境外的股息、红利等权益性投资收益，应按被投资方作出利润分配决定的日期确认收入实现；来源于境外的利息、租金、特许权使用费、转让财产等收入，应按有关合同约定应付交易对价款的日期确认收入实现。

(3) 非居民企业在境内设立机构、场所的，应就其发生在境外但与境内所设机构、场所有实际联系的各项应税所得，比照上述第(2)项的规定计算相应的应纳税所得额。

(4) 在计算境外应纳税所得额时，企业为取得境内、境外所得而在境内、境外发生的共同支出，与取得境外应税所得有关的、合理的部分，应在境内、境外[分国(地区)别]应税所得之间，按照合理比例进行分摊后扣除。

(5) 在汇总计算境外应纳税所得额时，企业在境外同一国家(地区)设立不具有独立纳税地位的分支机构，按照《企业所得税法》及其实施条例的有关规定计算的亏损，不得抵减其境内或他国(地区)的应纳税所得额，但可以用同一国家(地区)其他项目或以后年度的所得按规定弥补。

◆ 企业所得税抵免限额的计算

抵免限额是指企业来源于中国境外的所得，依照《企业所得税法》和《企业所得税法实施条例》的规定计算的应纳税额。除国务院财政、税务主管部门另有规定外，该抵免限额应当分国(地区)不分项计算，计算公式如下：

抵免限额＝中国境内、境外所得依照企业所得税法和实施条例的规定计算的应纳税总额×来源于某国（地区）的应纳税所得额÷中国境内、境外应纳税所得总额

具体计算步骤是：

（1）计算企业来源于中国境内、境外的所得依照《企业所得税法》及《企业所得税法实施条例》的规定应当缴纳的企业所得税总额；

（2）依照《企业所得税法》及《企业所得税法实施条例》的规定，计算出来源于特定国家（地区）应纳税所得额；

（3）计算来源于中国境内、境外应纳税所得总额；

（4）按公式计算的结果就是可抵免的最高限额。

◆ 境外所得已纳税额抵免简易计算方法

财政部、国家税务总局《关于企业境外所得税收抵免有关问题的通知》（财税[2009]125号，以下简称《通知》）第十条规定，属于下列情形的，经企业申请，主管税务机关核准，可以采取简易办法对境外所得已纳税额计算抵免。

（1）企业从境外取得营业利润所得及符合境外税额间接抵免条件的股息所得，虽有所得来源国（地区）政府机关核发的具有纳税性质的凭证或证明，但因客观原因无法真实、准确地确认应当缴纳并已经实际缴纳的境外所得税税额的，除就该所得直接缴纳及间接负担的税额在所得来源国（地区）的实际有效税率低于我国《企业所得税法》第四条第一款规定税率50％以上的外，可按境外应纳税所得额的12.5％作为抵免限额，企业按该国（地区）税务机关或政府机关核发具有纳税性质凭证或证明的金额，其不超过抵免限额的部分，准予抵免；超过的部分不得抵免。

属于本款规定以外的股息、利息、租金、特许权使用费、转让财产等投资性所得，均应按《通知》的其他规定计算境外税额抵免。

（2）企业从境外取得营业利润所得及符合境外税额间接抵免条件的股息所得，凡就该所得缴纳及间接负担的税额在所得来源国（地区）的法定税率且其实际有效税率明显高于我国的，可直接以按《通知》规定计算的境外应纳税所得额和我国企业所得税法规定的税率计算的抵免限额作为可抵免的已在境外实际缴纳的企业所得税税额。具体国家（地区）包括美国、阿根廷、布隆迪、喀麦隆、古巴、法国、日本、摩洛哥、巴基斯坦、赞比亚、科威特、孟加拉国、叙利亚、约旦、老挝。财政部、国家税务总局可根据实际情况适时对名单进行调整。

属于本款规定以外的股息、利息、租金、特许权使用费、转让财产等投资性所得，均应按《通知》的其他规定计算境外税额抵免。

实例详解

【例 3-2】 某企业 2010 年度境内经营所得为 500 万元，其在 A 国投资获利 100 万元，按照 A 国税法规定已缴纳企业所得税 25 万元。计算其抵扣限额和应纳所得税额。

【分析】 境外实际缴纳的所得税等于扣除限额，则纳税人在境外缴纳的税额可以全部扣除，实际扣除额等于扣除限额。

境外所得税税款扣除限额＝(500＋100)×25%×[100/(500＋100)]＝25(万元)

在境内应补缴的所得税款＝25－25＝0(万元)

汇总应纳所得税额＝(500＋100)×25%－25＝125(万元)

【例 3-3】 某企业 2009 年度境内经营所得为 500 万元，其在 B 国投资获利 100 万元，按照 B 国税法规定已缴纳企业所得税 20 万元。计算其抵扣限额和应纳所得税额。

【分析】 境外实际缴纳的所得税低于扣除限额，纳税人只能扣除其在境外实际缴纳的所得税，其差额为在境内应补缴的所得税款。

境外所得税税款扣除限额＝(500＋100)×25%×[100/(500＋100)]＝25(万元)

在境内应补缴的所得税款＝25－20＝5(万元)

汇总应纳所得税额＝(500＋100)×25%－20＝130(万元)

【例 3-4】 某企业 2010 年度境内经营所得为 500 万元，其在 C 国投资获利 100 万元，按照 C 国税法规定已缴纳企业所得税 30 万元。计算其抵扣限额和应纳所得税额。

【分析】 某企业在境外实际缴纳所得税额 30 万元，而按我国税法规定计算的扣除限额为 25 万元，其差额 5 万元不得在本纳税年度内扣除，也不得在费用内列支，“境外所得应纳所得税额”和“境外所得抵免所得税额”超过抵免限额的余额，可以用以后年度的扣除限额节余抵补，抵补期最长不超过 5 年。

境外所得税税款扣除限额＝(500＋100)×25%×[100/(500＋100)]＝25(万元)

在境外已缴纳企业所得税 30 万元大于境外所得税税款扣除限额 25 万元，当年只能扣除 25 万元，超过部分 5 万元不得扣除。

汇总应纳所得税额＝(500＋100)×25%－25＝125(万元)

实战训练

一、单项选择题

1. 在计算企业所得税时，通过支付现金方式取得的投资资产，以(　　)为成本。

A. 购买价款　　B. 公允价值和支付的相关税费

C. 成本与市价孰低　　D. 公允价值

2. 畜类生产性生物资产，最低折旧年限为(　　)年。

A. 3　　B. 4

C. 5　　D. 10

3. 在计算企业所得税时，已足额提取折旧的固定资产的改建支出(　　)。

A. 按照固定资产预计尚可使用年限分期摊销

B. 按照不少于5年的时间分期摊销

C. 一次性列入成本费用

D. 按照不少于3年的时间分期摊销

4.《企业所得税法》规定，无形资产的摊销年限不得(　　)。

A. 高于10年　　B. 高于5年

C. 低于10年　　D. 低于5年

5. 在计算企业所得税时，通过支付现金方式取得的存货，以(　　)为成本。

A. 购买价款和支付的相关税费　　B. 公允价值和支付的相关税费

C. 公允价值　　D. 购买价款

二、多项选择题

1. 下列无形资产，(　　)不得计算摊销费用扣除。

A. 自创商誉

B. 与经营活动无关的无形资产

C. 其他不得计算摊销费用扣除的无形资产

D. 自行开发的支出已在计算应纳税所得额时扣除的无形资产

2. 下列以该资产的公允价值和支付的相关税费为计税基础的是(　　)。

A. 通过债务重组取得的固定资产

B. 盘盈的固定资产

C. 通过投资方式取得的固定资产

D. 通过非货币性资产交换取得的固定资产

3. 企业使用或者销售的存货的成本计算方法，可以在(　　)中选用一种。

A. 加权平均法　　B. 先进先出法

C. 个别计价法　　D. 后进先出法

4. 固定资产的大修理支出是指同时符合下列条件的支出(　　)。

A. 修理后固定资产的使用年限延长 3 年以上

B. 修理后固定资产的使用年限延长 2 年以上

C. 修理支出达到取得固定资产时的计税基础 50%以上

D. 修理支出达到取得固定资产时的计税基础 30%以上

5. 以下各项中，最低折旧年限为 4 年的固定资产是(　　)。

A. 小汽车　　B. 运输大卡车

C. 电子设备　　D. 家具

三、判断题

1. 通过捐赠、投资、非货币性资产交换、债务重组等方式取得的生产性生物资产，以该资产的公允价值和支付的相关税费为计税基础。(　　)

2. 租入固定资产的改建支出按照合同约定的剩余租赁期限分期摊销。(　　)

3. 固定资产按照直线法计算的折旧，准予扣除。企业应当自固定资产投入使用月份的次月起计算折旧；停止使用的固定资产，应当自停止使用月份的次月起停止计算折旧。(　　)

4. 企业的全部资产可变现价值或交易价格，减除资产的计税基础、清算费用、相关税费，加上债务清偿损益等后的余额，为清算所得。(　　)

四、计算题

1. 某企业 2008 年度境内经营所得为 200 万元，其在 D 国的 W 公司投资折合人民币 200 万元，占股份 20%，当年从 W 公司分回股息性所得折合人民币 80 万元。按照 D 国税法规定企业所得税的税率为 15%，该企业已经取得 D 国税务机关给 W 公司开具的完税证明，W 公司在 D 国纳税 70.59 万元。计算其应纳所得税额。

2. 表 3-2 为经税务机关审定的某国有企业 8 年应纳税所得额情况，假设该企业一直执行 5 年亏损弥补规定。试问该企业 8 年间须缴纳多少企业所得税？

表 3-2　2010—2017 年度应纳税所得额　　金额单位：万元

年度	2010	2011	2012	2013	2014	2015	2016	2017
应纳税所得额	−100	20	−40	20	20	30	−20	90

第4章

企业所得税的税收优惠

税收优惠是政府调控经济的重要手段之一，适当的税收优惠政策有利于实现国家的宏观经济目标，《企业所得税法》将税收优惠政策的导向由过去的以投资来源和区域优惠为主，调整为以产业优惠为主、区域优惠为辅的新格局，《企业所得税法》第四章规定了税收优惠，《企业所得税法实施条例》第四章又用 21 条对税法规定加以细化和明确。税收优惠的方式有多种，包括免税收入、减计收入、低税率、抵扣应税所得额、加计扣除、投资抵免应纳税所得额、加速折旧、减免税额等，用以引导企业合理配置资源，享受税收优惠。

4.1 免税收入的优惠

要　点

本节主要介绍国债利息收入、符合条件的权益性投资收益以及符合条件的非营利性组织的收入这三项免税收入的优惠，读者应加以了解。

解　释

◆ **国债利息收入为免税收入**

国债利息收入为免税收入，是指企业持有国务院财政部门发行的国债取得的利息收入。

国务院财政部门发行的国债（国库券）种类繁多，按照券面形式分为无记名式（实物）国债、凭证式国债和记账式国债。

国债市场分为两个层次：一是国债发行市场，又称一级市场；二是国债流通市场，又称二级市场。需要注意的是，我国自 2001 年 7 月 1 日对国债实行净价交易，因此在二级市场上转让国债取得的价差收入应作为转让财产收入，征收企业所得税。

◆ 符合条件的权益性投资收益为免税收入

1. 符合条件的居民企业之间的权益性投资收益为免税收入

《企业所得税法》第二十六条第(二)项规定，符合条件的居民企业之间的股息、红利等权益性投资收益为免税收入。

一个居民企业向另一个居民企业进行权益性投资而分得的股息、红利所得，是从被投资企业税后利润分配取得的，如果将股息、红利并入投资企业应税收入征税，会出现对同一经济来源的所得重复征税。投资层次越多，融资结构越复杂，重复征税的程度越严重。因此，消除企业间股息、红利的经济性重复征税是防止税收政策扭曲投资方式和融资结构、保持税收中性的必然要求，也是国际上的普遍做法，称为"免税法"。

由于《企业所得税法》规定的税率除了25%的标准税率外，还有20%和15%的优惠税率，对一些国家鼓励的特定项目所得还给予免税或减税优惠。采用免税法处理居民企业之间的股息、红利所得，意味着当投资企业的税率高于被投资企业，或者被投资企业享受减免税优惠时，投资企业从被投资企业分回的股息、红利所得不再补征企业所得税，即国家放弃了部分税收收入，这可能引发投资企业向享受低税率或者减免税优惠的企业增加投资，或通过转让定价等方式向被投资企业转移利润，从而达到避税的目的。所以，税法第二十六条第二项规定，"符合条件"的居民企业之间的股息、红利等权益性投资收益为免税收入。关于免税的条件，《企业所得税实施条例》第八十三条规定，企业所得税法第二十六条第(二)项所称符合条件的居民企业之间的股息、红利等权益性投资收益，是指居民企业直接投资于其他居民企业取得的投资收益。企业所得税法第二十六条第(二)项和第(三)项所称股息、红利等权益性投资收益，不包括连续持有居民企业公开发行并上市流通的股票不足12个月取得的投资收益。该条规定从两个方面给出了解释。

(1) 仅限于居民企业直接投资于其他居民企业取得的投资收益。这一限制条件既排除了居民企业之间非直接投资所取得的权益性收益，也排除了居民企业对非居民企业的权益性投资收益。

(2) 不包括连续持有居民企业公开发行并上市流通的股票不足12个月而取得的权益性投资收益。连续持有被投资企业公开发行并上市流通的股票的时间不足12个月的投资，具有较大的投机成分，所以，不在优惠范围之内。

2. 在中国境内设立机构、场所的非居民企业从居民企业取得与该机构、场所有实际联系的股息、红利等权益性投资收益为免税收入

根据《企业所得税法》第三条第二款的规定，非居民企业在中国境内

设立机构、场所的，应当就其取得的与该机构场所有实际联系的股息、红利所得等权益性投资，缴纳企业所得税。这和发生在居民企业之间的情况相类似，这些股息、红利等权益性投资如果是从被投资的居民企业税后利润中分配取得的，再并入非居民企业的应税所得中征税，也存在着重复征税的问题。因此，新税法对在中国境内设立机构、场所的非居民企业从居民企业取得与该机构、场所有实际联系的股息、红利等权益性投资收益做了免税的规定。

非居民企业从居民企业取得的股息、红利等权益性投资收益，如果要享受免税优惠，需要具备以下两个条件。

(1) 非居民企业从居民企业取得的股息、红利等权益性投资收益，需要与其在境内设立的机构、场所有实际联系。有实际联系是指该机构场所拥有、控制据以取得所得的股权等。也就是说，非居民企业从居民企业取得的权益性投资收益，是由于其在境内设立的机构、场所拥有控制居民企业的股权。

(2) 非居民企业从居民企业取得的与其所设机构、场所有实际联系的股息、红利等权益性投资收益，能够享受免税优惠的，不包括对居民企业公开发行并上市流通的股票进行短期炒作而取得的投资收益。短期炒作的标准，同样规定为连续持有居民企业公开发行并上市流通的股票不足12个月取得的投资收益。

◆ 符合条件的非营利组织的收入为免税收入

我国非营利组织发展迅速，目前全国现有事业单位、社会团体、基金会、民办非事业单位和宗教活动场所等非营利组织超过120万家。这些非营利组织对于弥补政府在公共管理领域中的不足、帮助救助弱势群体、促进社会发展等方面，发挥着越来越重要的作用。

1. 非营利组织免税资格认定管理

(1) 非营利组织认定必须同时满足以下条件

① 依照国家有关法律法规设立或登记的事业单位、社会团体、基金会、民办非企业单位、宗教活动场所，以及财政部、国家税务总局认定的其他组织。

② 从事公益性或者非营利性活动，且活动范围主要在中国境内。

③ 取得的收入除用于与该组织有关的、合理的支出外，全部用于登记核定或者章程规定的公益性或者非营利性事业。

④ 财产及其孳息不用于分配，但不包括合理的工资薪金支出。

⑤ 按照登记核定或者章程规定，该组织注销后的剩余财产用于公益

性或者非营利性目的，或者由登记管理机关转赠给予该组织性质、宗旨相同的组织，并向社会公告。

⑥ 投入人对投入该组织的财产不保留或者享有任何财产权利，本款所称投入人是指除各级人民政府及其部门外的法人、自然人和其他组织。

⑦ 工作人员工资福利开支控制在规定的比例内，不变相分配该组织的财产，其中：工作人员平均工资薪金水平不得超过上年度税务登记所在地人均工资水平的两倍，工作人员福利按照国家有关规定执行。

⑧ 除当年新设立或登记的事业单位、社会团体、基金会及民办非企业单位外，事业单位、社会团体、基金会及民办非企业单位申请前年度的检查结论为“合格”。

⑨ 对取得的应纳税收入及其有关的成本、费用、损失应与免税收入及其有关的成本、费用、损失分别核算。

(2) 非营利组织审核管理权限的划分

经省级(含省级)以上登记管理机关批准设立或登记的非营利组织，凡符合规定条件的，应向其所在地省级税务主管机关提出免税资格申请，并提供规定的相关材料；经市(地)级或县级登记管理机关批准设立或登记的非营利组织，凡符合规定条件的，分别向其所在地市(地)级或县级税务主管机关提出免税资格申请，并提供规定的相关材料。财政、税务部门按照上述管理权限，对非营利组织享受免税的资格联合进行审核确认，并定期予以公布。

(3) 申请享受免税资格的非营利组织需报送下列材料

① 申请报告；

② 事业单位、社会团体、基金会、民办非企业单位的组织章程或宗教活动场所的管理制度；

③ 税务登记证复印件；

④ 非营利组织登记证复印件；

⑤ 申请前年度的资金来源及使用情况、公益活动和非营利活动的明细情况；

⑥ 具有资质的中介机构鉴证的申请前会计年度的财务报表和审计报告；

⑦ 登记管理机关出具的事业单位、社会团体、基金会、民办非企业单位申请前年度的年度检查结论；

⑧ 财政、税务部门要求提供的其他材料。

(4) 非营利组织免税优惠资格的有效期

非营利组织免税优惠资格的有效期为五年。非营利组织应在期满前三个月内提出复审申请,不提出复审申请或复审不合格的,其享受免税优惠的资格到期自动失效。

非营利组织免税资格复审,按照初次申请免税优惠资格的规定办理。

(5) 非营利组织免税的管理

非营利组织必须按照《中华人民共和国税收征收管理法》及《中华人民共和国税收征收管理法实施细则》等有关规定,办理税务登记,按期进行纳税申报。取得免税资格的非营利组织应按照规定向主管税务机关办理免税手续,免税条件发生变化的,应当自发生变化之日起十五日内向主管税务机关报告;不再符合免税条件的,应当依法履行纳税义务;未依法纳税的,主管税务机关应当予以追缴。取得免税资格的非营利组织注销时,剩余财产处置违反上述第(1)条第⑤项规定的,主管税务机关应追缴其应纳企业所得税款。

主管税务机关应根据非营利组织报送的纳税申报表及有关资料进行审查,当年符合《企业所得税法》、《企业所得税法实施条例》和有关规定免税条件的收入,免予征收企业所得税;当年不符合免税条件的收入,照章征收企业所得税。主管税务机关在执行税收优惠政策过程中,发现非营利组织不再具备免税条件的,应及时报告核准该非营利组织免税资格的财政、税务部门,由其进行复核。

核准非营利组织免税资格的财政、税务部门根据规定的管理权限,对非营利组织的免税优惠资格进行复核;复核不合格的,取消其享受免税优惠的资格。

(6) 已认定的享受免税优惠政策的非营利组织有下述情况之一的,应取消其资格。

① 事业单位、社会团体、基金会及民办非企业单位逾期未参加年检或年度检查结论为"不合格"的。

② 在申请认定过程中提供虚假信息的。

③ 有逃避缴纳税款或帮助他人逃避缴纳税款行为的。

④ 通过关联交易或非关联交易和服务活动,变相转移、隐匿、分配该组织财产的。

⑤ 因违反《中华人民共和国税收征收管理法》及《中华人民共和国税收征收管理法实施细则》而受到税务机关处罚的。

⑥ 受到登记管理机关处罚的。

因上述第①项规定的情形被取消免税优惠资格的非营利组织，财政、税务部门在一年内不再受理该组织的认定申请；因上述规定的除第①项以外的其他情形被取消免税优惠资格的非营利组织，财政、税务部门在五年内不再受理该组织的认定申请。

2. 非营利组织企业所得税免税收入的范围

(1) 接受其他单位或者个人捐赠的收入。

(2) 除《企业所得税法》第七条规定的财政拨款以外的其他政府补助收入，但不包括因政府购买服务取得的收入。

(3) 按照省级以上民政、财政部门规定收取的会费。

(4) 不征税收入和免税收入孳生的银行存款利息收入。

(5) 财政部、国家税务总局规定的其他收入。

相关知识

◆ **企业减免或返还的流转税**

对直接减免的增值税和即征即退、先征后退、先征后返的各种税收，但是不包括企业按规定取得的出口退税款，准予作为不征税收入，在计算应纳税所得额时从收入总额中减除。

企业出口货物所获得的增值税退税款，应冲抵相应的“进项税额”，不并入利润征收企业所得税。外贸企业自营出口所获得的消费税退税款，应冲抵“商品销售成本”，不直接并入利润征收企业所得税。

4.2 减计收入的优惠

要 点

《企业所得税》规定，企业综合利用资源生产符合国家产业政策规定的产品所取得的收入，可以在计算应纳税所得额时减计收入。其中，减计收入是指企业以《资源综合利用企业所得税优惠目录》规定的资源作为主要原材料，生产国家非限制和非禁止并符合国家和行业相关标准的产品取得的收入，减按90%计入收入总额。所称原材料占生产产品材料的比例不得低于《资源综合利用企业所得税优惠目录》规定的标准。

实例详解

◆ 《资源综合利用企业所得税优惠目录》规定

2008 年 8 月，经国务院批准，财政部、税务总局、发展改革委公布了《资源综合利用企业所得税优惠目录（2008 年版）》（财税[2008]117 号，以下简称《目录》）。财政部、国家税务总局就执行《目录》的有关问题做如下规定。

（1）企业自 2008 年 1 月 1 日起以《目录》中所列资源为主要原材料，生产《目录》内符合国家或行业相关标准的产品取得的收入在计算应纳税所得额时，减按 90%计入当年收入总额。享受上述税收优惠时，《目录》内所列资源占产品原料的比例应符合《目录》规定的技术标准。

（2）企业同时从事其他项目而取得的非资源综合利用收入，应与资源综合利用收入分开核算，没有分开核算的，不得享受优惠政策。

（3）企业从事不符合实施条例和《目录》规定范围、条件和技术标准的项目，不得享受资源综合利用企业所得税优惠政策。

（4）根据经济社会发展需要及企业所得税优惠政策实施情况，国务院财政、税务主管部门会同国家发展改革委等有关部门适时对《目录》内的项目进行调整和修订，并在报国务院批准以后对《目录》进行更新。

◆ 《关于资源综合利用企业所得税优惠管理问题的通知》规定

国家税务总局为贯彻落实资源综合利用的企业所得税优惠政策，加强税收优惠的管理，下发了《关于资源综合利用企业所得税优惠管理问题的通知》（国税函[2009]185 号，以下简称《通知》），做如下规定。

（1）资源综合利用企业所得税优惠，是指企业自 2008 年 1 月 1 日起以《资源综合利用企业所得税优惠目录（2008 年版）》（以下简称《目录》）规定的资源作为主要原材料，生产国家非限制和非禁止并符合国家及行业相关标准的产品取得的收入，减按 90%计入企业当年收入总额。

（2）经资源综合利用主管部门按《目录》规定认定的生产资源综合利用产品的企业（不包括仅对资源综合利用工艺和技术进行认定的企业），取得《资源综合利用认定证书》，可按本《通知》规定申请享受资源综合利用企业所得税优惠。

（3）企业资源综合利用产品的认定程序，按《国家发展改革委、财政部、国家税务总局关于印发《国家鼓励的资源综合利用认定管理办法）的通知》（发改环资[2006]1864 号）的规定执行。

（4）2008 年 1 月 1 日之前经资源综合利用主管部门认定取得《资源

综合利用认定证书》的企业，应按《通知》第二条、第三条的规定，重新办理认定并取得《资源综合利用认定证书》，方可申请享受资源综合利用企业所得税优惠。

(5) 企业从事非资源综合利用项目取得的收入与生产资源综合利用产品取得的收入没有分开核算的，不得享受资源综合利用企业所得税优惠。

(6) 税务机关对资源综合利用企业所得税优惠实行备案管理。备案管理的具体程序按照国家税务总局的相关规定执行。

(7) 享受资源综合利用企业所得税优惠的企业因经营状况发生变化而不符合《目录》规定的条件的，应自发生变化之日起15个工作日内向主管税务机关报告，并停止享受资源综合利用企业所得税优惠。

(8) 企业实际经营情况不符合《目录》规定条件，采用欺骗等手段获取企业所得税优惠，或者因经营状况发生变化而不符合享受优惠条件，但未及时向主管税务机关报告的，按照《税收征管法》及其实施细则的有关规定进行处理。

(9) 税务机关应对企业的实际经营情况进行监督检查。税务机关发现资源综合利用主管部门认定有误的，应停止企业享受资源综合利用企业所得税优惠，并及时与有关认定部门协调沟通，提请纠正，已经享受的优惠税额应予追缴。

(10) 各省、自治区、直辖市和计划单列市国家税务局、地方税务局可根据本《通知》制定具体管理办法。

相关知识

◆ 资源综合利用的内容

资源综合利用主要包括：在矿产资源开采过程中对共生、伴生矿进行综合开发与合理利用；对生产过程中产生的废渣、废液（水）、废气、余热、余压等进行回收和合理利用；对社会生产和消费过程中产生的各种废旧物资进行回收和再生利用。

4.3 加计扣除的优惠

要 点

本节主要介绍研究开发费用的加计扣除，企业安置残疾人员支付的工资可加计扣除以及企业安置国家鼓励安置的其他就业人员所支付的工资，可以在计算应纳税所得额时加计扣除，希望读者对此部分内容有所了解。

解释

◆ 研究开发费用的加计扣除

《企业所得税法》第三十条规定，企业开发新技术、新产品、新工艺发生的研究开发费用支出，可以在计算应纳税所得额时加计扣除。

研究开发费用的加计扣除，是指企业为开发新技术、新产品、新工艺发生的研究开发费用，未形成无形资产计入当期损益的，在按照规定据实扣除的基础上，按照研究开发费用的50%加计扣除；形成无形资产的，按照无形资产成本的150%摊销。

我国2006—2020年中长期科技发展规划纲要指出，要把提高自主创新能力摆在全部科技工作的突出位置，营造自主创新的环境，推动企业成为技术创新的主体，努力建设创新型国家。《企业所得税法》为落实科技规划纲要精神，鼓励企业自主创新，规定企业开发新技术、新产品、新工艺发生的研发开发费用，可以加计扣除。此项加计扣除应从以下两方面掌握。

(1) 允许加计扣除的研发费用是指企业按国家政策规定为开发新技术、新产品、新工艺发生的研究开发费用。其具体范围将由国务院财税主管部门通过规章进行明确。

(2) 研究开发费用的具体扣除方式：未形成无形资产的研发费用计入当期损益，在按规定实行100%扣除的基础上，再按开发费用的50%加计扣除。形成无形资产的，按照无形资产成本的150%分期摊销扣除。

关于研究开发费加计扣除的具体操作见8.2节“递延所得税资产和递延所得税负债的确认和计量”中“无形资产”的相关内容。

企业申请研究开发费加计扣除时，应向主管税务机关报送如下资料：

(1) 自主、委托、合作研究开发项目计划书和研究开发费预算；

(2) 自主、委托、合作研究开发专门机构或项目组的编制情况和专业人员名单；

(3) 自主、委托、合作研究开发项目当年研究开发费用发生情况归集表；

(4) 企业总经理办公会或董事会关于自主、委托、合作研究开发项目立项的决议文件；

（5）委托、合作研究开发项目的合同或协议；

（6）研究开发项目的效用情况说明、研究成果报告等资料。

◆ 企业安置残疾人员支付的工资可加计扣除

《企业所得税法》规定，企业安置残疾人员所支付的工资可以在计算应纳税所得额时加计扣除，具体要求如下。

（1）企业安置残疾人员的，在按照支付给残疾职工工资据实扣除的基础上，可以在计算应纳税所得额时按照支付给残疾职工工资的100%加计扣除。

企业就支付给残疾职工的工资，在进行企业所得税预缴申报时，允许据实计算扣除；在年度终了进行企业所得税年度申报和汇算清缴时，再依照本条第一款的规定计算加计扣除。

（2）残疾人员的范围适用《中华人民共和国残疾人保障法》的有关规定。

（3）企业享受安置残疾职工工资100%加计扣除应同时具备如下条件：

① 依法与安置的每位残疾人签订了1年以上（含1年）的劳动合同或服务协议，并且安置的每位残疾人在企业实际上岗工作；

② 为安置的每位残疾人按月足额缴纳了企业所在区（县）人民政府根据国家政策规定的基本养老保险、基本医疗保险、失业保险和工伤保险等社会保险；

③ 定期通过银行等金融机构向安置的每位残疾人实际支付了不低于企业所在区（县）适用的经省级人民政府批准的最低工资标准的工资；

④ 具备安置残疾人上岗工作的基本设施。

（4）企业应在年度终了进行企业所得税年度申报和汇算清缴时，向主管税务机关报送上述（3）规定的相关资料、已安置残疾职工名单及其《中华人民共和国残疾人证》或《中华人民共和国残疾军人证（1至8级）》复印件和主管税务机关要求提供的其他资料，办理享受企业所得税加计扣除优惠的备案手续。

（5）在企业汇算清缴结束后，主管税务机关在对企业进行日常管理、纳税评估和纳税检查时，应对安置残疾人员企业所得税加计扣除优惠的情况进行核实。

《企业所得税法》规定企业安置残疾人员就业享受双倍工资扣除的优惠。这样规定既有利于把税收优惠真正落实到需要安置就业的残疾人身上，又有利于安置企业享受税收优惠，避免弄虚作假带来的税收漏洞。

◆ **企业安置国家鼓励安置的其他就业人员所支付的工资，可以在计算应纳税所得额时加计扣除**

“十一五”规划纲要提出，要千方百计地扩大就业，实施积极的就业政策，统筹城乡就业，努力控制失业规模。为了扩大就业，国家曾出台一系列优惠政策，其优惠对象包括安置城镇待业人员的劳动服务企业、安置下岗人员再就业人员的企业，以及安置自主择业的军队转业干部、自谋职业的城镇退役士兵、随军家属就业的企业等。这些税收优惠的条件各异，优惠内容也有所差别。为使政策一致，避免虚假现象，引导企业更多地安置特殊就业人员，新税法规定，企业安置国家鼓励安置的其他就业人员所支付的工资的加计扣除办法，由国务院另行规定。这样，国务院可以根据就业形势制定具体的优惠办法。

4.4 减免所得额的优惠

要 点

本节主要介绍农、林、牧、渔业项目的减免所得额，国家重点扶持的公共基础设施项目所得减免税，环境保护、节能节水项目所得减免税，享受减免税优惠的项目允许转让以及符合条件的技术转让所得免税的规定与内容。

解 释

◆ **农、林、牧、渔业项目的减免所得额**

企业从事农、林、牧、渔业项目的所得，可以免征、减征企业所得税。

1. 企业从事下列项目的所得，免征企业所得税

(1) 蔬菜、谷物、薯类、油料、豆类、棉花、麻类、糖料、水果、坚果的种植。

(2) 农作物新品种的选育。

(3) 中药材的种植。

(4) 林木的培育和种植。

(5) 牲畜、家禽的饲养。

(6) 林产品的采集。

(7) 灌溉、农产品初加工、兽医、农技推广、农机作业和维修等农、林、

牧、渔服务业项目。

(8) 远洋捕捞。

2. 企业从事下列项目的所得,减半征收企业所得税

(1) 花卉、茶以及其他饮料作物和香料作物的种植。

(2) 海水养殖、内陆养殖。

企业从事国家限制和禁止发展的项目,不得享受上述规定的企业所得税优惠。

上述未列明的农、林、牧、渔业项目不得享受税收优惠。

◆ 国家重点扶持的公共基础设施项目所得减免税

1. 公共基础设施项目

根据国务院批准的《关于公布〈公共基础设施项目企业所得税优惠目录(2008年版)〉的通知》(财税[2008]116号)规定,自2008年1月1日起,企业从事下列公共基础设施项目(表4-1),可以享受企业所得税优惠。

表4-1 公共基础设施项目企业所得税优惠目录(2008年版)

序号	类别	项目	范围、条件及技术标准
1	港口码头	码头、泊位、通航建筑物新建项目	由省级以上政府投资主管部门核准的沿海港口万吨级及以上泊位、内河千吨级及以上泊位、滚装泊位、内河航运枢纽新建项目
2	机场	民用机场新建项目	由国务院核准的民用机场新建项目,包括民用机场迁建、军航机场军民合用改造项目
3	铁路	铁路新线建设项目	由省级以上政府投资主管部门或国务院行业主管部门核准的客运专线、城际轨道交通和Ⅲ级及以上铁路建设项目
4		既有线路改造项目	由省级以上政府投资主管部门或国务院行业主管部门核准的铁路电气化改造、增建二线项目以及其他改造投入达到项目固定资产账面原值75%以上的改造项目
5	公路	公路新建项目	由省级以上政府投资主管部门核准的一级以上的公路建设项目
6	城市公共交通	城市快速轨道交通新建项目	由国务院核准的城市地铁、轻轨新建项目

续 表

序号	类别	项目	范围、条件及技术标准
7	电力	水力发电新建项目(包括控制性水利枢纽工程)	由国务院投资主管部门核准的在主要河流上新建的水电项目,总装机容量在25万千瓦及以上的新建水电项目,以及抽水蓄能电站项目
8		核电站新建项目	由国务院核准的核电站新建项目
9		电网(输变电设施)新建项目	由国务院投资主管部门核准的330 kV及以上跨省及长度超过200 km的交流输变电新建项目,500 kV及以上直流输变电新建项目;由省级以上政府投资主管部门核准的革命老区、老少边穷地区电网新建工程项目;农网输变电新建项目
10		风力发电新建项目	由政府投资主管部门核准的风力发电新建项目
11		海洋能发电新建项目	由省级以上政府投资主管部门核准的海洋能发电新建项目
12		太阳能发电新建项目	由政府投资主管部门核准的太阳能发电新建项目
13		地热发电新建项目	由政府投资主管部门核准的地热发电新建项目
14	水利	灌区配套设施及农业节水灌溉工程新建项目	由政府投资主管部门核准的灌区水源工程、灌排系统工程、节水工程
15		地表水水源工程新建项目	由政府投资主管部门核准的水库、塘堰、水窖及配套工程
16		调水工程新建项目	由政府投资主管部门核准的取水、输水、配水工程
17		农村人畜饮水工程新建项目	由政府投资主管部门核准的农村人畜饮水工程中取水、输水、净化水、配水工程
18		牧区水利工程新建项目	由政府投资主管部门核准的牧区水利工程中的取水、输配水、节水灌溉及配套工程

2. 减免规定

《企业所得税法》第二十七条规定,企业从事国家重点扶持的公共基础设施项目投资经营的所得,可以免征、减征企业所得税。

《企业所得税法实施条例》第八十七条规定，国家重点扶持的公共基础设施项目，是指《公共基础设施项目企业所得税优惠目录》规定的港口码头、机场、铁路、公路、城市公共交通、电力、水利等项目。企业承包经营、承包建设和内部自建自用本条规定的项目，不得享受本条规定的企业所得税优惠。

《公共基础设施项目企业所得税优惠目录》由财政部和国家税务总局及国务院有关部门制定，报国务院批准以后公布施行。

企业从事上述规定的国家重点扶持的公共基础设施项目的投资经营的所得，自项目取得第一笔生产经营收入所属纳税年度起，第一年至第三年免征企业所得税，第四年至第六年减半征收企业所得税，即实行"三免三减半"的税收优惠政策。

同时，《企业所得税法实施条例》第八十九条还规定，享受减免税优惠的项目，在减免税期限内转让的，受让方自受让之日起，可以在剩余期限内享受规定的减免税优惠；减免税期限届满后转让的，受让方不得就该项目重复享受减免税优惠。

国家税务总局《关于实施国家重点扶持的公共基础设施项目企业所得税优惠问题的通知》(国税发[2009]80号)规定如下。

(1) 对居民企业(以下简称企业)经有关部门批准，从事符合《公共基础设施项目企业所得税优惠目录》规定范围、条件和标准的公共基础设施项目的投资经营所得，自该项目取得第一笔生产经营收入所属纳税年度起，第一年至第三年免征企业所得税，第四年至第六年减半征收企业所得税。

企业从事承包经营、承包建设和内部自建自用《公共基础设施项目企业所得税优惠目录》规定项目的所得，不得享受前款规定的企业所得税优惠。

(2) 第一笔生产经营收入是指公共基础设施项目建成并投入运营(包括试运营)后所取得的第一笔主营业务收入。

(3) 承包经营是指与从事该项目经营的法人主体相独立的另一法人经营主体，通过承包该项目的经营管理而取得劳务性收益的经营活动。

(4) 承包建设是指与从事该项目经营的法人主体相独立的另一法人经营主体，通过承包该项目的工程建设而取得建筑劳务收益的经营活动。

(5) 内部自建自用是指项目的建设仅作为本企业主体经营业务的设施，满足本企业自身的生产经营活动需要，而不属于向他人提供公共服务业务的公共基础设施建设项目。

(6) 企业同时从事不在《公共基础设施项目企业所得税优惠目录》范围的生产经营项目取得的所得,应与享受优惠的公共基础设施项目经营所得分开核算,并且合理分摊企业的期间共同费用;没有单独核算的,不得享受上述企业所得税优惠。

期间共同费用的合理分摊比例可以按照投资额、销售收入、资产额、人员工资等参数确定。上述比例一经确定,不得随意变更。凡特殊情况需要改变的,需报主管税务机关核准。

(7) 从事《公共基础设施项目企业所得税优惠目录》范围项目投资的居民企业应于从该项目取得的第一笔生产经营收入后 15 日内向主管税务机关备案并报送如下材料后,方可享受有关企业所得税优惠:

① 有关部门批准该项目文件复印件;

② 该项目完工验收报告复印件;

③ 该项目投资额验资报告复印件;

④ 税务机关要求提供的其他资料。

(8) 企业因生产经营发生变化或因《公共基础设施项目企业所得税优惠目录》调整,不再符合本办法规定减免税条件的,企业应当自发生变化 15 日内向主管税务机关提交书面报告并停止享受优惠,依法缴纳企业所得税。

(9) 企业在减免税期限内转让所享受减免税优惠的项目,受让方承续经营该项目的,可自受让之日起,在剩余优惠期限内享受规定的减免税优惠;减免税期限届满后转让的,受让方不得就该项目重复享受减免税优惠。

(10) 税务机关应结合纳税检查、执法检查或其他专项检查,每年定期对企业享受公共基础设施项目企业所得税减免税款事项进行核查,核查的主要内容包括:

① 企业是否继续符合减免所得税的资格条件,所提供的有关情况证明材料是否真实;

② 企业享受减免企业所得税的条件发生变化时,是否及时将变化情况报送税务机关,并根据本办法规定对适用优惠进行了调整。

(11) 企业实际经营情况不符合企业所得税减免税规定条件的或采取虚假申报等手段获取减免税的、享受减免税条件发生变化未及时向税务机关报告的,以及未按本办法规定程序报送备案资料而自行减免税的,企业主管税务机关应按照《中华人民共和国税收征收管理法》有关规定进行处理。

◆ **环境保护、节能节水项目所得减免税**

企业从事符合条件的环境保护、节能节水项目的所得可以免征、减征企业所得税。符合条件的环境保护、节能节水项目，包括公共污水处理、公共垃圾处理、沼气综合开发利用、节能减排技术改造、海水淡化等。项目的具体条件和范围由国务院财政、税务主管部门商国务院有关部门制定，报国务院批准后公布施行。

企业从事上述规定的符合条件的环境保护、节能节水项目的所得，自项目取得第一笔生产经营收入所属纳税年度起，第一年至第三年免征企业所得税，第四年至第六年减半征收企业所得税。

◆ **享受减免税优惠的项目允许转让**

享受减免税优惠的项目，在减免税期限内转让的，受让方自受让之日起，可以在剩余期限内享受规定的减免税优惠；减免税期限届满后转让的，受让方不得就该项目重复享受减免税优惠。

◆ **符合条件的技术转让所得免税**

《企业所得税法》第二十七条规定，企业符合条件的技术转让所得，可以免征、减征企业所得税。

《企业所得税法实施条例》第九十条规定，符合条件的技术转让所得免征、减征企业所得税，是指一个纳税年度内，居民企业技术转让所得不超过500万元的部分，免征企业所得税；超过500万元的部分，减半征收企业所得税。

国家税务总局《关于技术转让所得减免企业所得税有关问题的通知》(国税函[2009]212号)规定，自2008年1月1日起技术转让所得减免企业所得税按如下情况处理。

1. 享受减免企业所得税优惠的技术转让应符合以下条件

(1) 享受优惠的技术转让主体是企业所得税法规定的居民企业；

(2) 技术转让属于财政部、国家税务总局规定的范围；

(3) 境内技术转让经省级以上科技部门认定；

(4) 向境外转让技术经省级以上商务部门认定；

(5) 国务院税务主管部门规定的其他条件。

2. 符合条件的技术转让所得应按以下方法计算

技术转让所得＝技术转让收入－技术转让成本－相关税费

技术转让收入是指当事人履行技术转让合同后获得的价款，不包括销售或转让设备、仪器、零部件、原材料等非技术性收入。不属于与技术转让项目密不可分的技术咨询、技术服务、技术培训等收入，不得计入技术转让收入。

技术转让成本是指转让的无形资产的净值，即该无形资产的计税基础减除在资产使用期间按照规定计算的摊销扣除额后的余额。

相关税费是指技术转让过程中实际发生的有关税费，包括除企业所得税和允许抵扣的增值税以外的各项税金及其附加、合同签订费用、律师费等相关费用及其他支出。

享受技术转让所得减免企业所得税优惠的企业，应单独计算技术转让所得，并合理分摊企业的期间费用；没有单独计算的，不得享受技术转让所得的企业所得税优惠。

这里强调的是居民企业一个纳税年度内技术转让所得的总和，而不管享受减免税优惠的转让所得是通过几次技术转让行为所获取的，只要居民企业技术转让所得总和在一个纳税年度内不到500万元，这部分所得全部免税。超过500万元的部分，减半征收企业所得税。

3. 企业发生技术转让，向主管税务机关备案时报送的资料

国家税务总局《关于技术转让所得减免企业所得税有关问题的通知》(国税函[2009]212号)规定，企业发生技术转让，应在纳税年度终了后至报送年度纳税申报表以前，向主管税务机关办理减免税备案手续。

(1) 企业发生境内技术转让，向主管税务机关备案时应报送以下资料：

① 技术转让合同(副本)；

② 省级以上科技部门出具的技术合同登记证明；

③ 技术转让所得归集、分摊、计算的相关资料；

④ 实际缴纳相关税费的证明资料；

⑤ 主管税务机关要求提供的其他资料。

(2) 企业向境外转让技术，向主管税务机关备案时应报送以下资料：

① 技术出口合同(副本)；

② 省级以上商务部门出具的技术出口合同登记证书或技术出口许可证；

③ 技术出口合同数据表；

④ 技术转让所得归集、分摊、计算的相关资料；

⑤ 实际缴纳相关税费的证明资料；

⑥ 主管税务机关要求提供的其他资料。

实例详解

【例 4-1】 A公司从事《企业所得税法》第二十七条规定的国家重点扶持公共基础设施项目，2008 年 1 月 1 日开始项目投资，当前取得了生产经营收入，但是效益并不理想，应纳税所得额为 10 万元；2009 年度应纳税所得额为 40 万元；2010 年度应纳税所得额为 80 万元；2011 年，A 公司将该项目转让给 B 公司，B 公司当年实现应纳税所得额 100 万元；2012—2014 年，B 公司分别实现应纳税所得额 400 万元、900 万元和 1200 万元。具体数据如表 4-2 所示。试问从 2008 年度开始，A 公司和 B 公司每年应纳税额是多少？

表 4-2 2008—2014 年应纳税所得额 金额单位：万元

年 份	2008	2009	2010	2011	2012	2013	2014
应纳税所得额	10	40	80	100	400	900	1200

【分析】 A 公司从事的国家重点扶持公共基础设施项目可以享受第 1～3 年免税，第 4～6 年减半的优惠政策。所以，2008—2010 年度，A 公司的应纳税额都是 0。2011 年，A 公司将该项目转让给 B 公司，税法允许该项目享受的定期减免税优惠尚未享受完毕，B 公司可以在剩余的期限内继续享受。

2011 年，B 公司的应纳税额＝100×25％×50％＝12.5(万元)

2012 年，B 公司的应纳税额＝400×25％×50％＝50(万元)

2013 年，B 公司的应纳税额＝900×25％×50％＝112.5(万元)

2014 年，该项目的定期减免税优惠已经享受完毕，所以，B 公司的应纳税额为 300 万元(1200×25％)。

【例 4-2】 居民企业 A 公司在 2010 年度向 B 公司进行符合条件的两笔技术转让，总共获得所得 900 万元。试问 A 公司的上述两笔技术转让所得应当缴纳多少企业所得税(不考虑其他费用和税收优惠)。

【分析】 A 公司向 B 公司进行的符合条件的技术转让所获得的所得可以享受税收优惠政策。

应纳税额＝(900－500)×25％×50％＝50(万元)

4.5 减免税的优惠

要 点

本节主要介绍小型微利企业，高新技术企业，软件产业、集成电路产业和动漫产业等方面的减免税优惠政策。

解 释

◆ 小型微利企业减按20%的税率征收企业所得税

中小企业是我国国民经济和社会发展的重要力量，促进中小企业发展，是保持国民经济平稳较快发展的重要基础，是关系民生和社会稳定的重大战略任务。《企业所得税法实施条例》第九十二条规定，企业所得税法第二十八条第一款所称符合条件的小型微利企业，是指从事国家非限制和禁止行业，并符合下列条件的企业：

(1) 工业企业，年度应纳税所得额不超过30万元，从业人数不超过100人，资产总额不超过3000万元；

(2) 其他企业，年度应纳税所得额不超过30万元，从业人数不超过80人，资产总额不超过1000万元。

上述规定应从以下几方面来掌握：

1. 小型微利企业的认定标准

工业企业，年度应纳税所得额不超过30万元，从业人数不超过100人，资产总额不超过3000万元。工业企业的范围包括采矿业、制造业、电力、燃气及水的生产和供应业。年度应纳税所得额是根据《企业所得税法》及《企业所得税法实施条例》的规定计算的年度应纳税所得额。从业人数是本纳税年度与企业形成劳动关系的平均人数或相对固定的人数。资产总额应按企业年初和年末的资产总额平均计算。

其他企业中的小型微利企业是指除工业企业以外的其他类型的企业，包括服务企业、商品流通、交通运输等企业。

2. 不得享受低税率优惠待遇的小型微利企业

(1)《企业所得税法》规定的小型微利企业待遇，应适用于具备建账核算自身应纳税所得额条件的企业，按照《企业所得税核定征收办法》(国税发[2008]30号)实行核定征收办法缴纳企业所得税的企业，在不具备准确核算应纳税所得额条件前，暂不适用小型微利企业适用税率。

(2) 即便是符合小型微利企业的认定标准，若属于从事国家限制和禁止行业的企业，也不得享受20%的低税率待遇。

3. 小型微利企业的认定

国务院财政、税务部门不再单独制定小型微利企业认定管理办法，税务机关在征收企业所得税时，可以直接根据实施条例的标准判定是否属于小型微利企业。

4. 关于小型微利企业所得税预缴问题

(1) 企业按当年实际利润预缴所得税的，如上年度符合《企业所得税法实施条例》第九十二条规定的小型微利企业条件，在本年度填写《中华人民共和国企业所得税月(季)度纳税申报表(A类)》(国税函[2008]44号文件)时，第4行“利润总额”与5%的乘积，暂填入第7行“减免所得税额”内。

(2) 小型微利企业条件中，从业人数是指与企业建立劳动关系的职工人数和企业接受的劳务派遣用工人数之和；“资产总额”按企业年初和年末的资产总额平均计算。从业人数和资产总额指标，按企业全年月平均值确定，具体计算公式如下。

月平均值=(月初值+月末值)÷2

全年月平均值=全年各月平均值之和÷12

年度中间开业或者终止经营活动的，以其实际经营期作为一个纳税年度确定上述相关指标。

(3) 企业在当年首次预缴企业所得税时，须向主管税务机关提供企业上年度符合小型微利企业条件的相关证明材料。主管税务机关对企业提供的相关证明材料核实后，认定企业上年度不符合小型微利企业条件的，该企业当年不得按上述第(1)项规定填报纳税申报表。

(4) 纳税年度终了后，主管税务机关要根据企业当年有关指标，核实企业当年是否符合小型微利企业条件。企业当年有关指标不符合小型微利企业条件，但已按规定计算减免所得税额的，在年度汇算清缴时要补缴按规定计算的减免所得税额。

5. 加大对中小企业的财税扶持力度，落实和完善税收优惠政策

国务院要求加大对中小企业的财税扶持力度，落实和完善税收优惠政策。国家运用税收政策促进中小企业发展，具体政策由财政部、税务总局会同有关部门研究制定。为有效应对国际金融危机，扶持中小企业发展，自2010年1月1日至2010年12月31日，对年应纳税所得额低于3万元(含3万元)的小型微利企业，其所得减按50%计入应纳税所得额，按20%的税率缴纳企业所得税。中小企业投资国家鼓励类项目，除《国内投资项目不予免税的进口商品目录》所列商品外，所需的进口自用设备及按照合同随设备进口的技术及配套件、备件，免征进口关税。中小企业缴纳城镇土地使用税确有困难的，可按有关规定向省级财税部门或省级人民政府提出减免税申请。中小企业因有特殊困难不能按期纳税的，可依法申请在三个月内延期缴纳。为贯彻国务院的指示，财政部、国家税务

总局已制定下发了《关于小型微利企业有关企业所得税政策的通知》(财税[2009]133 号)。

6. 非居民企业是否享受对小型微利企业的税收优惠政策问题

《企业所得税法》第二十八条规定的小型微利企业，是指企业的全部生产经营活动产生的所得均负有我国企业所得税纳税义务的企业。因此，仅就来源于我国所得负有我国纳税义务的非居民企业，不适用该条规定的对符合条件的小型微利企业减按 20%税率征收企业所得税的政策。

◆ **高新技术企业减按 15%的低税率优惠**

《企业所得税法》第二十八条规定，国家需要重点扶持的高新技术企业，减按 15%的税率征收企业所得税。

国家需要重点扶持的高新技术企业，是指拥有核心自主知识产权，并同时符合下列条件的企业：

(1) 产品(服务)属于《国家重点支持的高新技术领域》规定的范围；

(2) 研究开发费用占销售收入的比例不低于规定比例；

(3) 高新技术产品(服务)收入占企业总收入的比例不低于规定比例；

(4) 科技人员占企业职工总数的比例不低于规定比例；

(5) 高新技术企业认定管理办法规定的其他条件。

高新技术企业的认定除上述五项标准之外，还必须具备"拥有核心自主知识产权"。核心自主知识产权指的是企业对知识产权的主体或核心部分，拥有自主权或者绝对控制权。另外，所称的"拥有核心自主知识产权"，并不一定是企业通过自己研发所获取的，也可以通过购买、投资者投入等形式获取，只要企业对这项知识产权拥有完整的支配权，或者享有独占的使用权即符合规定。

上述五项标准都是原则性规定，不具备可操作性，仍要进一步细化。可根据税法的规定，由国务院科技、财政、税务主管部门商国务院有关部门制定《国家重点支持的高新技术领域》和《高新技术企业认定管理办法》，报国务院批准后公布施行。

科技部、财政部、国家税务总局于 2008 年 4 月联合下发了《高新技术企业认定管理办法》(国科发火[2008]172 号，以下简称《管理办法》)，对高新技术企业认定管理工作做出具体规定。

高新技术企业是指在《国家重点支持的高新技术领域》内，持续进行研究开发与技术成果转化，形成企业核心自主知识产权，并以此为基础开展经营活动，在中国境内(不包括港、澳、台地区)注册一年以上的居民企业。

1. 高新技术企业认定须同时满足以下条件

(1) 在中国境内(不含港、澳、台地区)注册的企业,近三年内通过自主研发、受让、受赠、并购等方式,或通过5年以上的独占许可方式,对其主要产品(服务)的核心技术拥有自主知识产权。

(2) 产品(服务)属于《国家重点支持的高新技术领域》规定的范围。

(3) 具有大学专科以上学历的科技人员占企业当年职工总数的30%以上,其中研发人员占企业当年职工总数的10%以上。

(4) 企业为获得科学技术(不包括人文、社会科学)新知识,创造性运用科学技术新知识,或实质性改进技术、产品(服务)而持续进行了研究开发活动,且近三个会计年度的研究开发费用总额占销售收入总额的比例符合如下要求。

① 最近一年销售收入小于5000万元的企业,比例不低于6%。

② 最近一年销售收入在5000万元至20000万元的企业,比例不低于4%。

③ 最近一年销售收入在20000万元以上的企业,比例不低于3%。其中,企业在中国境内发生的研究开发费用总额占全部研究开发费用总额的比例不低于60%。企业注册成立时间不足三年的,按实际经营年限计算。

(5) 高新技术产品(服务)收入占企业当年总收入的60%以上。

(6) 企业研究开发组织管理水平、科技成果转化能力、自主知识产权数量、销售与总资产成长性等指标符合《高新技术企业认定管理工作指引》的要求。

2. 高新技术企业认定的程序

(1) 企业自我评价及申请

企业登录“高新技术企业认定管理工作网”,对照《管理办法》第十条规定条件,进行自我评价。认为符合认定条件的,企业可向认定机构提出认定申请。

(2) 提交下列申请材料

① 高新技术企业认定申请书。

② 企业营业执照副本、税务登记证(复印件)。

③ 知识产权证书(独占许可合同)、生产批文、新产品或新技术证明(查新)材料、产品质量检验报告、省级以上科技计划立项证明,以及其他相关证明材料。

④ 企业职工人数、学历结构及研发人员占企业职工的比例说明。

⑤ 经具有资质的中介机构鉴证的企业近三个会计年度研究开发费用情况表(实际年限不足三年的按实际经营年限),并附研究开发活动说明材料。

⑥ 经具有资质的中介机构鉴证的企业近三个会计年度的财务报表(含资产负债表、损益表、现金流量表,实际年限不足三年的按实际经营年限)及技术性收入的情况表。

(3) 合规性审查

认定机构应建立高新技术企业认定评审专家库;依据企业的申请材料,抽取专家库内专家对申报企业进行审查,提出认定意见。

(4) 认定、公示与备案

认定机构对企业进行认定。经认定的高新技术企业在“高新技术企业认定管理工作网”上公示15个工作日,没有异议的,报送领导小组办公室备案,在“高新技术企业认定管理工作网”上公告认定结果,并向企业颁发统一印制的“高新技术企业证书”。

3. 高新技术企业复审制度

(1) 高新技术企业资格自颁发证书之日起有效期为三年。企业应在期满前三个月内提出复审申请,不提出复审申请或复审不合格的,其高新技术企业资格到期自动失效。

(2) 高新技术企业复审须提交近三年开展研究开发等技术创新活动的报告。

复审时应重点审查上述1中规定的条件,对符合条件的,按照上述2中第(4)项进行公示与备案。

通过复审的高新技术企业资格有效期为三年。期满后,企业再次提出认定申请的,按《管理办法》的规定办理。

4. 重大变更事项报告制度

高新技术企业经营业务、生产技术活动等发生重大变化(如并购、重组、转业等)的,应在十五日内向认定管理机构报告;变化后不符合本办法规定条件的,应自当年起终止其高新技术企业资格;需要申请高新技术企业认定的,按《管理办法》的规定办理。高新技术企业更名的,由认定机构确认并经公示、备案后重新核发认定证书,编号与有效期不变。

5. 罚则

已认定的高新技术企业有下述情况之一的,应取消其资格。

(1) 在申请认定过程中提供虚假信息的。

(2) 有偷、骗税等行为的。

(3) 发生重大安全、质量事故的。

(4) 有环境等违法、违规行为,受到有关部门处罚的。

被取消高新技术企业资格的企业,认定机构在5年内不再受理该企业的认定申请。

企业被认定为高新技术企业之后,应如何实施高新技术企业优惠政策,国家税务总局《关于实施高新技术企业优惠政策问题的通知》(国税函[2009]203号)规定如下。

(1) 当年可减按15%的税率征收企业所得税或按照《国务院关于经济特区和上海浦东新区新设立高新技术企业实行过渡性税收优惠的通知》(国发[2007]40号)享受过渡性税收优惠的高新技术企业,在实际实施有关税收优惠的当年,减免税条件发生变化的,应按《科学技术部、财政部、国家税务总局关于印发〈高新技术企业认定管理办法〉的通知》(国科发火[2008]172号)第九条第二款的规定处理。

(2) 原依法享受企业所得税定期减免税优惠尚未期满同时符合上述第(1)条规定条件的高新技术企业,根据《高新技术企业认定管理办法》及《科学技术部、财政部、国家税务总局关于印发〈高新技术企业认定管理工作指引〉的通知》(国科发火[2008]362号)的相关规定,在按照新标准取得认定机构颁发的高新技术企业资格证书之后,可以在2008年1月1日后享受对尚未到期的定期减免税优惠执行到期满的过渡政策。

(3) 2006年1月1日至2007年3月16日期间成立,截止到2007年年底仍未获利(弥补完以前年度亏损后应纳税所得额为零)的高新技术企业,根据《高新技术企业认定管理办法》及《高新技术企业认定管理工作指引》的相关规定,按照新标准取得认定机构颁发的高新技术企业证书后,可依据《企业所得税法》第五十七条的规定,免税期限自2008年1月1日起计算。

(4) 认定(复审)合格的高新技术企业,自认定(复审)批准的有效期当年开始,可申请享受企业所得税优惠。企业取得省、自治区、直辖市、计划单列市高新技术企业认定管理机构颁发的高新技术企业证书后,可持"高新技术企业证书"及其复印件和有关资料向主管税务机关申请办理减免税手续。手续办理完毕后,高新技术企业可按15%的税率进行所得税预缴申报或享受过渡性税收优惠。

(5) 纳税年度终了后至报送年度纳税申报表以前,已办理减免税手续的企业应向主管税务机关备案以下资料:

1）产品（服务）属于《国家重点支持的高新技术领域》规定的范围的说明；

2）企业年度研究开发费用结构明细表；

3）企业当年高新技术产品（服务）收入占企业总收入的比例说明；

4）企业具有大学专科以上学历的科技人员占企业当年职工总数的比例说明、研发人员占企业当年职工总数的比例说明。

以上资料的计算、填报口径参照《高新技术企业认定管理工作指引》的有关规定执行。

（6）未取得高新技术企业资格或虽取得高新技术企业资格但不符合《企业所得税法》、《企业所得税法实施条例》及《关于实施高新技术企业优惠政策问题的通知》有关规定条件的企业，不得享受高新技术企业的优惠；已享受优惠的，应追缴其已减免的企业所得税税款。

◆ 软件产业、集成电路产业和动漫产业发展的优惠政策

1．关于鼓励软件产业、集成电路产业发展的税收优惠政策

财政部、国家税务总局《关于企业所得税若干优惠政策的通知》（财税[2008]1号）规定如下。

（1）软件生产企业实行增值税即征即退政策所退还的税款，由企业用于研究开发软件产品和扩大再生产，不作为企业所得税应税收入，不予征收企业所得税。

（2）我国境内新办软件生产企业经认定后，自获利年度起，第一年和第二年免征企业所得税，第三年至第五年减半征收企业所得税。

（3）国家规划布局内的重点软件生产企业，如当年未享受免税优惠的，减按10%的税率征收企业所得税。

（4）软件生产企业的职工培训费用，可按实际发生额在计算应纳税所得额时扣除。

（5）企事业单位购进软件，凡符合固定资产或无形资产确认条件的，可以按照固定资产或无形资产进行核算，经主管税务机关核准，其折旧或摊销年限可以适当缩短，最短可为2年。

（6）集成电路设计企业视同软件企业，享受上述软件企业的有关企业所得税政策。

（7）集成电路生产企业的生产性设备，经主管税务机关核准，其折旧年限可以适当缩短，最短可为3年。

（8）投资额超过80亿元人民币或集成电路线宽小于0.25 μm的集成电路生产企业，可以减按15%的税率缴纳企业所得税，其中，经营期在

15年以上的，从开始获利的年度起，第一年至第五年免征企业所得税，第六年至第十年减半征收企业所得税。

(9) 对生产线宽小于0.8μm(含)集成电路产品的生产企业，经认定后，自获利年度起，第一年和第二年免征企业所得税，第三年至第五年减半征收企业所得税。

已经享受自获利年度起企业所得税“两免三减半”政策的企业，不再重复执行本条规定。

2. 关于扶持动漫产业发展的税收优惠政策

为促进我国动漫产业健康快速发展，增强动漫产业的自主创新能力，财政部、国家税务总局根据《国务院办公厅转发财政部等部门关于推动我国动漫产业发展若干意见的通知》(国办发[2006]32号)的精神，制定下发了《关于扶持动漫产业发展有关税收政策问题的通知》(财税[2009]65号)，规定从2009年1月1日起，经认定的动漫企业自主开发、生产动漫产品，可申请享受国家现行鼓励软件产业发展的所得税优惠政策。

动漫企业和自主开发、生产动漫产品的认定标准和认定程序，按照《文化部、财政部、国家税务总局关于印发〈动漫企业认定管理办法(试行)〉的通知》(文市发[2008]51号)的规定执行。

◆ 关于鼓励证券投资基金发展的优惠政策

财政部、国家税务总局《关于企业所得税若干优惠政策的通知》(财税[2008]1号)规定如下。

(1) 对证券投资基金从证券市场中取得的收入，包括买卖股票、债券的差价收入，股权的股息、红利收入，债券的利息收入及其他收入，暂不征收企业所得税。

(2) 对投资者从证券投资基金分配中取得的收入，暂不征收企业所得税。

(3) 对证券投资基金管理人运用基金买卖股票、债券的差价收入，暂不征收企业所得税。

◆ 关于其他有关行业、企业的优惠政策

为保证部分行业、企业税收优惠政策执行的连续性，对原有关就业再就业，奥运会和世博会，社会公益，债转股、清产核资、重组、改制、转制等企业改革，涉农和国家储备，其他单项优惠政策共6类定期企业所得税优惠政策，自2008年1月1日起，继续按原优惠政策规定的办法和时间执行到期。

◆ 关于外国投资者从外商投资企业取得利润的优惠政策

2008 年 1 月 1 日之前外商投资企业形成的累积未分配利润，在 2008 年以后分配给外国投资者的，免征企业所得税；2008 年及以后年度外商投资企业新增利润分配给外国投资者的，依法缴纳企业所得税。

◆ 民族自治地方减免税优惠

《企业所得税法》第二十九条规定，民族自治地方的自治机关对本民族自治地方的企业应缴纳的企业所得税中属于地方分享的部分，可以决定减征或者免征。自治州、自治县决定减征或者免征的，须报省、自治区、直辖市人民政府批准。

允许民族自治地方拥有一定的税收优惠政策自主权，有利于发挥税收优惠政策对民族自治地方经济发展的推动作用；同时规定其权利限于企业所得税中属于地方分享的部分，目的是预防国家税款的非正常流失。

《企业所得税实施条例》第九十四条规定，民族自治地方是指依照《中华人民共和国民族区域自治法》的规定，实行民族区域自治的自治区、自治州、自治县。对民族自治地方内国家限制和禁止行业的企业，不得减征或者免征企业所得税。

理解上述政策有以下几个要点。

(1) 只有民族自治地方的自治机关有权决定该税收优惠。我国目前的民族自治地方包括自治区、自治州、自治县。民族村不是自治地方。自治机关是指该自治地方的人民代表大会和人民政府，而其他机关，例如，法院、检察院不是民族自治机关。

(2) 享受该项税收优惠的必须是本民族自治地方的企业，属于本民族自治地方的企业，需要由民族自治地方的自治机关通过相关地方性法规或者地方政府规章来具体规定。通常本民族自治地方的企业必须是位于本自治地方区域范围内的企业。

(3) 民族自治地方的自治机关仅有权对本民族自治地方的企业缴纳的企业所得税属于地方分享的部分进行减免，该企业所得税中属于中央的部分不能进行减免。根据国务院《关于印发所得税收入分享改革方案的通知》(国发[2001]37 号)的规定，为了促进社会主义市场经济的健康发展，进一步规范中央和地方政府之间的分配关系，建立合理的分配机制，防止重复建设，减缓地区间财力差距的扩大，支持西部大开发，逐步实现共同富裕，国务院决定从 2002 年 1 月 1 日起实施所得税收入分享改革。目前除少数企业所得税以外，其他企业所得税一律实行中央地方按比例分享。2002年所得税收入中央分享50%，地方分享50%；2003年以及以后所得税收入中央分享60%，地方分享40%。民族自治地方的自治机关只能对40%的部分进行减免，无权对其余60%的部分进行减免。

(4) 自治区自治机关有权直接进行减免，而自治州、自治县的自治机关决定减免的，则需要报省、自治区、直辖市人民政府批准，批准以后才能进行。

◆ 过渡期税收优惠

《企业所得税法》第五十七条规定，税法公布前已经批准设立的企业，依照当时的税收法律、行政法规规定，享受低税率优惠的，按照国务院规定，可以在本法施行后五年内，逐步过渡到本法规定的税率；享受定期减免税优惠的，按照国务院规定，可以在本法施行后继续享受到期满为止，但因未获利而尚未享受优惠的，优惠期限从本法施行年度起计算。

法律设置的发展对外经济合作和技术交流的特定地区内，以及国务院已规定执行上述地区特殊政策的地区内新设立的国家需要重点扶持的高新技术企业，可以享受过渡性优惠，具体办法由国务院规定。

国家已确定的其他鼓励类企业，可以按照国务院规定享受减免税优惠。

根据新税法第五十七条规定，国务院对企业所得税优惠政策过渡问题规定如下。

1. 新税法公布前批准设立的企业税收优惠过渡办法

企业按照原税收法律、行政法规和具有行政法规效力文件规定享受的企业所得税优惠政策，按以下办法实施过渡。

自2008年1月1日起，原享受低税率优惠政策的企业，在新税法施行后5年内逐步过渡到法定税率。其中：享受企业所得税15%税率的企业，2008年按18%税率执行，2009年按20%税率执行，2010年按22%税率执行，2011年按24%税率执行，2012年按25%税率执行；原执行24%税率的企业，2008年起按25%税率执行。

自2008年1月1日起，原享受企业所得税"两免三减半"、"五免五减半"等定期减免税优惠的企业，新税法施行后继续按原税收法律、行政法规及相关文件规定的优惠办法及年限享受至期满为止，但因未获利而尚未享受税收优惠的，其优惠期限从2008年度起计算。

享受上述过渡优惠政策的企业，是指2007年3月16日以前经工商等登记管理机关登记设立的企业；实施过渡优惠政策的项目和范围按《实施企业所得税过渡优惠政策表》执行。

2. 继续执行西部大开发税收优惠政策

根据国务院《关于实施企业所得税过渡优惠政策的通知》(国发[2007]39号)文件规定，财政部、国家税务总局、海关总署《关于西部大开发税收优惠政策问题的通知》(财税[2001]202号)规定的西部大开发企业所得税优惠政策继续执行到期。国家税务总局将《企业所得税法》实施后，西部大开发企业所得税优惠政策适用目录问题明确如下。

(1) 享受西部大开发企业所得税优惠政策的国家鼓励类产业内资企业适用目录及衔接问题，继续按照财政部、国家税务总局《关于西部大开发税收优惠政策适用目录变更问题的通知》(财税[2006]165号)的规定执行。

(2) 享受西部大开发企业所得税优惠政策的国家鼓励类产业外商投资企业适用目录及衔接问题，按以下原则执行。

1) 自2008年1月1日起，财税[2001]202号文件中《外商投资产业指导目录》按国家发展和改革委员会公布的《外商投资产业指导目录(2007年修订)》执行。自2009年1月1日起，财税[2001]202号文件中《中西部地区外商投资优势产业目录》(第18号令)按国家发展和改革委员会与商务部发布的《中西部地区优势产业目录(2008年修订)》执行。

2) 在相关目录变更前，已按财税[2001]202号文件规定的目录标准审核享受企业所得税优惠政策的外商投资企业，除属于《外商投资产业指导目录(2007年修订)》中限制外商投资产业目录、禁止外商投资产业目录外，可继续执行到期满为止；对属于《外商投资产业指导目录(2007年修订)》中限制外商投资产业目录、禁止外商投资产业目录的企业，应自执行新目录的年度起，停止执行西部大开发企业所得税优惠政策。

对符合新目录鼓励类标准但不符合原目录标准的企业，应自执行新目录的年度起，就其按照西部大开发有关企业所得税优惠政策规定计算的税收优惠期的剩余优惠年限享受优惠。

除《企业所得税法》、《企业所得税法实施条例》、国务院《关于实施企业所得税过渡优惠政策的通知》(国发[2007]39号)、国务院《关于经济特区和上海浦东新区新设立高新技术企业实行过渡性税收优惠的通知》(国发[2007]40号)及财政部、国家税务总局《关于企业所得税若干优惠政策的通知》(财税[2008]1号)规定的优惠政策以外，2008年1月1日之前实施的其他企业所得税优惠政策一律废止。各地区、各部门一律不得越权制定企业所得税的优惠政策。

3. 实施企业税收过渡优惠政策的其他规定

享受企业所得税过渡优惠政策的企业，应按照新税法和实施条例中有关收入和扣除的规定计算应纳税所得额，并按财政部、国家税务总局《关于企业所得税若干优惠政策的通知》（财税[2008]1号）第一部分规定计算享受税收优惠。

企业所得税过渡优惠政策与新税法及实施条例规定的优惠政策存在交叉的，由企业选择最优惠的政策执行，不得叠加享受，且一经选择，不得改变。

企业所得税过渡优惠政策如下。

(1) 设在经济特区的外商投资企业、在经济特区设立机构、场所从事生产、经营的外国企业和设在经济技术开发区的生产性外商投资企业，减按15%的税率征收企业所得税。

(2) 设在沿海经济开放区和经济特区、经济技术开发区所在城市的老市区或者设在国务院规定的其他地区的外商投资企业，属于能源、交通、港口、码头或者国家鼓励的其他项目的，可以减按15%的税率征收企业所得税。

(3) 在沿海经济开放区和经济特区、经济技术开发区所在城市的老市区设立的从事下列项目的生产性外资企业，可以减按15%的税率征收企业所得税：技术密集型、知识密集型的项目；外商投资在3000万美元以上，回收投资时间长的项目；能源、交通、港口建设的项目。

(4) 从事港口、码头建设的中外合资经营企业，可以减按15%的税率征收企业所得税。

(5) 在上海浦东新区设立的生产性外商投资企业，以及从事机场、港口、铁路、公路、电站等能源、交通建设项目的外商投资企业，可以减按15%的税率征收企业所得税。

(6) 生产性外商投资企业，减按15%的税率征收企业所得税。

(7) 厦门台商投资区内设立的台商投资企业，减按15%税率征收企业所得税；福州台商投资区内设立的生产性台商投资企业，减按15%税率征收企业所得税，非生产性台资企业，减按24%税率征收企业所得税。

(8) 省会（首府）城市及沿江开放城市从事下列项目的生产性外资企业，减按15%的税率征收企业所得税：技术密集型、知识密集型的项目；外商投资在3000万美元以上，回收投资时间长的项目；能源、交通、港口建设的项目。

(9) 在苏州工业园区设立的生产性外商投资企业，减按15%税率征收企业所得税。

(10) 自 1999 年 1 月 1 日起,将《外资税法实施细则》第七十三条第一款第(一)项第 3 目关于从事能源、交通基础设施建设的生产性外商投资企业,减按 15%征收企业所得税的规定扩大到全国。

(11) 广东省深圳、珠海、汕头经济特区的企业所得税率为 15%。

(12) 厦门经济特区所得税率按 15%执行。

(13) 在海南岛举办的企业(国家银行和保险公司除外),从事生产、经营所得税和其他所得,均按 15%的税率征收企业所得税。

(14) 设在沿海经济开放区和经济特区、经济技术开发区所在城市的老市区的生产性外商投资企业,减按 24%的税率征收企业所得税。

(15) 国家旅游度假区内的外商投资企业,减按 24%税率征收企业所得税。

(16) 沿边开放城市的生产性外商投资企业,减按 24%税率征收企业所得税。

(17) 允许凭祥、东兴、畹町、瑞丽、河口五市(县、镇)在具备条件的市(县、镇)兴办边境经济合作区,对边境经济合作区内以出口为主的生产性内联企业,减按 24%的税率征收。

(18) 省会(首府)城市及沿江开放城市的生产性外商投资企业,减按 24%税率征收企业所得税。

(19) 对生产性外商投资企业,经营期在十年以上的,从开始获利的年度起,第一年和第二年免征企业所得税,第三年至第五年减半征收企业所得税。

(20) 从事港口码头建设的中外合资经营企业,经营期在 15 年以上的,经企业申请,所在地的省、自治区、直辖市税务机关批准,从开始获利的年度起,第一年至第五年免征企业所得税,第六年至第十年减半征收企业所得税。

(21) 在海南经济特区设立的从事机场、港口、码头、铁路、公路、电站、煤矿、水利等基础设施项目的外商投资企业和从事农业开发经营的外商投资企业,经营期在 15 年以上的,经企业申请,海南省税务机关批准,从开始获利的年度起,第一年至第五年免征企业所得税,第六年至第十年减半征收企业所得税。

(22) 在上海浦东新区设立的从事机场、港口、铁路、公路、电站等能源、交通建设项目的外商投资企业,经营期在 15 年以上的,经企业申请,上海市税务机关批准,从开始获利的年度起,第一年至第五年免征企业所得税,第六年至第十年减半征收企业所得税。

(23) 在经济特区设立的从事服务性行业的外商投资企业，外商投资超过500万美元，经营期在十年以上的，经企业申请，经济特区税务机关批准，从开始获利的年度起，第一年免征企业所得税，第二年和第三年减半征收企业所得税。

(24) 在国务院确定的国家高新技术产业开发区设立的被认定为高新技术企业的中外合资经营企业，经营期在十年以上的，经企业申请，当地税务机关批准，从开始获利的年度起，第一年和第二年免征企业所得税。

(25) 设在北京市新技术产业开发试验区的外商投资企业，依照北京市新技术产业开发试验区的税收优惠规定执行。对试验区的新技术企业自开办之日起，三年内免征所得税。经北京市人民政府指定的部门批准，第四年至第六年可按15%或10%的税率，减半征收所得税。

(26) 需要照顾和鼓励的民族自治地方的企业，经省级人民政府批准实行定期减税或免税的，过渡优惠执行期限不超过5年。

(27) 在海南岛举办的企业(国家银行和保险公司除外)，从事港口、码头、机场、公路、铁路、电站、煤矿、水利等基础设施开发经营的企业和从事农业开发经营的企业，经营期限在十五年以上的，从开始获利的年度起，第一年至第五年免征所得税，第六年至第十年减半征收所得税。

(28) 在海南岛举办的企业(国家银行和保险公司除外)，从事工业、交通运输业等生产性行业的企业经营期限在十年以上的，从开始获利的年度起，第一年和第二年免征所得税，第三年至第五年减半征收所得税。

(29) 在海南岛举办的企业(国家银行和保险公司除外)，从事服务性行业的企业，投资总额超过500万美元或者2000万人民币，经营期限在十年以上的，从开始获利的年度起，第一年免征所得税，第二年和第三年减半征收所得税。

(30) 国家高新技术产业开发区内新创办的高新技术企业经严格认定后，自获利年度起两年内免征所得税。

根据《企业所得税法》第五十七条的有关规定，国务院决定对法律设置的发展对外经济合作和技术交流的特定地区内，以及国务院已规定执行上述地区特殊政策的地区内新设立的国家需要重点扶持的高新技术企业，实行过渡性税收优惠。有关问题规定如下。

(1) 法律设置的发展对外经济合作和技术交流的特定地区，是指深圳、珠海、汕头、厦门和海南经济特区；国务院已规定执行上述地区特殊政策的地区，是指上海浦东新区。

（2）对经济特区和上海浦东新区内在2008年1月1日（含）之后完成登记注册的国家需要重点扶持的高新技术企业（以下简称新设高新技术企业），在经济特区和上海浦东新区内取得的所得，自取得第一笔生产经营收入所属纳税年度起，第一年至第二年免征企业所得税，第三年至第五年按照25%的法定税率减半征收企业所得税。

国家需要重点扶持的高新技术企业，是指拥有核心自主知识产权，同时符合《企业所得税法实施条例》第九十三条规定的条件，并按照《高新技术企业认定管理办法》认定的高新技术企业。

（3）经济特区和上海浦东新区内新设高新技术企业同时在经济特区和上海浦东新区以外的地区从事生产经营的，应当单独计算其在经济特区和上海浦东新区内取得的所得，并合理分摊企业的期间费用；没有单独计算的，不得享受企业所得税优惠。

（4）经济特区和上海浦东新区内新设高新技术企业在按照《国务院关于经济特区和上海浦东新区新设立高新技术企业实行过渡性税收优惠的通知》（国发[2007]40号）的规定享受过渡性税收优惠期间，由于复审或抽查不合格而不再具有高新技术企业资格的，从其不再具有高新技术企业资格年度起，停止享受过渡性税收优惠；以后再次被认定为高新技术企业的，不得继续享受或者重新享受过渡性税收优惠。

财政部、国家税务总局《关于执行企业所得税优惠政策若干问题的通知》（财税[2009]69号）规定如下。

（1）执行国务院《关于实施企业所得税过渡优惠政策的通知》（国发[2007]39号）规定的过渡优惠政策及西部大开发优惠政策的企业，在定期减免税的减半期内，可以按照企业适用税率计算的应纳税额减半征税。其他各类情形的定期减免税，均应按照企业所得税25%的法定税率计算的应纳税额减半征税。

（2）国务院《关于实施企业所得税过渡优惠政策的通知》（国发[2007]39号）第三条所称不得叠加享受，且一经选择，不得改变的税收优惠情形，限于企业所得税过渡优惠政策与企业所得税法及其实施条例中规定的定期减免税和减低税率类的税收优惠。

《企业所得税法》及其《实施条例》中规定的各项税收优惠，凡企业符合规定条件的，可以同时享受。

（3）企业在享受过渡税收优惠过程中发生合并、分立、重组等情形的。按照财政部、国家税务总局《关于企业重组业务企业所得税处理若干问题的通知》（财税[2009]59号）的统一规定执行。

（4）企业在2007年3月16日之前设立的分支机构单独依据原内、外资企业所得税法的优惠规定已享受有关税收优惠的，凡符合国务院《关于实施企业所得税过渡优惠政策的通知》（国发[2007]39号）所列政策条件的，该分支机构可以单独享受国发[2007]39号规定的企业所得税过渡优惠政策。

◆ **民族自治地方企业原享受优惠政策的过渡**

根据《企业所得税法》第二十九条有关“民族自治地方的自治机关对本民族自治地方的企业应缴纳的企业所得税中属于地方分享的部分，可以决定减征或者免征”的规定，对2008年1月1日后民族自治地方批准享受减免税的企业，一律按《企业所得税法》第二十九条的规定执行，即对民族自治地方的企业减免企业所得税，仅限于减免企业所得税中属于地方分享的部分，不得减免属于中央分享的部分。民族自治地方在《企业所得税法》实施前已经按照财政部、国家税务总局、海关总署《关于西部大开发税收优惠政策问题的通知》（财税[2001]202号）第二条第二款有关减免税规定批准享受减免企业所得税（包括减免中央分享企业所得税的部分）的，自2008年1月1日起计算，对减免税期限在5年以内（含5年）的，继续执行至期满后停止；对减免税期限超过5年的，从第六年起按《企业所得税法》第二十九条规定执行。

实例详解

【例4-3】 A公司是隶属于某自治区的企业，该自治区决定减免本自治区所属企业50%的企业所得税。A公司2010年度的应纳税所得额为2000万元。试问A公司该年度应纳多少企业所得税？

【分析】 民族自治区对本民族自治地方的企业应缴纳的企业所得税中属于地方分享的部分，可以决定减征或者免征。

根据国务院《关于印发所得税收入分享改革方案的通知》（国发[2001]37号）的规定，中央地方的分享比例为中央分享60%，地方分享40%。

A公司2010年度的应纳税额＝2000×25%－2000×25%×40%×50%＝400（万元）

4.6 创业投资企业抵扣应纳税所得额

要 点

本节主要介绍创业投资企业抵扣应纳税所得额的规定，符合本节所述内容的创业投资企业可依照相关政策、法规抵扣应纳税所得额。

解 释

◆ 创业投资企业抵扣应纳税所得额

《企业所得税法》第三十一条规定，创业投资企业从事国家需要重点扶持和鼓励的创业投资，可以按投资额的一定比例抵扣应纳税所得额。

《企业所得税法实施条例》第九十七条规定，创业投资企业采取股权投资方式投资于未上市的中小高新技术企业 2 年以上的，可以按照其投资额的 70%，在股权持有满 2 年的当年抵扣该创业投资企业的应纳税所得额；当年不足抵扣的，可以在以后纳税年度结转抵扣。

国家税务总局《关于实施创业投资企业所得税优惠问题的通知》(国税发[2009]87 号)规定如下。

(1) 创业投资企业是指依照《创业投资企业管理暂行办法》(国家发展和改革委员会等 10 部委令[2005]39 号，以下简称《暂行办法》)和《外商投资创业投资企业管理规定》(商务部等 5 部委令[2003]2 号)在中华人民共和国境内设立的专门从事创业投资活动的企业或其他经济组织。

(2) 创业投资企业采取股权投资方式投资于未上市的中小高新技术企业 2 年(24 个月)以上，凡符合以下条件的，可以按照其对中小高新技术企业投资额的 70%在股权持有满 2 年的当年抵扣该创业投资企业的应纳税所得额；当年不足抵扣的，可以在以后纳税年度结转抵扣。

① 经营范围符合《暂行办法》规定，且工商登记为“创业投资有限责任公司”、“创业投资股份有限公司”等专业性法人创业投资企业。

② 按照《暂行办法》规定的条件和程序完成备案，经备案管理部门年度检查核实，投资运作符合《暂行办法》的有关规定。

③ 创业投资企业投资的中小高新技术企业，除应按照科技部、财政部、国家税务总局《关于印发〈高新技术企业认定管理办法〉的通知》(国科发[2008]172 号)和《关于印发〈高新技术企业认定管理工作指引〉的通知》(国科发[2008]362 号)的规定，通过高新技术企业认定以外，还应符

合职工人数不超过 500 人，年销售（营业）额不超过 2 亿元，资产总额不超过 2 亿元的条件。

2007 年年底前按原有规定取得高新技术企业资格的中小高新技术企业，且在 2008 年继续符合新的高新技术企业标准的，向其投资满 24 个月的计算，可自创业投资企业实际向其投资的时间起计算。

④ 财政部、国家税务总局规定的其他条件。

（3）中小企业接受创业投资之后，经认定符合高新技术企业标准的，应自其被认定为高新技术企业的年度起，计算创业投资企业的投资期限。该期限内中小企业接受创业投资后，企业规模超过中小企业标准，但仍符合高新技术企业标准的，不影响创业投资企业享受有关税收优惠。

相关知识

◆ 创业投资企业抵扣应纳税所得额的报送资料

创业投资企业申请享受投资抵扣应纳税所得额，应在其报送申请投资抵扣应纳税所得额年度纳税申报表以前，向主管税务机关报送以下资料备案：

（1）经备案管理部门核实后出具的年检合格通知书（副本）；

（2）关于创业投资企业投资运作情况的说明；

（3）中小高新技术企业投资合同或章程的复印件、实际所投资金验资报告等相关材料；

（4）中小高新技术企业基本情况（包括企业职工人数、年销售（营业）额、资产总额等）说明；

（5）由省、自治区、直辖市和计划单列市高新技术企业认定管理机构出具的中小高新技术企业有效的高新技术企业证书（复印件）。

实例详解

【例 4-4】 A 公司是创业投资企业，B 公司是未上市的中小高新技术企业，2010 年 1 月 1 日，A 公司以股权投资的方式投资于 B 公司 800 万元。2010—2012 年，A 公司的应纳税所得额分别为 100 万元、300 万元、600 万元。

问：A 公司 2010—2012 年度应纳多少企业所得税？

【分析】 创投企业优惠是指创业投资企业采取股权投资方式投资于

未上市的中小高新技术企业2年以上的，可以按照其投资额的70%在股权持有满2年的当年抵扣该创业投资企业的应纳税所得额；当年不足抵扣的，可以在以后纳税年度结转抵扣。

A公司属于创业投资企业，B公司属于未上市的中小高新技术企业，A公司以股权投资的方式投资于B公司满2年以后可以享受抵扣所得税的优惠政策。

2010年度，A公司不能享受税收优惠政策，应纳所得税额为25万元(100×25%)。

2011年度，A公司股权持有已经满2年，可以享受抵扣投资额的70%的税收优惠政策，投资额的70%，即800×70%＝560(万元)，可以抵扣应纳税所得额300万元，但只能用其中的300万抵扣，余260万元结转以后年度。即300－300＝0，不需要缴纳企业所得税。

2012年度，A公司应纳所得税额为：(600－260)×25%＝85(万元)。

4.7 抵免所得税额的优惠

要 点

税额抵免是指纳税人在计算应纳税所得额时，可以将某些特殊支出项目，按一定比例抵扣其应纳税所得额，从而降低税收负担的一种税收优惠方式。

解 释

◆ **抵免所得税额的优惠**

财政部、国家税务总局《关于执行环境保护专用设备企业所得税优惠目录、节能节水专用设备企业所得税优惠目录和安全生产专用设备企业所得税优惠目录有关问题的通知》(财税[2008]48号)规定如下。

(1) 企业自2008年1月1日起购置并实际使用列入《环境保护专用设备企业所得税优惠目录》、《节能节水专用设备企业所得税优惠目录》、《安全生产专用设备企业所得税优惠目录》(以下统称《目录》)范围内的环境保护、节能节水和安全生产专用设备，可以按专用设备投资额的10%抵免当年企业所得税应纳税额；企业当年应纳税额不足抵免的，可以向以后年度结转，但是结转期不得超过5个纳税年度。

(2) 专用设备投资额，是指购买专用设备发票价税合计价格，但是不包括按有关规定退还的增值税税款以及设备运输、安装和调试等费用。

（3）当年应纳税额，是指企业当年的应纳税所得额乘以适用税率，扣除依照《企业所得税法》和国务院有关税收优惠规定以及税收过渡优惠规定减征、免征税额后的余额。

（4）企业利用自筹资金和银行贷款购置专用设备的投资额，可以按《企业所得税法》的规定抵免企业应纳所得税额；企业利用财政拨款购置专用设备的投资额，不得抵免企业应纳所得税额。

（5）企业购置并实际投入适用、已开始享受税收优惠的专用设备，例如从购置日起5个纳税年度内转让、出租的，应在该专用设备停止使用当月停止享受企业所得税优惠，并补缴已经抵免的企业所得税税款。转让的受让方可以按照该专用设备投资额的10%抵免当年企业所得税应纳税额；当年应纳税额不足抵免的，可以在以后5个纳税年度结转抵免。

（6）根据经济社会发展需要及企业所得税优惠政策实施情况，国务院财政、税务主管部门会同国家发展改革委、安监总局等有关部门适时对《目录》内的项目进行调整和修订，并在报国务院批准后对《目录》进行更新。

相关知识

◆ 企业适用不同的税收优惠项目的处理

企业同时从事适用不同企业所得税待遇的项目的，其优惠项目应当单独计算所得，并合理分摊企业的期间费用；没有单独计算的，不得享受企业所得税优惠。

单独进行核算是指对该优惠项目有关的收入、成本、费用应单独核算，向税务机关提供单独的生产、财务核算资料，并计算相应的应纳税所得额和应纳税额，而对于不享受企业所得额优惠的项目，则另行计算其应纳税所得额。如果企业没有单独计算的，很难区分哪些收入和支出属于优惠项目。

合理分摊企业的期间费用是在优惠项目和非优惠项目之间合理分摊企业的期间费用。期间费用是指不能直接归属于某个特定产品成本的费用。期间费用包括销售费用、管理费用和财务费用。期间费用没有一个明确的归属，需要根据企业行业的特点，根据经营收入、职工人数或工资总额、资产总额等因素在各生产经营项目之间进行分摊，否则不得扣除。

实例详解

【例 4-5】 2010 年度，A 公司购置了《环境保护专用设备企业所得税优惠目录》内的设备价值 250 万元，该年度的应纳税额为 15 万元；2011 年度，A 公司购置了《环境保护专用设备企业所得税优惠目录》内的设备价值 360 万元，该年度的应纳税额为 120 万元。试问 A 公司 2010 年度和 2011 年度应纳税额是多少？

【分析】

A 公司可以享受抵免投资额的 10%的税收优惠政策。

2010 年度可以抵免的数额＝250×10%＝25(万元)

由于该年度的应纳税额为 15 万元，所以，A 公司 2010 年度的应纳税额为 0。尚未抵扣的 10 万元可以结转到以后 5 年内抵扣。

2011 年度可以抵免的数额＝360×10%＝36(万元)

因为该年度的应纳税额为 120 万元，所以

A 公司 2011 年度的应纳税额＝120－36－10＝74(万元)

实战训练

一、单项选择题

1. 企业下列项目的所得减半征收企业所得税的是(　　)。

A. 油料作物的种植　　B. 香料作物的种植

C. 麻类作物的种植　　D. 糖料作物的种植

2. 企业从事符合条件的环境保护、节能节水项目的所得，从项目取得第一笔生产经营收入所属纳税年度起(　　)。

A. 第一年至第五年免征企业所得税

B. 第一年至第三年免征企业所得税，第四年至第六年减半征收企业所得税

C. 第一年免征企业所得税，第二年至第三年减半征收企业所得税

D. 第一年至第二年免征企业所得税，第三年至第五年减半征收企业所得税

3. 以下不符合小型微利企业优惠政策的条件是(　　)。

A. 享受小型微利企业税收优惠的企业，有从业人员和资产总额的限制

B. 享受小型微利企业税收优惠的企业，年度应纳税所得额不超过 30 万元

C. 税法规定，符合条件的小型微利企业，减按 20%的税率征收企业

所得税

D. 享受小型微利企业税收优惠的企业，可以是我国的居民企业或非居民企业

4. 企业为开发新技术、新产品、新工艺发生的研究开发费用未形成无形资产计入当期损益的，在按规定据实扣除的基础上，按研究开发费用的(　　)加计扣除。

A. 100%　　B. 50%

C. 20%　　D. 10%

5. 企业安置残疾人员的，在按照支付给残疾职工工资据实扣除的基础上，按照支付给上述人员工资的(　　)加计扣除。

A. 100%　　B. 50%

C. 20%　　D. 10%

二、多项选择题

1. 下列项目中，符合企业所得税优惠政策的有(　　)。

A. 企业综合利用资源，生产符合国家产业政策规定的产品所取得的收入，减按90%计入应纳税所得额

B. 企业从事符合条件的环境保护、节能节水项目的所得，自项目取得第一笔生产经营收入所属纳税年度起，第一年至第三年免征企业所得税，第四年至第六年减半征收企业所得税

C. 企业从事国家重点扶持的公共基础设施项目的投资经营的所得，从获利年度起两年免征企业所得税

D. 居民企业技术转让所得不超过500万元的部分，免征企业所得税；超过500万元的部分，减半征收企业所得税

2. 根据企业所得税法优惠政策的规定，企业购置用于(　　)等专用设备的投资额，可以按一定比例实行税额抵免。

A. 环境保护　　B. 安全生产

C. 节能节水　　D. 特种工艺

3. 下列关于房地产企业所得税计算，表述正确的有(　　)。

A. 非经济适用房位于省、自治区、直辖市和计划单列市人民政府所在地城区和郊区的，预计利润率不得低于20%

B. 经济适用房的预计利润率不得低于1%

C. 在未完工前采取预售方式销售取得的预售收入，按照规定的预计利润率分季(或月)计算出预计利润额，计入利润总额预缴，开发产品完工、结算计税成本后按照实际利润再行调整

D. 房地产开发企业按当年实际利润据实分季(或月)预缴企业所得税

4. 下列关于小型微利企业表述正确的有(　　)。

A. “从业人数”按企业全年平均从业人数计算,“资产总额”按企业年末的资产总额平均计算

B. 非居民企业不得享受小型微利企业的优惠税率

C. “从业人数”按企业全年平均从业人数计算,“资产总额”按企业年初和年末的资产总额平均计算

D. 某工业企业年度应纳税所得额不超过 30 万元,从业人数不超过 100 人,资产总额不超过 3000 万元,是小型微利企业

5. 下列项目中,属于企业所得税优惠政策的有(　　)。

A. 企业的固定资产由于技术进步等原因,可以缩短折旧年限

B. 民族自治地方的自治机关对本民族自治地方的企业应缴纳的企业所得税中属于地方分享的部分,可以决定减征或者免征

C. 企业购置并实际使用环境保护专用设备的投资,可以按照投资额的 70%抵扣应纳税所得额

D. 企业为开发新技术、新产品、新工艺发生的研究开发费用,形成无形资产的,按照无形资产成本的 150%摊销

三、判断题

1. 符合条件的技术转让所得免征、减征企业所得税,是指一个纳税年度内,居民企业技术转让所得不超过 100 万元的部分,免征企业所得税;超过 100 万元的部分,减半征收企业所得税。(　　)

2. 采取缩短折旧年限方法的,最低折旧年限不得低于《企业所得税法实施条例》第六十条规定折旧年限的 50%。(　　)

3. 企业以《资源综合利用企业所得税优惠目录》规定的资源作为主要原材料,生产国家非限制和禁止并符合国家和行业相关标准的产品取得的收入,减按 90%计入收入总额。(　　)

4. 我国境内新办软件生产企业经认定后,自获利年度起,第一年和第二年免征企业所得税,第三年至第五年减半征收企业所得税。(　　)

5. 研发费用计入当期损益未形成无形资产的,允许再按其当年研发费用实际发生额的 50%,直接抵扣当年的应纳税所得额。(　　)

6. 集成电路生产企业的生产性设备,经主管税务机关核准,其折旧年限可以适当缩短,最短可为 2 年。(　　)

四、计算题

1. A公司2010年度购置了《安全生产专用设备企业所得税优惠目录》内的设备价值900万元，该年度的应纳税额为500万元；2013年度，A公司将该设备出租给B公司，并重新购置了一套新的《安全生产专用设备企业所得税优惠目录》内的设备价值1800万元，当年A公司的应纳税额为800万元。试问A公司2010年度和2013年度应纳税额分别为多少？

2. A公司2010年5月份向B公司投资800万元，当年获得股息90万元，A公司同时还购买了C公司公开发行并上市流通的股票，当年获得股息70万元。试问该两笔股息应当缴纳多少企业所得税？

第5章

企业所得税的源泉扣缴

源泉扣缴是指依照有关法律规定或者合同约定对非居民企业直接负有支付相关款项义务的单位或者个人，依据《企业所得税法》的相关规定对其应缴纳的企业所得税进行扣缴管理的一种征收方法。实行源泉扣缴的最大优点在于可以有效保护税源，保证国家的财政收入，防止国际偷漏税。

5.1 扣缴义务人的相关规定

要 点

本节主要介绍企业所得税源泉扣缴的扣缴义务人的相关规定，包括非居民企业扣缴义务人的规定、扣缴义务人的税源管理规定、扣缴享受减免税待遇或税收协定待遇的规定以及扣缴义务人处理非居民企业拒绝代扣税款的规定等。

解 释

◆ **非居民企业扣缴义务人的规定**

《企业所得税法》第三十七条规定，在中国境内未设立机构、场所的，或者虽设立机构、场所但取得的所得与其所设机构、场所没有实际联系的非居民企业取得其来源于中国境内的所得应缴纳的所得税，实行源泉扣缴，以支付人为扣缴义务人。税款由扣缴义务人在每次支付或者到期应支付时，从支付或者到期应支付的款项中扣缴。

国家税务总局《关于印发〈非居民企业所得税源泉扣缴管理暂行办法〉的通知》（国税发[2009]3 号）规定如下。

（1）非居民企业是指依照外国（地区）法律成立且实际管理机构不在中国境内，但在中国境内未设立机构、场所且有来源于中国境内所得的企业，以及虽设立机构、场所但取得的所得与其所设机构、场所没有实际联系的企业。

(2) 对非居民企业取得来源于中国境内的股息、红利等权益性投资收益和利息、租金、特许权使用费所得、转让财产所得以及其他所得应当缴纳的企业所得税，实行源泉扣缴，以依照有关法律规定或者合同约定对非居民企业直接负有支付相关款项义务的单位或者个人为扣缴义务人。

◆ 扣缴义务人的税源管理规定

国家税务总局《关于印发〈非居民企业所得税源泉扣缴管理暂行办法〉的通知》(国税发[2009]3号)规定如下。

(1) 扣缴义务人每次与非居民企业签订与《非居民企业所得税源泉扣缴管理暂行办法》第三条规定的所得有关的业务合同时，应当自签订合同(包括修改、补充、延期合同)之日起30日内，向其主管税务机关报送《扣缴企业所得税合同备案登记表》、合同复印件及相关资料。文本为外文的应同时附送中文译本。

股权转让交易双方均为非居民企业且在境外交易的，被转让股权的境内企业在依法变更税务登记时，应将股权转让合同复印件报送主管税务机关。

(2) 扣缴义务人应当设立代扣代缴税款账簿和合同资料档案，准确记录企业所得税的扣缴情况，并接受税务机关的检查。

◆ 扣缴享受减免税待遇或税收协定待遇的规定

国家税务总局《关于印发〈非居民企业所得税源泉扣缴管理暂行办法〉的通知》(国税发[2009]3号)规定如下。

(1) 按照《企业所得税法》及其实施条例和相关税收法规规定，给予非居民企业减免税优惠的，应按相关税收减免管理办法和行政审批程序的规定办理。对未经审批或者减免税申请未得到批准之前，扣缴义务人发生支付款项的，应按规定代扣代缴企业所得税。

(2) 非居民企业可以适用的税收协定与本办法有不同规定的，可申请执行税收协定规定；非居民企业未提出执行税收协定规定申请的，按国内税收法律法规的有关规定执行。

(3) 非居民企业已按国内税收法律法规的有关规定征税后，提出享受减免税或税收协定待遇申请的，主管税务机关经审核确认应享受减免税或税收协定待遇的，对多缴纳的税款应依据《中华人民共和国税收征收管理法》和《中华人民共和国税收征收管理法实施细则》的有关规定予以退税。

◆ 扣缴义务人处理非居民企业拒绝代扣税款的规定

国家税务总局《关于印发〈非居民企业所得税源泉扣缴管理暂行办法〉的通知》(国税发[2009]3 号)规定如下。

因非居民企业拒绝代扣税款的,扣缴义务人应当暂停支付相当于非居民企业应纳税款的款项,并在 1 日之内向其主管税务机关报告,并报送书面情况说明。

◆ 扣缴义务人未依法扣缴或者无法履行扣缴义务时的规定

国家税务总局《关于印发〈非居民企业所得税源泉扣缴管理暂行办法〉的通知》(国税发[2009]3 号)第十五条规定,扣缴义务人未依法扣缴或者无法履行扣缴义务的,非居民企业应于扣缴义务人支付或者到期应支付之日起 7 日内,到所得发生地主管税务机关申报缴纳企业所得税。

股权转让交易双方为非居民企业且在境外交易的,由取得所得的非居民企业自行或委托代理人向被转让股权的境内企业所在地主管税务机关申报纳税。被转让股权的境内企业应协助税务机关向非居民企业征缴税款。

扣缴义务人所在地与所得发生地不在一地的,扣缴义务人所在地主管税务机关应自确定扣缴义务人未依法扣缴或者无法履行扣缴义务之日起 5 个工作日内,向所得发生地主管税务机关发送《非居民企业税务事项联络函》,告知非居民企业的申报纳税事项。

◆ 在中国境内取得工程作业和劳务所得的源泉扣缴义务人的规定

《企业所得税法》第三十八条规定,对非居民企业在中国境内取得工程作业和劳务所得应缴纳的所得税,税务机关可以指定工程价款或者劳务费的支付人为扣缴义务人。

上述“可以指定扣缴义务人”按照《企业所得税法实施条例》第一百零六条规定,包括:

(1) 预计工程作业或者提供劳务期限不足一个纳税年度,且有证据表明不履行纳税义务的;

(2) 没有办理税务登记或者临时税务登记,且未委托中国境内的代理人履行纳税义务的;

(3) 未按照规定期限办理企业所得税纳税申报或者预缴申报的。除以上情形外,税务机关不能指定工程价款或者劳务费的支付人为扣缴义务人,即使税务机关指定,工程价款或者劳务费的支付人也没有代扣代缴的义务。

扣缴义务人，由县级以上税务机关指定，并同时告知扣缴义务人所扣税款的计算依据、计算方法、扣缴期限和扣缴方式。

对工程承包情形进行单独规定，是因为在双边税收协定中，工程作业的时间一般要超过一定时间才能构成常设机构，才需要在本国纳税；如果没有达到一定时间，就不构成常设机构，非居民企业在本国进行工程作业所取得的所得就不需要在本国纳税，当然也就不需要扣缴义务人。

例如，《中华人民共和国政府和日本国政府关于对所得避免双重征税和防止偷漏税的协定》第五条规定，建筑工地，建筑、装配或安装工程，或者与其有关的监督管理活动，仅以连续超过6个月的为常设机构。6个月就是该工程作业的所得是否需要在中国纳税的界限，超过6个月，就应当在中国纳税，税务机关就应当指定扣缴义务人；不超过6个月，就不应当在中国纳税，税务机关也就没有必要指定扣缴义务人。

不同的协定所规定的时间不尽相同，例如，《中华人民共和国政府和美利坚合众国政府关于对所得避免双重征税和防止偷漏税的协定》第五条规定，常设机构一般还包括：

(1) 建筑工地，建筑、装配或安装工程，或者与其有关的监督管理活动，仅以连续超过6个月的为限；

(2) 为勘探或开采自然资源所使用的装置、钻井机或船只，仅以使用期3个月以上的为限；

(3) 企业通过雇员或者其他人员，在该国内为同一个项目或有关项目提供的劳务，包括咨询劳务，仅以在任何12个月中连续或累计超过6个月的为限。不同的工作形式所要求的时间界限是不同的。

税收协定是两个或者两个以上的国家就税收管辖权的划分、避免国际双重征税、避免国际逃避税以及国际税务合作等问题所达成的条约。税收协定基本上都是两个国家之间签订的双边协定，两个以上国家签订的多边税收协定数量非常少。目前，全世界有3000多个双边税收协定，我国对外已经签订89个双边税收协定和2个安排(与中国香港地区和中国澳门地区)，其中有82个双边税收协定和2个安排已经生效。

在《企业所得税法》第三十七条规定的情况下，没有时间的界限，只要取得了来自中国境内的所得就应当在中国纳税，所以，法律可以直接规定支付款项的支付人就是扣缴义务人，但是在该条规定的情况下，由于要具体判断非居民企业在中国的工程作业是否需要在中国纳税，税法不能一概规定支付款项的支付人就是扣缴义务人，只能设计一个税务机关指定的程序。

相关知识

◆ **税务机关追缴扣缴义务人未依法扣缴或者无法履行扣缴义务的税款的办法**

税法规定扣缴义务人有扣缴义务，但如果扣缴义务人有可能不履行该义务，或者由于支付人的拒绝或者其他原因导致扣缴义务人无法履行扣缴义务时，纳税人应当承担缴纳税款的义务。因为纳税义务本来就是应当由纳税人自己履行的，源泉扣缴只是一种出于效率考虑的征收制度，在该制度没有发挥作用或者无法发挥作用时，纳税人本身所承担的纳税义务仍不能消灭，纳税人应当在所得发生地缴纳。

《企业所得税法》第三十九条规定，依照规定应当扣缴的所得税，扣缴义务人未依法扣缴或者无法履行扣缴义务的，由纳税人在所得发生地缴纳。纳税人未依法缴纳的，税务机关可以从该纳税人在中国境内其他收入项目的支付人应付的款项中，追缴该纳税人的应纳税款。如果我国与该纳税人所在国或者该纳税人财产所在国签订的双边税收协定中有"征收协助"的条款，我国税务机关可以请求对方国家的税务机关协助征收该笔税款。

《企业所得税法实施条例》第一百零七条规定，上述所称所得发生地，是指依照本条例第七条规定的原则确定的所得发生地。在中国境内存在多处所得发生地的，由纳税人选择其中之一申报缴纳企业所得税。

《企业所得税法实施条例》第一百零八条规定，上述所称该纳税人在中国境内其他收入，是指该纳税人在中国境内取得的其他各种来源的收入。

税务机关在追缴该纳税人应纳税款时，应当将追缴理由、追缴数额、缴纳期限和缴纳方式等告知该纳税人。

实例详解

【例 5-1】 A 公司是非居民企业，2010 年度 A 公司在中国境内从事工程作业，预计工程作业的期限为 10 个月，当地县级税务机关通知工程价款的支付人 B 公司应当代扣代缴所得税，但是没有告知如何代扣代缴。A 公司在工程作业结束以后，没有缴纳所得税，B 公司也没有代扣代缴所得税。县级税务机关要求 B 公司代替 A 公司履行纳税义务并准备对 B 公司进行处罚。试问税务机关的做法是否正确？

【分析】 对非居民企业在中国境内取得工程作业和劳务所得应缴纳的所得税，税务机关可以指定工程价款或者劳务费的支付人为扣缴义务人。但是必须在满足《企业所得税法实施条例》第一百零六条所规定的三种情形之一时税务机关才享有指定权。虽然，A公司在中国境内从事的工程作业预计期限不足一个纳税年度，但是税务机关并没有证据表明其不履行纳税义务，所以，并不符合《企业所得税法实施条例》第一百零六条所规定的指定条件，税务机关无权指定。即使税务机关有证据表明A公司不履行纳税义务，税务机关在指定代扣代缴义务人时也应当同时告知扣缴义务人所扣税款的计算依据、计算方法、扣缴期限和扣缴方式，本案中税务机关没有告知上述内容，其指定是无效的。所以，税务机关不能要求B公司代替A公司履行纳税义务，更不能对B公司进行处罚。

【例 5-2】 A公司是依照美国法律在美国注册成立的企业，该公司的实际管理机构在美国，在中国境内并未设立机构、场所。2010年度，A公司将其专利权授权中国境内的B公司使用，根据双方合同约定，B公司支付专利权使用费1500万元，B公司因特殊原因无法履行代扣代缴义务，A公司也没有按时履行纳税义务。税务机关查明，A公司和C公司有业务往来，并且C公司即将有一笔款项要支付给A公司。试问税务机关应当如何追缴A公司所欠税款?

【分析】 由于A公司是依照美国法律在美国注册成立的企业，该公司的实际管理机构在美国，A公司属于非居民企业。A公司在中国境内并未设立机构、场所，但是取得了来自中国境内的所得，B公司应当代扣代缴A公司应当缴纳的所得税。现B公司因特殊原因无法履行代扣代缴义务，根据《企业所得税法》第三十九条的规定，由纳税人在所得发生地缴纳。A公司没有按时履行纳税义务，根据《企业所得税法》第三十九条的规定，税务机关可以从该纳税人在中国境内其他收入项目的支付人应付的款项中，追缴该纳税人的应纳税款。由于A公司和C公司有业务往来，并且C公司即将有一笔款项要支付给A公司，该笔款项属于A公司在中国境内其他收入项目的收入，税务机关应当要求C公司从其即将支付给A公司的款项中扣除A公司所欠税款并且将其缴纳给税务机关。税务机关同时应当将追缴税款理由、追缴数额、扣缴期限、扣缴方式通知C公司和A公司。

5.2 源泉扣缴的计算方法

要 点

本节主要介绍源泉扣缴的计算方法，读者在实际工作中应熟练掌握。

解 释

◆ 源泉扣缴的计算方法

1. 源泉扣缴的规定

《企业所得税法实施条例》第一百零三条规定，依照《企业所得税法》对非居民企业应当缴纳的企业所得税实行源泉扣缴的，应当依照《企业所得税法》第十九条的规定计算下列应纳税所得额：

(1) 股息、红利等权益性投资收益和利息、租金、特许权使用费所得，以收入全额为应纳税所得额；

(2) 转让财产所得，以收入全额减除财产净值后的余额为应纳税所得额；

(3) 其他所得，参照前两项规定的方法计算应纳税所得额。

《企业所得税法实施条例》第一百零四条规定，《企业所得税法》第三十七条所称支付人，是指依照有关法律规定或者合同约定对非居民企业直接负有支付相关款项义务的单位或者个人。

《企业所得税法实施条例》第一百零五条规定，《企业所得税法》第三十七条所称支付，包括现金支付、汇拨支付、转账支付和权益兑价支付等货币支付和非货币支付。

支付的时间是扣缴义务人每次支付款项之时或者到期支付相应款项之时。

扣缴的方式是直接从应当支付的款额中扣除。

2. 源泉扣缴的计算

国家税务总局《关于印发〈非居民企业所得税源泉扣缴管理暂行办法〉的通知》(国税发[2009]3 号)规定如下。

(1) 扣缴企业所得税应纳税额计算公式：

扣缴企业所得税应纳税额＝应纳税所得额×实际征收率

应纳税所得额是指依照《企业所得税法》第十九条规定计算的应纳税所得额。

实际征收率是指企业所得税法及其实施条例等相关法律法规规定的税率，或者税收协定规定的更低的税率。

(2) 扣缴义务人对外支付或者到期应支付的款项为人民币以外货币的，在申报扣缴企业所得税时，应当按照扣缴当日国家公布的人民币汇率中间价，折合成人民币计算应纳税所得额。

(3) 扣缴义务人与非居民企业签订与《非居民企业所得税源泉扣缴

管理暂行办法》第三条规定的所得有关的业务合同时，凡合同中约定由扣缴义务人负担应纳税款的，应将非居民企业取得的不含税所得换算为含税所得后计算征税。

《企业所得税法》第四十条规定，扣缴义务人每次代扣的税款，应当自代扣之日起七日内缴入国库，并向所在地的税务机关报送扣缴企业所得税报告表。

相关知识

◆ 我国金融机构向境外银行支付贷款利息时应履行的扣缴义务

国家税务总局《关于加强非居民企业来源于我国利息所得扣缴企业所得税工作的通知》(国税函[2008]955 号)规定如下。

(1) 自 2008 年 1 月 1 日起，我国金融机构向境外外国银行支付贷款利息、我国境内外资金融机构向境外支付贷款利息，应按照《企业所得税法》及其实施条例规定代扣代缴企业所得税。

(2) 我国境内机构向我国银行的境外分行支付的贷款利息，应按照《企业所得税法》及其实施条例规定代扣代缴企业所得税。

实例详解

【例 5-3】 某银行总行投资银行部为引入国际先进的投融资管理经验，与我国香港一家金融服务公司签订了为期 5 个月的咨询合同，服务费为 500 万元人民币，该香港金融服务公司在我国内地未设立分支机构。试问在支付服务费时，该银行总行需要代扣代缴哪些税款?

【分析】 该银行总行在支付服务费时需要代扣代缴营业税、企业所得税。该香港金融服务公司提供的是咨询服务，其营业税税率为 5%，预提所得税税率为 10%。

应代扣代缴的营业税＝500×5%＝25(万元)

应代扣代缴的企业所得税＝(500－25)×10%＝47.5(万元)

所以该银行总行应代扣代缴的税款合计为 72.5 万元。

5.3 源泉扣缴的申报缴纳

要 点

本节主要内容包括：扣缴义务人扣缴企业所得税的时间和申报入库时间的规定；对多次付款的合同项目，办理扣缴税款清算手续的规定以及非居民企业在中国境内多处取得所得时的申报缴纳。希望通过本节的学习，读者能够熟练进行源泉扣缴的申报缴纳工作。

解 释

◆ **扣缴义务人扣缴企业所得税的时间和申报入库时间的规定**

国家税务总局《关于印发〈非居民企业所得税源泉扣缴管理暂行办法〉的通知》(国税发[2009]3 号)规定如下。

扣缴义务人在每次向非居民企业支付或者到期应支付《非居民企业所得税源泉扣缴管理暂行办法》第三条规定的所得时，应从支付或者到期应支付的款项中扣缴企业所得税。

到期应支付的款项是指支付人按照权责发生制原则应当计入相关成本、费用的应付款项。

扣缴义务人每次代扣代缴税款时，应当向其主管税务机关报送《中华人民共和国扣缴企业所得税报告表》及相关资料，并自代扣之日起 7 日内缴入国库。

◆ **对多次付款的合同项目，办理扣缴税款清算手续的规定**

国家税务总局《关于印发〈非居民企业所得税源泉扣缴管理暂行办法〉的通知》(国税发[2009]3 号)规定，对多次付款的合同项目，扣缴义务人应当在履行合同最后一次付款前 15 日内，向主管税务机关报送合同全部付款明细、前期扣缴表和完税凭证等资料，办理扣缴税款清算手续。

◆ **非居民企业在中国境内多处取得所得时的申报缴纳**

国家税务总局《关于印发〈非居民企业所得税源泉扣缴管理暂行办法〉的通知》(国税发[2009]3 号)规定，非居民企业依照《非居民企业所得税源泉扣缴管理暂行办法》第十五条规定申报缴纳企业所得税，但在中国境内存在多处所得发生地，并选定其中之一申报缴纳企业所得税的，应向申报纳税所在地主管税务机关如实报告有关情况。申报纳税所在地主管税务机关在受理申报纳税后，应将非居民企业申报缴纳所得税情况书面通知扣缴义务人所在地和其他所得发生地主管税务机关。

相关知识

◆ 非居民企业未依照规定申报缴纳时的处罚规定

国家税务总局《关于印发〈非居民企业所得税源泉扣缴管理暂行办法〉的通知》(国税发[2009]3号)规定，非居民企业未依照《非居民企业所得税源泉扣缴管理暂行办法》第十五条的规定申报缴纳企业所得税，由申报纳税所在地主管税务机关责令限期缴纳，逾期仍未缴纳的，申报纳税所在地主管税务机关可以收集、查实该非居民企业在中国境内其他收入项目及其支付人(以下简称其他支付人)的相关信息，并向其他支付人发出《税务事项通知书》，从其他支付人应付的款项中，追缴该非居民企业的应纳税款和滞纳金。

其他支付人所在地与申报纳税所在地不在一地的，其他支付人所在地主管税务机关应给予配合和协助。

◆ 扣缴义务人未按照规定履行扣缴义务时的法律责任

国家税务总局《关于印发〈非居民企业所得税源泉扣缴管理暂行办法〉的通知》(国税发[2009]3号)规定，扣缴义务人未按照规定办理扣缴税款登记的，主管税务机关应当按照《税务登记管理办法》的规定处理。

被转让股权的境内企业未依法变更税务登记的，主管税务机关应当按照《税务登记管理办法》的规定处理。

扣缴义务人未按规定的期限向主管税务机关报送《扣缴企业所得税合同备案登记表》、合同复印件及相关资料的，未按规定期限向主管税务机关报送扣缴表的，未履行扣缴义务不缴或者少缴已扣税款的、或者应扣未扣税款的，非居民企业未按规定期限申报纳税的、不缴或者少缴应纳税款的，主管税务机关应当按照《中华人民共和国税收征收管理法》、《中华人民共和国税收征收管理法实施细则》的有关规定处理。

实战训练

一、单项选择题

1. 扣缴义务人每次代扣的税款，应当自(　　)缴入国库，并向所在地的税务机关报送扣缴企业所得税报告表。

A. 代扣之日起7日内　　B. 代扣之日起10日内

C. 次月10日内　　D. 次月15日内

2. 对多次付款的合同项目,扣缴义务人应当在履行合同最后一次付款前(　　)日内,向主管税务机关报送合同全部付款明细、前期扣缴表和完税凭证等资料,办理扣缴税款清算手续。

A. 15　　B. 10

C. 7　　D. 5

3. 某美国企业未在中国设立机构场所,2008年年初为境内企业提供一项专利使用权,合同约定使用期限为两年,境内企业需要支付费用200万元,则境内企业2008年应扣缴的所得税为(　　)万元。

A. 20　　B. 19

C. 10　　D. 9.5

4. 扣缴义务人每次与非居民企业签订与《非居民企业所得税源泉扣缴管理暂行办法》第三条规定的所得有关的业务合同时,应当自签订合同(包括修改、补充、延期合同)之日起(　　)日内,向其主管税务机关报送《扣缴企业所得税合同备案登记表》、合同复印件及相关资料。文本为外文的应同时附送中文译本。

A. 30　　B. 20

C. 10　　D. 7

5. 因非居民企业拒绝代扣税款的,扣缴义务人应当暂停支付相当于非居民企业应纳税款的款项,并在(　　)日之内向其主管税务机关报告,并报送书面情况说明。

A. 10　　B. 7

C. 5　　D. 1

二、多项选择题

1. 非居民企业实行源泉扣缴的支付方式包括(　　)。

A. 现金支付　　B. 汇拨支付

C. 转账支付和权益兑价支付　　D. 非货币支付

2. 以下关于企业所得税纳税地点的表述中,正确的有(　　)。

A. 居民企业在中国境内设立不具有法人资格的营业机构的,应当汇总计算缴纳企业所得税

B. 非居民企业在中国境内设立机构、场所,但发生在境外与所设机构、场所有实际联系的所得,以扣缴义务人所在地为纳税地点

C. 非居民企业在中国境内未设立机构、场所的,以扣缴义务人所在

地为纳税地点

D. 非居民企业在中国境内设立两个或两个以上机构、场所的，经税务机关审核批准，可以选择由其任一机构、场所汇总缴纳企业所得税

3. 税务机关在追缴该纳税人应纳税款时，应当将(　　)告知该纳税人。

A. 追缴理由　　B. 追缴数额

C. 缴纳期限　　D. 缴纳方式

4. 为规范和加强非居民企业所得税源泉扣缴管理，对非居民企业取得来源于中国境内的(　　)所得应当缴纳的企业所得税，实行源泉扣缴。

A. 股息、红利等权益性投资收益　　B. 其他

C. 利息、租金、特许权使用费　　D. 转让财产

5. 对非居民企业在中国境内取得工程作业和劳务所得应缴纳的所得税，税务机关可以指定工程价款或者劳务费的支付人为扣缴义务人，"可以指定扣缴义务人"情况包括(　　)

A. 预计工程作业或者提供劳务期限不足一个纳税年度，且有证据表明不履行纳税义务的

B. 没有办理税务登记或者临时税务登记，且未委托中国境内的代理人履行纳税义务的

C. 未按照规定期限办理企业所得税纳税申报的

D. 未按照规定期限办理企业所得税预缴申报的

三、判断题

1. 对非居民企业在中国境内取得工程作业和劳务所得应缴纳的所得税，税务机关可以指定工程价款或劳务费的支付人为扣缴义务人。(　　)

2. 对非居民企业应当缴纳的企业所得税实行源泉扣缴的转让财产所得，以收入全额为应纳税所得额。(　　)

3. 依照税法规定应当扣缴的所得税，扣缴义务人未依法扣缴或者无法履行扣缴义务的，由纳税人在所得发生地缴纳。(　　)

4. 扣缴义务人对外支付或者到期应支付的款项为人民币以外货币的，在申报扣缴企业所得税时，应当按照扣缴当日国家公布的人民币汇率中间价，折合成人民币计算应纳税所得额。(　　)

5. 对非居民企业应当缴纳的企业所得税实行源泉扣缴的股息、红利等权益性投资收益和利息、租金、特许权使用费所得，以收入全额为应纳税所得额。(　　)

四、计算题

1. A公司是依照法国法律在法国注册成立的企业，该公司的实际管理机构在法国，在中国境内并未设立机构、场所。2010年度，A公司将其专利权授权中国境内的B公司使用，B公司支付专利权使用费900万元，相关的图纸资料费和技术服务费120万元，人员培训费120万元。试问A公司转让该项专利权应当向中国缴纳的企业所得税是多少？

2. 某企业2009年境内所得100万元人民币，来自甲国经营所得折合人民币14万元(税后)、特许权所得折合人民币5万元(税前)。甲国政府对其经营所得征税折合人民币6万元，对其特许权征税折合人民币1万元。该企业2010年境内所得80万元，来自甲国特许权所得折合人民币16万元(税后)，2010年甲国政府对其使用20%税率征税。要求计算：

(1) 2009年境内外所得总额；

(2) 2010年境内外所得总额。

第6章

企业所得税的特别纳税调整

6.1 关联业务纳税调整

要 点

为防范各种避税行为，中国借鉴国际惯例，对关联业务及其纳税调整、一般反避税和防范资本弱化等问题做了明确规定，强化反避税手段，维护国家利益。

解 释

◆ 关联业务的概念

关联业务是指企业与其关联方之间进行的业务往来。关联方是指与企业有下列关联关系之一的企业、其他组织或个人：

(1) 在资金、经营、购销等方面存在直接或者间接的控制关系；

(2) 直接或者间接地同为第三者控制；

(3) 在利益上具有相关联的其他关系。

◆ 关联业务的计价原则

企业与其关联方之间的业务往来，应按照独立交易原则收取或支付价款、费用。独立交易原则是指没有关联关系的交易各方，按照公平成交价格和营业常规进行业务往来遵循的原则。

企业与其关联方共同开发、受让无形资产，或者共同提供、接受劳务发生的成本，在计算应纳税所得额时应按照独立交易原则进行分摊。企业与其关联方分摊成本时，应按照成本与预期收益相配比的原则进行分摊，并在税务机关规定的期限内，按照税务机关的要求报送有关资料。企业与其关联方分摊成本时违反上述规定的，其自行分摊的成本不得在计算应纳税所得额时扣除。

◆ 预约定价安排

预约定价是指企业就其未来年度关联交易的定价原则和计算方法，向税务机关提出申请，与税务机关按照独立交易原则协商、确认后达成的协议。税法规定，企业可以向税务机关提出与其关联方之间业务往来的定价原则和计算方法，税务机关与企业协商、确认后，达成预约定价安排。

◆ 转让定价的纳税调整

企业发生关联交易以及税务机关审核、评估关联交易均应遵循独立交易原则，选用合理的转让定价方法。《企业所得税法实施条例》第一百一十一条规定，转让定价方法包括可比非受控价格法、再销售价格法、成本加成法、交易净利润法、利润分割法和其他符合独立交易原则的方法。

1. 可比非受控价格法

可比非受控价格法是指以非关联方之间进行的与关联交易相同或类似业务活动所收取的价格作为关联交易的公平成交价格。

可比性分析应特别考察关联交易与非关联交易在交易资产或劳务的特性、合同条款及经济环境上的差异，按照不同交易类型，具体包括如下内容。

(1) 有形资产的购销或转让：

① 购销或转让过程，包括交易的时间与地点、交货条件、交货手续、支付条件、交易数量、售后服务的时间和地点等；

② 购销或转让环节，包括出厂环节、批发环节、零售环节、出口环节等；

③ 购销或转让货物，包括品名、品牌、规格、型号、性能、结构、外形、包装等；

④ 购销或转让环境，包括民族风俗、消费者偏好、政局稳定程度以及财政、税收、外汇政策等。

(2) 有形资产的使用：

① 资产的性能、规格、型号、结构、类型、折旧方法；

② 提供使用权的时间、期限、地点；

③ 资产所有者对资产的投资支出、维修费用等。

(3) 无形资产的转让和使用：

① 无形资产类别、用途、适用行业、预期收益；

② 无形资产的开发投资、转让条件、独占程度、受有关国家法律保护的程度及期限、受让成本和费用、功能风险情况、可替代性等。

(4) 融通资金：融资的金额、币种、期限、担保、融资人的资信、还款方式、计息方法等。

(5) 提供劳务：业务性质、技术要求、专业水准、承担责任、付款条件和方式、直接和间接成本等。

关联交易与非关联交易之间在以上方面存在重大差异的，应就该差异对价格的影响进行合理调整，无法合理调整的，应根据规定选择其他合理的转让定价方法。

一般情况下，可比非受控价格法可以适用于所有类型的关联交易。

2. 再销售价格法

再销售价格法是指以关联方购进商品再销售给非关联方的价格减去可比非关联交易毛利后的金额作为关联方购进商品的公平成交价格。其计算公式如下：

公平成交价格＝再销售给非关联方的价格×(1－可比非关联交易毛利率)

可比非关联交易毛利率＝可比非关联交易毛利÷可比非关联交易收入净额×100%。

可比性分析应特别考察关联交易与非关联交易在功能风险及合同条款上的差异以及影响毛利率的其他因素，具体包括销售、广告及服务功能，存货风险，机器、设备的价值及使用年限，无形资产的使用及价值，批发或零售环节，商业经验，会计处理及管理效率等。

关联交易与非关联交易之间在以上方面存在重大差异的，应就该差异对毛利率的影响进行合理调整，无法合理调整的，应根据规定选择其他合理的转让定价方法。

再销售价格法通常适用于再销售者未对商品进行改变外形、性能、结构或更换商标等实质性增值加工的简单加工或单纯购销业务。

3. 成本加成法

成本加成法是指以关联交易发生的合理成本加上可比非关联交易毛利作为关联交易的公平成交价格。其计算公式如下：

公平成交价格＝关联交易的合理成本×(1＋可比非关联交易成本加成率)

可比非关联交易成本加成率＝可比非关联交易毛利÷可比非关联交易成本×100%

可比性分析应特别考察关联交易与非关联交易在功能风险及合同条款上的差异以及影响成本加成率的其他因素，具体包括制造、加工、安装及测试功能，市场及汇兑风险，机器、设备的价值及使用年限，无形资产的使用及价值，商业经验，会计处理及管理效率等。

关联交易与非关联交易之间在以上方面存在重大差异的，应就该差异对成本加成率的影响进行合理调整，无法合理调整的，应根据规定选择其他合理的转让定价方法。

成本加成法通常适用于有形资产的购销、转让和使用，劳务提供或资金融通的关联交易。

4. 交易净利润法

交易净利润法是指以可比非关联交易的利润率指标确定关联交易的净利润。利润率指标包括资产收益率、销售利润率、完全成本加成率、贝里比率等。

可比性分析应特别考察关联交易与非关联交易之间在功能风险及经济环境上的差异以及影响营业利润的其他因素，具体包括执行功能、承担风险和使用资产，行业和市场情况，经营规模，经济周期和产品生命周期，成本、费用、所得和资产在各交易间的分摊，会计处理及经营管理效率等。

关联交易与非关联交易之间在以上方面存在重大差异的，应就该差异对营业利润的影响进行合理调整，无法合理调整的，应根据规定选择其他合理的转让定价方法。

交易净利润法通常适用于有形资产的购销、转让和使用，无形资产的转让和使用以及劳务提供等关联交易。

5. 利润分割法

利润分割法是指根据企业与其关联方对关联交易合并利润的贡献计算各自应该分配的利润额。利润分割法分为一般利润分割法和剩余利润分割法。

一般利润分割法根据关联交易各参与方所执行的功能、承担的风险以及使用的资产，确定各自应取得的利润。

剩余利润分割法将关联交易各参与方的合并利润减去分配给各方的常规利润的余额作为剩余利润，再根据各方对剩余利润的贡献程度进行分配。

可比性分析应特别考察交易各方执行的功能、承担的风险和使用的资产，成本、费用、所得和资产在各交易方之间的分摊，会计处理，确定交易各方对剩余利润贡献所使用信息和假设条件的可靠性等。

利润分割法通常适用于各参与方关联交易高度整合且难以单独评估各方交易结果的情况。

◆ 资本弱化的纳税调整

1. 基本规定

为防范资本弱化，税法规定，企业从其关联方接受的债权性投资与权益性投资的比例超过规定标准而发生的利息支出，不得在计算应纳税所得额时扣除。

债权性投资是指企业直接或者间接从关联方获得的，需要偿还本金和支付利息或者需要以其他具有支付利息性质的方式予以补偿的融资。企业间接从关联方获得的债权性投资，包括关联方通过无关联第三方提供的债权性投资；无关联第三方提供的、由关联方担保且负有连带责任的债权性投资；其他间接从关联方获得的具有负债实质的债权性投资。

权益性投资是指企业接受的不需要偿还本金和支付利息，投资人对企业净资产拥有所有权的投资。

在计算应纳税所得额时，企业实际支付给关联方的利息支出，若其接受关联方债权性投资与其权益性投资比例不超过规定比例（金融企业为5∶1，其他企业为2∶1）和税法及其实施条例有关规定计算的部分，准予扣除，超过的部分不得在发生当期和以后年度扣除。但是，如果企业能够按照税法及其实施条例的有关规定提供相关资料，并证明相关交易活动符合独立交易原则的，或者该企业的实际税负不高于境内关联方的，其实际支付给境内关联方的利息支出，在计算应纳税所得额时准予扣除。

企业同时从事金融业务和非金融业务，其实际支付给关联方的利息支出，应按照合理方法分开计算；没有按照合理方法分开计算的，一律按照上述其他企业的比例计算准予税前扣除的利息支出。企业自关联方取得的不符合规定的利息收入应按照有关规定缴纳企业所得税。

2. 具体调整办法

(1) 不得在税前扣除的利息支出按下列公式计算：

不得扣除的利息支出＝年度实际支付的全部关联方利息×(1－标准比例÷关联债资比例)

其中，标准比例是指税收规定的企业接受关联方债权性投资与其权益性投资的比例，金融企业为5∶1，其他企业为2∶1。

关联债资比例是指企业从其全部关联方接受的债权性投资（以下简称关联债权投资）占企业接受的权益性投资（以下简称权益投资）的比例，关联债权投资包括关联方以各种形式提供担保的债权性投资。

关联债资比例＝年度各月平均关联债权投资之和÷年度各月平均权益投资之和

其中：

各月平均关联债权投资＝(关联债权投资月初账面余额＋月末账面余额)÷2

各月平均权益投资＝(权益投资月初账面余额＋月末账面余额)÷2

权益投资为企业资产负债表所列示的所有者权益金额。如果所有者权益小于实收资本(股本)与资本公积之和，则权益投资为实收资本(股本)与资本公积之和；如果实收资本(股本)与资本公积之和小于实收资本(股本)金额，则权益投资为实收资本(股本)金额。

(2) 不得在税前扣除的利息支出，不得结转到以后纳税年度，应按照实际支付给各关联方的利息占关联方利息总额的比例，在各关联方之间进行分配。其中，分配给实际税负高于企业的境内关联方的利息准予扣除，直接或间接实际支付给境外关联方的利息应视同分配的股息，按照股息和利息分别适用的所得税税率差补征企业所得税，如已扣缴的所得税税款多于按股息计算应征所得税税款，多出的部分不予退税。

(3) 企业关联债资比例超过标准比例的利息支出，如要在计算应纳税所得额时扣除，应按纳税年度准备、保存，并按税务机关要求提供其关联交易的相关资料，证明关联债权投资金额、利率、期限、融资条件，以及债资比例等均符合独立交易原则。企业未按规定准备、保存和提供相关资料，不能证明关联债权投资金额、利率、期限、融资条件，以及债资比例符合独立交易原则的，其超过标准比例的关联方利息支出，不得在计算应纳税所得额时扣除。

上述所称利息支出，包括直接或间接关联债权投资实际支付的利息、担保费、抵押费和其他具有利息性质的费用。企业实际支付关联方利息存在转让定价问题的，首先应实施转让定价调查调整，然后再按照上述办法处理。

◆ 应纳税所得额的核定

企业向税务机关报送年度企业所得税纳税申报表时，应就其与关联方之间的业务往来，附送年度关联业务往来报告表。税务机关在进行关联业务调查时，企业及其关联方，以及与关联业务调查有关的其他企业，应按照规定提供相关资料。

企业不提供与其关联方之间的业务往来资料，或提供虚假、不完整资料，未能真实反映其关联业务往来情况的，税务机关有权依法核定其应纳税所得额。应纳税所得额的核定方法如下。

(1) 参照同类或者类似企业的利润率水平核定；

（2）按照企业成本加合理的费用和利润的方法核定；

（3）按照关联企业集团整体利润的合理比例核定；

（4）按照其他合理方法核定。

企业对税务机关按照上述规定的方法核定的应纳税所得额有异议的，应提供相关证据，经税务机关认定后，调整核定的应纳税所得额。

相关知识

◆ 关联交易类型

（1）有形资产的购销、转让和使用，包括房屋建筑物、交通工具、机器设备、工具、商品、产品等有形资产的购销、转让和租赁业务；

（2）无形资产的转让和使用，包括土地使用权、版权（著作权）、专利、商标、客户名单、营销渠道、牌号、商业秘密和专有技术等特许权，以及工业品外观设计或实用新型等工业产权的所有权转让和使用权的提供业务；

（3）融通资金，包括各类长短期资金拆借和担保以及各类计息预付款和延期付款等业务；

（4）提供劳务，包括市场调查、行销、管理、行政事务、技术服务、维修、设计、咨询、代理、科研、法律、会计事务等服务的提供。

实例详解

【例 6-1】 A 公司和 B 公司都是一人有限责任公司，A 公司和 B 公司的股东为夫妻关系。C 公司是 A 公司的全资子公司，B 公司持有 D 公司 80％的股份。试问判断 C 公司和 D 公司是否属于关联方？

【分析】 直接或者间接地同为第三者所拥有或者控制的企业为关联方，由于 C 公司是 A 公司的全资子公司，受 A 公司的直接控制。由于 B 公司持有 D 公司 80％的股份，D 公司受 B 公司的直接控制。由于 A 公司和 B 公司的股东为夫妻关系，A 公司和 B 公司实际上是由同一主体控制的。该同一主体同样可以间接控制 C 公司和 D 公司，即 C 公司和 D 公司间接地同为第三者所控制，所以 C 公司和 D 公司属于关联方。

【例 6-2】 A 公司和 B 公司是关联方，2010 年度，A 公司和 B 公司进行了多项业务往来，税务机关在进行关联业务调查时，要求 A 公司和 B 公司在 30 天内提供与关联业务往来有关的价格、费用的制定标准、计算方法和说明等同期资料。C 公司与 A 公司和 B 公司没有任何关系，但是与被调查企业A公司和B公司在经营内容和方式上相类似，税务机关为调查便利，要求C公司在30天内提供与关联业务往来有关的价格、费用的制定标准、计算方法和说明等同期资料。A公司、B公司和C公司都没有按期提供相关资料，税务机关决定对上述三家公司进行处罚。试问判断税务机关的决定是否正确？

【分析】 由于A公司和B公司是关联方，而且2010年度A公司和B公司进行了多项业务往来，税务机关有权利对其进行关联业务调查。税务机关有权要求A公司和B公司在规定期限内提供与关联业务往来有关的价格、费用的制定标准、计算方法和说明等同期资料。A公司和B公司没有在该期限内提供上述资料，税务机关可以根据相关规定责令限期改正，逾期不改正的可以进行处罚。由于C公司是与关联业务调查无关的其他企业，对其不能强制规定提供资料的期限，税务机关应当与其约定提供资料的期限。

税务机关没有与C公司协商就单方面规定30天的期限是违法的，C公司没有在该期限提供上述资料并不违法，所以，税务机关不能对C公司进行处罚。

【例6-3】 A公司和B公司是关联方，其中，A公司是中国居民企业，B公司是非居民企业，2010年度A公司和B公司进行了多项业务往来，A公司按照税法规定计算的应纳税所得额为1500万元。税务机关认为A公司和B公司的相关业务并不符合独立交易原则，但是A公司拒绝提供与B公司业务往来的相关资料。税务机关参照当地同类行业或者类似行业中经营规模和收入水平相近的纳税人的税负水平核定了A公司的应纳税所得额为2500万元。A公司可以举出相关材料证明其应纳税所得额不可能达到2500万元，最多为2000万元。试问税务机关是否有权进行核定？A公司能否推翻该核定？

【分析】 A公司和B公司是关联方，应当按照独立交易原则从事相关业务，如果没有遵守独立交易原则，税务机关有权进行调查，在调查过程中，A公司有义务提供与其关联方之间业务往来的相关资料。由于A公司拒绝提供该资料，税务机关有权依法核定其应纳税所得额。税务机关可以参照同类或者类似企业的利润率水平核定A公司的应纳税所得额。

对于此项核定，A公司也有可能予以推翻。A公司可以举出相关证据证明其应纳税所得额不可能达到2500万元，从而可以对税务机关的核定提出异议，税务机关认定后，调整核定的应纳税所得额。

【例 6-4】 2010 年 11 月，税务机关在对某公司进行关联业务调查中发现该公司 2009 年度通过转移定价转移利润 80 万元，决定调增应纳税所得额 80 万元。2010 年 12 月 20 日，该公司依法补缴了税款。试问对该公司加收利息的计算期间是多少？

【分析】 计算加收利息的期间应当是税款所属年度的次年 6 月 1 日起至补缴税款之日止。所以，计算加收利息的期间应当是 2010 年 6 月 1 日至 12 月 20 日。

【例 6-5】 2010 年 5 月，税务机关在对某公司进行关联业务调查中发现该公司 2008 年度和 2009 年度通过转移定价转移利润，决定分别调增应纳税所得额 120 万元、200 万元。试问判断税务机关的决定是否正确？

【分析】 企业与其关联方之间的业务往来，不符合独立交易原则，或者企业实施其他不具有合理商业目的的安排的，税务机关有权在该业务发生的纳税年度起 10 年内，进行纳税调整。

2010 年 5 月，税务机关最多只能对该公司 2008 年度、2009 年度的转移定价行为均可进行特别纳税调整。

6.2　其他纳税调整

要　点

本节主要介绍除关联业务纳税调整之外的其他纳税调整，包括低税率国家（地区）企业未分配利润的税务处理与企业其他安排的税务处理，读者对此应简单了解。

解　释

◆ 低税率国家（地区）企业未分配利润的税务处理

由居民企业，或者由居民企业和中国居民控制的设立在实际税负明显低于税法规定的税率水平（25%）的国家（地区）的企业，并非由于合理的经营需要而对利润不作分配或者减少分配的，上述利润中应归属于该居民企业的部分，应计入该居民企业的当期收入。

中国居民是指根据中国个人所得税法的规定，就其从中国境内、境外取得的所得在中国缴纳个人所得税的个人。居民企业和居民个人，统称为中国居民股东，包括中国居民企业股东和中国居民个人股东。受中国居民股东控制的外国企业，简称受控外国企业。

控制是指在股份、资金、经营、购销等方面构成实质控制。其中，股份控制是指由中国居民股东在纳税年度任何一天单层直接或多层间接单一持有外国企业10%以上有表决权股份，且由其共同持有该外国企业50%以上股份。中国居民股东多层间接持有股份，按各层持股比例相乘计算，中间层持有股份超过50%的，按100%计算。

实际税负明显低于企业所得税法规定税率水平，是指低于企业所得税法规定税率(25%)的50%。

1. 视同股息分配所得的计算

受控外国企业并非由于合理的经营需要而对利润不作分配或者减少分配的，中国居民企业股东应计算归属于当期的视同受控外国企业股息分配的所得，计算公式如下：

中国居民企业股东当期所得＝视同股息分配额×实际持股天数÷受控外国企业纳税年度天数×股东持股比例

中国居民股东多层间接持有股份的，股东持股比例按各层持股比例相乘计算。

受控外国企业与中国居民企业股东纳税年度存在差异的，应将视同股息分配所得计入受控外国企业纳税年度终止日所属的中国居民企业股东的纳税年度。

受控外国企业实际分配的利润已按照中国税法规定征税的，不再计入中国居民企业股东的当期所得。

2. 当期所得的税收抵免

计入中国居民企业股东的当期所得，已在境外缴纳的企业所得税税款，可以按照税法或税收协定的有关规定抵免。

3. 免于计入当期所得的视同股息分配额

中国居民企业股东能够提供资料证明其控制的外国企业满足以下条件之一的，可免于将外国企业不作分配或减少分配的利润视同股息分配额计入中国居民企业股东的当期所得：

(1) 设立在国家税务总局指定的非低税率国家(地区)；

(2) 主要取得积极经营活动所得；

(3) 年度利润总额低于500万元人民币。

为简化判定受控外国企业的实际税负，国家税务总局规定，中国居民企业或居民个人能够提供资料证明其控制的外国企业设立在美国、英国、法国、德国、日本、意大利、加拿大、澳大利亚、印度、南非、新西兰和挪威的，可免于将该外国企业不作分配或者减少分配的利润视同股息分配额，计入中国居民企业的当期所得。

◆ **企业其他安排的税务处理**

企业实施其他不具有合理商业目的的安排而减少其应纳税收入或所得额的，税务机关有权按照合理方法调整。不具有合理商业目的是指以减少、免除或推迟缴纳税款为主要目的。

企业与其关联方之间的业务往来，不符合独立交易原则，或企业实施其他不具有合理商业目的安排的，税务机关有权在该业务发生的纳税年度起 10 年内，进行纳税调整。

相关知识

◆ **补税与加收利息**

税务机关依照"特别纳税调整"规定做出纳税调整，需要补征税款的，应补征税款，并按照国务院规定加收利息。

税务机关根据税收法律、行政法规的规定，对企业作出特别纳税调整的，应对补征的税款，自税款所属纳税年度的次年 6 月 1 日起至补缴税款之日止的期间，按日加收利息。加收的利息，不得在计算应纳税所得额时扣除。

这里所称利息，按照税款所属纳税年度 12 月 31 日实行的与补税期间同期的中国人民银行人民币贷款基准利率加 5 个百分点计算，并按 1 年 365 天折算日利息率。企业依照税法及实施条例的规定提供有关资料的，可以只按上述规定的人民币贷款基准利率计算利息。

实战训练

一、单项选择题

1. 企业与其关联方共同开发、受让无形资产，或者共同提供、接受劳务发生的成本，在计算应纳税所得额时应当按照(　　)原则进行分摊。

A. 关联交易　　B. 内部结算

C. 互惠互利　　D. 独立交易

2. 可以适用于所有类型的关联交易的合理转让定价方法是(　　)。

A. 再销售价格法　　B. 可比非受控价格法

C. 交易净利润法　　D. 利润分割法

3. 企业与其关联方之间的业务往来，不符合独立交易原则，或者企业实施其他不具有合理商业目的的安排的，税务机关有权在该业务发生的纳税年度起（　　）年内，进行纳税调整。

A. 3　　B. 5

C. 8　　D. 10

4. 税务机关根据税法和其实施条例做出的纳税调整决定，应在补征税款的基础上，从每一调整年度次年6月1日起到税款入库之日止计算加收利息。所称利息，应当按照税款所属纳税年度12月31日中国人民银行公布的与补税期间同期的人民币贷款基准利率加（　　）个百分点计算。

A. 2　　B. 3

C. 5　　D. 6

5. 适用于各参与方关联交易高度整合且难以单独评估各方交易结果的合理转让定价方法是（　　）。

A. 利润分割法　　B. 成本加成法

C. 再销售价格法　　D. 交易净利润法

二、多项选择题

1. 对关联企业交易导致所得不实的调整方法包括（　　）。

A. 交易净利润法　　B. 再销售价格法

C. 成本加成法　　D. 可比非受控价格法

2. 税务机关依照《企业所得税法》规定核定关联企业的应纳税所得额时，可以采用下列方法（　　）。

A. 按照关联企业集团整体利润的合理比例核定

B. 按照其他合理方法核定

C. 参照同类或者类似企业的利润率水平核定

D. 按照企业成本加合理的费用和利润的方法核定

3. 下列关于关联企业之间的业务往来，处理正确的有（　　）。

A. 企业不提供与其关联方之间业务往来资料，或者提供虚假、不完整资料，未能真实反映其关联业务往来情况的，税务机关有权依法核定其应纳税所得额

B. 企业与其关联方共同开发、受让无形资产发生的成本，在计算应纳税所得额时应当按照独立交易原则进行分摊

C. 企业与其关联方之间的业务往来，不符合独立交易原则而减少企

业应纳税所得额的，税务机关有权按照合理方法进行调整

D. 企业从其关联方接受的债权性投资与权益性投资的比例超过规定标准而发生的利息支出，可以在计算应纳税所得额时扣除

4. 下列项目中，符合关联企业认定标准的有(　　)。

A. 直接或间接地同为第三者拥有或控制

B. 在购销方面存在直接或间接的拥有或控制关系

C. 在经营方面存在直接或间接的拥有或控制关系

D. 在资产方面存在直接或间接的拥有或控制关系

5. 以下符合预约定价安排有关规定的是(　　)。

A. 预约定价安排应由省以上的税务机关受理

B. 预约定价安排确定的定价原则和计算方法不能适用于申请当年或以前年度关联交易的评估和调整

C. 预约定价安排适用于自企业提交正式书面申请年度的次年起3至5个连续年度的关联交易

D. 预约定价安排一般适用于年度发生的关联交易金额在4000万元人民币以上，依法履行关联申报义务，按规定准备、保存和提供同期资料的企业

三、判断题

1. 企业因不可抗力无法按期提供同期资料的，应在不可抗力消除后30日内提供同期资料。(　　)

2. 中国居民股东多层间接持有股份按各层持股比例相乘计算，中间层持有股份超过50%的，按100%计算。(　　)

3. 企业应自企业或其关联方收到转让定价调整通知书之日起2年内提出相应调整的申请，超过2年的，税务机关不予受理。(　　)

4. 企业集团合并财务报表，可视企业集团会计年度情况延期准备，但最迟不得超过关联交易发生年度的次年12月31日。(　　)

5. 税务机关对企业实施转让定价纳税调整后，应自企业被调整的最后年度的下一年度起5年内实施跟踪管理。(　　)

四、计算题

1. 2010年5月，税务机关在对某公司进行关联业务调查中发现该公司2008年度进行了转移定价，决定调增应纳税所得额120万元。2008年度，中国人民银行公布的与补税期间同期的人民币贷款基准利率为7%。该企业并未有效地按照新《企业所得税法》第四十三条及实施条例

的相关规定提供有关资料。2010 年 6 月 1 日，该公司依法补缴了税款。试问对该公司应加收多少利息？

2. 某企业 2010 年的总收入为 1200 万元，企业按照税法规定计算的成本为 500 万元，费用为 200 万元，损失为 60 万元，税金为 120 万元。经税务机关调查，该企业在 2010 年 5 月从事了一项交易行为，该行为以获得减少、免除和推迟缴纳税款等税收利益为主要目的，导致企业总收入减少 150 万元。试问该企业 2010 年度应当缴纳的企业所得税税额是多少？

第7章

企业所得税的申报缴纳

7.1　纳税申报的基本要求

要　点

本节主要介绍纳税申报的基本要求，包括企业所得税的征收方式、缴纳企业所得税以及报送申报表及有关资料。

解　释

◆ 企业所得税的征收方式

企业所得税分月或者分季预缴，由税务机关具体核定。

企业应当自月份或者季度终了之日起十五日内，向税务机关报送预缴企业所得税纳税申报表，预缴税款。

企业应当自年度终了之日起五个月内，向税务机关报送年度企业所得税纳税申报表，并汇算清缴，结清应缴应退税款。

企业在报送企业所得税纳税申报表时，应当按照规定附送财务会计报告和其他有关资料。

企业根据《企业所得税法》第五十四条规定分月或者分季预缴企业所得税时，应当按照月度或者季度的实际利润额（企业利润总额减去不征税收入减去免税收入减去弥补以前年度亏损）预缴；按照月度或者季度的实际利润额预缴有困难的，可以按照上一纳税年度应纳税所得额的月度或者季度平均额预缴，或者按照经税务机关认可的其他方法预缴。预缴方法一经确定，该纳税年度内不得随意变更。

◆ 缴纳企业所得税

依照《企业所得税法》缴纳的企业所得税，以人民币计算。企业所得以人民币以外的货币计算的，预缴企业所得税时，应当按照月度或者季度最后一日的人民币汇率中间价，折合成人民币计算应纳税所得额。年度终了汇算清缴时，对已经按照月度或者季度预缴税款的，不再重新折合计算，只就该纳税年度内未缴纳企业所得税的部分，按照纳税年度最后一日的人民币汇率中间价折合成人民币计算应纳税所得额。

◆ **报送申报表及有关资料**

企业在纳税年度内无论盈利或者亏损，都应当依照《企业所得税法》第五十四条规定的期限，向税务机关报送预缴企业所得税纳税申报表、年度企业所得税纳税申报表、财务会计报告和税务机关规定应当报送的其他有关资料。

相关知识

◆ **2009 年起企业所得税征管范围**

以 2008 年为基年，2008 年年底之前国家税务局、地方税务局各自管理的企业所得税纳税人不做调整。2009 年起新增企业所得税纳税人中，应缴纳增值税的企业，其企业所得税由国家税务局管理；应缴纳营业税的企业，其企业所得税由地方税务局管理。

从 2009 年起，企业所得税全额为中央收入的企业和在国税局缴纳营业税的企业，其企业所得税由国税局管理。银行(信用社)、保险公司的企业所得税由国税局管理。除上述规定外的其他各类金融企业的企业所得税由地税局管理。外商投资企业和外国企业常驻代表机构的企业所得税仍由国税局管理。

2008 年年底之前已成立跨区经营汇总纳税企业，从 2009 年起新设立的分支机构，其企业所得税的征管部门应与总机构企业所得税征管部门相一致；从 2009 年起新增跨区经营汇总纳税企业，总机构按基本规定确定的原则划分征管归属，其分支机构企业所得税的管理部门也应与总机构企业所得税管理部门相一致。按税法规定免缴流转税的企业，按其免缴的流转税税种确定企业所得税征管归属；既不缴纳增值税，也不缴纳营业税的企业，其企业所得税暂由地税局管理。既缴纳增值税又缴纳营业税的企业，原则上按照其税务登记时自行申报的主营业务应缴纳的流转税税种确定征管归属；企业税务登记时无法确定主营业务的，一般以工商登记注明的第一项业务为准；一经确定，原则上不再调整。

7.2　居民企业纳税的管理

要　点

本节主要介绍居民企业所得税汇算清缴的基本规定、居民企业所得税汇算清缴的期限、居民企业所得税汇算清缴的纳税申报资料以及办理延期纳税申报。

解　释

◆ 居民企业所得税汇算清缴的基本规定

国家税务总局《关于印发〈企业所得税汇算清缴管理办法〉的通知》(国税发[2009]79号)规定如下。

(1) 企业所得税汇算清缴是指纳税人自纳税年度终了之日起5个月内或实际经营终止之日起60日内,依照税收法律、法规、规章及其他有关企业所得税的规定,自行计算本纳税年度应纳税所得额和应纳所得税额,根据月度或季度预缴企业所得税的数额,确定该纳税年度应补或者应退税额,并填写企业所得税年度纳税申报表,向主管税务机关办理企业所得税年度纳税申报、提供税务机关要求提供的有关资料、结清全年企业所得税税款的行为。

(2) 凡在纳税年度内从事生产、经营(包括试生产、试经营),或在纳税年度中间终止经营活动的纳税人,无论是否在减税、免税期间,也无论盈利或亏损,均应按照《企业所得税法》及其实施条例和本办法的有关规定进行企业所得税汇算清缴。

实行核定定额征收企业所得税的纳税人,不进行汇算清缴。

◆ 居民企业所得税汇算清缴的期限

国家税务总局《关于印发〈企业所得税汇算清缴管理办法〉的通知》(国税发[2009]79号)规定如下。

(1) 自2009年1月1日起,纳税人应当自纳税年度终了之日起5个月内,进行汇算清缴,结清应缴应退企业所得税税款。

纳税人在年度中间发生解散、破产、撤销等终止生产经营情形,需进行企业所得税清算的,应在清算前报告主管税务机关,并自实际经营终止之日起60日内进行汇算清缴,结清应缴应退企业所得税款;纳税人有其他情形依法终止纳税义务的，应当自停止生产、经营之日起60日内，向主管税务机关办理当期企业所得税汇算清缴。

（2）纳税人12月份或者第四季度的企业所得税预缴纳税申报，应在纳税年度终了后15日内完成，预缴申报后进行当年企业所得税汇算清缴。

◆ **居民企业所得税汇算清缴的纳税申报资料**

《企业所得税法》第五十四条规定，企业应当自月份或者季度终了之日起十五日内，向税务机关报送预缴企业所得税纳税申报表，预缴税款。

企业应当自年度终了之日起五个月内，向税务机关报送年度企业所得税纳税申报表，并汇算清缴，结清应缴应退税款。

企业在报送企业所得税纳税申报表时，应当按照规定附送财务会计报告和其他有关资料。

《企业所得税法实施条例》第一百二十九条强调指出，企业在纳税年度内无论盈利或者亏损，都应当依照《企业所得税法》第五十四条规定的期限，向税务机关报送预缴企业所得税纳税申报表、年度企业所得税纳税申报表、财务会计报告和税务机关规定应当报送的其他有关资料。

根据现行制度，纳税人（包括汇总、合并纳税企业及成员企业）办理企业所得税年度纳税申报时，应如实填写和报送下列资料：

（1）企业所得税年度纳税申报表及其附表。

（2）企业会计报表（资产负债表、利润表、现金流量表及相关附表）、会计报表附注和财务情况说明书（事业单位为各类收支与结余情况、资产与负债情况人员与工资情况及财政部门规定的年度会计决算应上报的其他内容）。

（3）备案事项的相关资料。

（4）主管税务机关要求报送的其他资料。

纳税人采用电子方式办理纳税申报的，应附报纸质纳税申报资料。

国家税务总局《关于印发〈企业所得税汇算清缴管理办法〉的通知》（国税发[2009]79号）第六条、第七条、第八条规定如下。

自2009年1月1日起，纳税人需要报经税务机关审批、审核或备案的事项，应按有关程序、时限和要求报送材料等有关规定，在办理企业所得税年度纳税申报前及时办理。

纳税人应当按照《企业所得税法》及其实施条例和企业所得税的有关规定，正确计算应纳税所得额和应纳所得税额，如实、正确填写企业所得税年度纳税申报表及其附表，完整、及时报送相关资料，并对纳税申报的真实性、准确性和完整性负法律责任。

纳税人办理企业所得税年度纳税申报时，应如实填写和报送下列有关资料：

(1) 企业所得税年度纳税申报表及其附表；

(2) 财务报表；

(3) 备案事项相关资料；

(4) 总机构及分支机构基本情况、分支机构征税方式、分支机构的预缴税情况；

(5) 委托中介机构代理纳税申报的，应出具双方签订的代理合同，并附送中介机构出具的包括纳税调整的项目、原因、依据、计算过程、调整金额等内容的报告；

(6) 涉及关联方业务往来的，同时报送《中华人民共和国企业年度关联业务往来报告表》；

(7) 主管税务机关要求报送的其他有关资料。

纳税人采用电子方式办理企业所得税年度纳税申报的，应按照有关规定保存有关资料或附报纸质纳税申报资料。

◆ 办理延期纳税申报

国家税务总局《关于印发〈企业所得税汇算清缴管理办法〉的通知》(国税发[2009]79 号)规定如下。

(1) 纳税人因不可抗力，不能在汇算清缴期内办理企业所得税年度纳税申报或备齐企业所得税年度纳税申报资料的，应按照《中华人民共和国税收征收管理法》、《中华人民共和国税收征收管理法实施细则》的规定，申请办理延期纳税申报；

(2) 纳税人在汇算清缴期内发现当年企业所得税申报有误的，可在汇算清缴期内重新办理企业所得税年度纳税申报。

相关知识

◆ 居民企业预缴企业所得税少于或超过应纳税款的处理规定

国家税务总局《关于印发〈企业所得税汇算清缴管理办法〉的通知》(国税发[2009]79 号)规定如下。

(1) 纳税人在纳税年度内预缴企业所得税税款少于应缴企业所得税税款的，应在汇算清缴期内结清应补缴的企业所得税税款；预缴税款超过应纳税款的，主管税务机关应及时按有关规定办理退税，或者经纳税人同意后抵缴其下一年度应缴企业所得税税款；

（2）纳税人因有特殊困难，不能在汇算清缴期内补缴企业所得税款的，应按照《中华人民共和国税收征收管理法》、《中华人民共和国税收征收管理法实施细则》的有关规定，办理申请延期缴纳税款手续。

◆ 税务机关应加强居民企业所得税汇算清缴的管理

国家税务总局《关于印发〈企业所得税汇算清缴管理办法〉的通知》（国税发[2009]79号）第十六条至第二十四条规定如下。

（1）各级税务机关要结合当地实际，对每一纳税年度的汇算清缴工作进行统一安排和组织部署。汇算清缴管理工作由具体负责企业所得税日常管理的部门组织实施。税务机关内部各职能部门应充分协调和配合，共同做好汇算清缴的管理工作。

（2）各级税务机关应在汇算清缴开始之前和汇算清缴期间，主动为纳税人提供税收服务：

① 采用多种形式进行宣传，帮助纳税人了解企业所得税政策、征管制度和办税程序；

② 积极开展纳税辅导，帮助纳税人知晓汇算清缴范围、时间要求、报送资料及其他应注意的事项；

③ 必要时组织纳税培训，帮助纳税人进行企业所得税自核自缴。

（3）主管税务机关应及时向纳税人发放汇算清缴的表、证、单、书。

（4）主管税务机关受理纳税人企业所得税年度纳税申报表及有关资料时，如发现企业未按规定报齐有关资料或填报项目不完整的，应及时告知企业在汇算清缴期内补齐补正。

（5）主管税务机关受理纳税人年度纳税申报后，应对纳税人年度纳税申报表的逻辑性和有关资料的完整性、准确性进行审核。审核重点主要包括以下几点。

① 纳税人企业所得税年度纳税申报表及其附表与企业财务报表有关项目的数字是否相符，各项目之间的逻辑关系是否对应，计算是否正确。

② 纳税人是否按规定弥补以前年度亏损额和结转以后年度待弥补的亏损额。

③ 纳税人是否符合税收优惠条件、税收优惠的确认和申请是否符合规定程序。

④ 纳税人税前扣除的财产损失是否真实、是否符合有关规定程序。跨地区经营汇总缴纳企业所得税的纳税人，其分支机构税前扣除的财产

损失是否由分支机构所在地主管税务机关出具证明。

⑤ 纳税人有无预缴企业所得税的完税凭证，完税凭证上填列的预缴数额是否真实。跨地区经营汇总缴纳企业所得税的纳税人及其所属分支机构预缴的税款是否与《中华人民共和国企业所得税汇总纳税分支机构分配表》中分配的数额一致。

⑥ 纳税人企业所得税和其他各税种之间的数据是否相符、逻辑关系是否吻合。

(6) 主管税务机关应结合纳税人企业所得税预缴情况及日常征管情况，对纳税人报送的企业所得税年度纳税申报表及其附表和其他有关资料进行初步审核后，按规定程序及时办理企业所得税补税、退税或抵缴其下一年度应纳所得税款等事项。

(7) 税务机关应做好跨地区经营汇总纳税企业和合并纳税企业汇算清缴的协同管理。

① 总机构和汇缴企业所在地主管税务机关在对企业的汇总或合并纳税申报资料审核时，发现其分支机构或成员企业申报内容有疑点需进一步核实的，应向其分支机构或成员企业所在地主管税务机关发出有关税务事项协查函；该分支机构或成员企业所在地主管税务机关应在要求的时限内就协查事项进行调查核实，并将核查结果函复总机构或汇缴企业所在地主管税务机关。

② 总机构和汇缴企业所在地主管税务机关收到分支机构或成员企业所在地主管税务机关反馈的核查结果后，应对总机构和汇缴企业申报的应纳税所得额及应纳所得税额做相应调整。

(8) 汇算清缴工作结束后，税务机关应组织开展汇算清缴数据分析、纳税评估和检查。纳税评估和检查的对象、内容、方法、程序等按照国家税务总局的有关规定执行。

(9) 汇算清缴工作结束后，各级税务机关应认真总结，写出书面总结报告逐级上报。各省、自治区、直辖市和计划单列市国家税务局、地方税务局应在每年7月底前将汇算清缴工作总结报告、年度企业所得税汇总报表报送国家税务总局(所得税司)。总结报告的内容应包括：

① 汇算清缴工作的基本情况；

② 企业所得税税源结构的分布情况；

③ 企业所得税收入增减变化及原因；

④ 企业所得税政策和征管制度贯彻落实中存在的问题和改进建议。

7.3 非居民企业纳税的管理

要 点

本节主要介绍非居民企业所得税汇算清缴对象、非居民企业所得税汇算清缴时限以及非居民企业申报缴纳所得税。

解 释

◆ 非居民企业所得税汇算清缴对象

国家税务总局《关于印发〈非居民企业所得税汇算清缴管理办法〉的通知》(国税发[2009]6 号)规定,汇算清缴对象包括以下内容。

(1) 依照外国(地区)法律成立且实际管理机构不在中国境内,但在中国境内设立机构、场所的非居民企业(以下称为企业),无论盈利或者亏损,均应按照《企业所得税法》及本办法规定参加所得税汇算清缴。

(2) 企业具有下列情形之一的,可不参加当年度的所得税汇算清缴:

① 临时来华承包工程和提供劳务不足 1 年,在年度中间终止经营活动,且已经结清税款;

② 汇算清缴期内已办理注销;

③ 其他经主管税务机关批准可不参加当年度所得税汇算清缴。

◆ 非居民企业所得税汇算清缴时限

国家税务总局《关于印发〈非居民企业所得税汇算清缴管理办法〉的通知》(国税发[2009]6 号)规定,汇算清缴时限为:

(1) 企业应当自年度终了之日起 5 个月内,向税务机关报送年度企业所得税纳税申报表,并汇算清缴,结清应缴应退税款;

(2) 企业在年度中间终止经营活动的,应当自实际经营终止之日起 60 日内,向税务机关办理当期企业所得税汇算清缴。

◆ 非居民企业申报缴纳所得税

国家税务总局《关于印发〈非居民企业所得税汇算清缴管理办法〉的通知》(国税发[2009]6 号)规定如下。

(1) 企业办理所得税年度申报时,应当如实填写和报送下列报表、资料:

① 年度企业所得税纳税申报表及其附表；

② 年度财务会计报告；

③ 税务机关规定应当报送的其他有关资料。

(2) 企业因特殊原因，不能在规定期限内办理年度所得税申报，应当在年度终了之日起5个月内，向主管税务机关提出延期申报申请。主管税务机关批准后，可以适当延长申报期限。

(3) 企业采用电子方式办理纳税申报的，应附报纸质纳税申报资料。

(4) 企业委托中介机构代理年度企业所得税纳税申报的，应附送委托人签章的委托书原件。

(5) 企业申报年度所得税后，经主管税务机关审核，需补缴或退还所得税的，应在收到主管税务机关送达的《非居民企业所得税汇算清缴涉税事宜通知书》后，按规定时限将税款补缴入库，或按照主管税务机关的要求办理退税手续。

(6) 经批准采取汇总申报缴纳所得税的企业，其履行汇总纳税的机构、场所(以下简称汇缴机构)，应当于每年5月31日前，向汇缴机构所在地主管税务机关索取《非居民企业汇总申报企业所得税证明》(以下称为《汇总申报纳税证明》)；企业其他机构、场所(以下简称其他机构)应当于每年6月30前将《汇总申报纳税证明》及其财务会计报告送交其所在地主管税务机关。

在上述规定期限内，其他机构未向其所在地主管税务机关提供《汇总申报纳税证明》，且又无汇缴机构延期申报批准文件的，其他机构所在地主管税务机关应负责检查核实或核定该其他机构应纳税所得额，计算征收应补缴税款并实施处罚。

(7) 企业补缴税款确因特殊困难需延期缴纳的，按《中华人民共和国税收征收管理法》、《中华人民共和国税收征收管理法实施细则》的有关规定办理。

(8) 企业在所得税汇算清缴期限内，发现当年度所得税申报有误的，应当在年度终了之日起5个月内向主管税务机关重新办理年度所得税申报。

(9) 企业报送报表期限的最后一日是法定休假日的，以休假日期满的次日为期限的最后一日；在期限内有连续三日以上法定休假日的，按休假日天数顺延。

相关知识

◆ 非居民企业未按规定申报缴纳所得税应承担的法律责任

国家税务总局《关于印发〈非居民企业所得税汇算清缴管理办法〉的通知》(国税发[2009]6号)规定如下。

(1) 企业未按规定期限办理年度所得税申报,且未经主管税务机关批准延期申报,或报送资料不全、不符合要求的,应在收到主管税务机关送达的《责令限期改正通知书》后按规定时限补报。

企业未按规定期限办理年度所得税申报,且未经主管税务机关批准延期申报的,主管税务机关除责令其限期申报外,可按照《中华人民共和国税收征收管理法》的规定处以2000元以下的罚款,逾期仍不申报的,可处以2000元以上10000元以下的罚款,同时核定其年度应纳税额,责令其限期缴纳。企业在收到主管税务机关送达的《非居民企业所得税应纳税款核定通知书》后,应在规定时限内缴纳税款。

(2) 企业未按规定期限办理所得税汇算清缴,主管税务机关除责令其限期办理外,对发生税款滞纳的,按照《中华人民共和国税收征收管理法》的规定,加收滞纳金。

(3) 企业同税务机关在纳税上发生争议时,依照《中华人民共和国税收征收管理法》相关规定执行。

7.4 跨地区经营汇总纳税的管理

要 点

国家税务总局《关于印发〈跨地区经营汇总纳税企业所得税征收管理暂行办法〉的通知》(国税发[2008]28号)规定,居民企业在中国境内跨地区(指跨省、自治区、直辖市和计划单列市)设立不具有法人资格的营业机构、场所(以下称分支机构)的,该居民企业为汇总纳税企业,除另有规定外,适用《跨地区经营汇总纳税企业所得税征收管理暂行办法》。

本节主要介绍跨地区经营汇总纳税的基本原则及适用范围、税款预缴和汇算清缴、分支机构分摊税款比例以及征收管理。

解 释

◆ 基本原则及适用范围

1. 跨地区经营汇总纳税基本规定

居民企业在中国境内跨地区(指跨省、自治区、直辖市和计划单列市,下同)设立不具有法人资格的营业机构、场所(以下称分支机构)的,为汇总纳税企业(以下称企业),除另有规定外,适用本办法。

铁路运输企业(包括广铁集团和大秦铁路公司)、国有邮政企业、中国工商银行股份有限公司、中国农业银行、中国银行股份有限公司、国家开发银行、中国农业发展银行、中国进出口银行、中央汇金投资有限责任公司、中国建设银行股份有限公司、中国建银投资有限责任公司、中国石油天然气股份有限公司、中国石油化工股份有限公司以及海洋石油天然气企业(包括港澳台和外商投资、外国海上石油天然气企业)等缴纳所得税未纳入中央和地方分享范围的企业,不适用本办法。

2. 跨地区经营汇总纳税管理办法

国家税务总局《关于印发〈跨地区经营汇总纳税企业所得税征收管理暂行办法〉的通知》(国税发[2008]28号)规定,企业实行"统一计算、分级管理、就地预缴、汇总清算、财政调库"的企业所得税征收管理办法。

(1) 统一计算是指企业总机构统一计算包括企业所属各个不具有法人资格的营业机构、场所在内的全部应纳税所得额、应纳税额。

(2) 分级管理是指总机构、分支机构所在地的主管税务机关都有对当地机构进行企业所得税管理的责任,总机构和分支机构应分别接受机构所在地主管税务机关的管理。

(3) 就地预缴是指总机构、分支机构应按《跨地区经营汇总纳税企业所得税征收管理暂行办法》的规定,分月或分季分别向所在地主管税务机关申报预缴企业所得税。

(4) 汇总清算是指在年度终了后,总机构负责进行企业所得税的年度汇算清缴,统一计算企业的年度应纳所得税额,抵减总机构、分支机构当年已就地分期预缴的企业所得税款后,多退少补税款。

(5) 财政调库是指财政部定期将缴入中央国库的跨地区总分机构企业所得税待分配收入,按照核定的系数调整至地方金库。

3. 分期预缴企业所得税

(1) 总机构和具有主体生产经营职能的二级分支机构,就地分期预缴企业所得税。二级分支机构是指总机构对其财务、业务、人员等直接进行统一核算和管理的领取非法人营业执照的分支机构。

二级分支机构及其下属机构均由二级分支机构集中就地预缴企业所得税；三级及以下分支机构不就地预缴企业所得税，其经营收入、职工工资和资产总额统一计入二级分支机构。

(2) 总机构设立具有独立生产经营职能部门，总机构设立具有独立生产经营职能部门，且具有独立生产经营职能部门的经营收入、职工工资和资产总额与管理职能部门分开核算的，可将具有独立生产经营职能的部门视同一个分支机构，就地预缴企业所得税。具有独立生产经营职能部门与管理职能部门的经营收入、职工工资和资产总额不能分开核算的，具有独立生产经营职能的部门不得视同一个分支机构，不就地预缴企业所得税。

(3) 不具有主体生产经营职能，且在当地不缴纳增值税、营业税的产品售后服务、内部研发、仓储等企业内部辅助性的二级及以下分支机构，不就地预缴企业所得税。

4. 分期预缴的其他规定

(1) 上年度认定为小型微利企业的，其分支机构不就地预缴企业所得税。

(2) 新设立的分支机构，设立当年不就地预缴企业所得税。

注：根据国税发[2008]28 号文件规定，各分支机构应分摊所得税款是按照以前年度(1～6 月份按上上年度，7～12 月份按上年度)分支机构的经营收入、职工工资和资产总额三个因素计算。新设立的分支机构因没有以前年度的有关信息，相应就无法计算新设立的分支机构应分摊所得税款的比例，所以，新设立的分支机构，在设立的当年不就地预缴企业所得税，在次年方可依法就地预缴企业所得税。

(3) 撤销的分支机构，撤销当年剩余期限内应分摊的企业所得税款由总机构缴入中央国库。

(4) 企业在中国境外设立的不具有法人资格的营业机构，不就地预缴企业所得税。

(5) 企业计算分期预缴的所得税时，其实际利润额、应纳税额及分摊因素数额，均不包括其在中国境外设立的营业机构。

◆ 税款预缴和汇算清缴

(1) 企业应根据当期实际利润额，按照《跨地区经营汇总纳税企业所得税征收管理暂行办法》规定的预缴分摊方法计算总机构和分支机构的企业所得税预缴额，分别由总机构和分支机构分月或者分季就地预缴。

在规定期限内按实际利润额预缴有困难的，经总机构所在地主管税务机关认可，可以按照上一年度应纳税所得额的1/12或1/4，由总机构、分支机构就地预缴企业所得税。预缴方式一经确定，当年度不得变更。

(2) 总机构和分支机构应分期预缴的企业所得税，50%在各分支机构间分摊预缴，50%由总机构预缴。总机构预缴的部分，其中25%就地入库，25%预缴入中央国库，按照财预[2008]10号文件的有关规定进行分配。

(3) 按照当期实际利润额预缴的税款分摊方法如下。

① 分支机构应分摊的预缴数。总机构根据统一计算的企业当期实际应纳所得税额，在每月或季度终了后10日内，按照各分支机构应分摊的比例，将本期企业全部应纳所得税额的50%在各分支机构之间进行分摊并通知到各分支机构；各分支机构应在每月或季度终了之日起15日内，就其分摊的所得税额向所在地主管税务机关申报预缴。

② 总机构应分摊的预缴数。总机构根据统一计算的企业当期应纳所得税额的25%，在每月或季度终了后15日内自行就地申报预缴。

③ 总机构缴入中央国库分配税款的预缴数。总机构根据统一计算的企业当期应纳所得税额的25%，在每月或季度终了后15日内自行就地申报预缴。

(4) 按照上一年度应纳税所得额的1/12或1/4预缴的税款分摊方法如下。

① 分支机构应分摊的预缴数。总机构根据上年汇算清缴统一计算应缴纳所得税额的1/12或1/4，在每月或季度终了之日起10日内，按照各分支机构应分摊的比例，将本期企业全部应纳所得税额的50%在各分支机构之间进行分摊并通知到各分支机构；各分支机构应在每月或季度终了之日起15日内，就其分摊的所得税额向所在地主管税务机关申报预缴。

② 总机构应分摊的预缴数。总机构根据上年汇算清缴统一计算应缴纳所得税额的1/12或1/4，将企业全部应纳所得税额的25%部分，在每月或季度终了后15日内自行向所在地主管税务机关申报预缴。

③ 总机构缴入中央国库分配税款的预缴数。总机构根据上年汇算清缴统一计算应缴纳所得税额的1/12或1/4，将企业全部应纳所得税额的25%部分，在每月或季度终了后15日内自行向所在地主管税务机关申报预缴。

(5) 总机构在年度终了后5个月内，应依照法律、法规和其他有关规定进行汇总纳税企业的所得税年度汇算清缴。各分支机构不进行企业所得税汇算清缴。

当年应补缴的所得税款，由总机构缴入中央国库。当年多缴的所得税款，由总机构所在地主管税务机关开具“税收收入退还书”等凭证，按规定程序从中央国库办理退库。

◆ 分支机构分摊税款比例

（1）总机构应按照以前年度（1～6 月份按上上年度，7～12 月份按上年度）分支机构的经营收入、职工工资和资产总额三个因素计算各分支机构应分摊所得税款的比例，三个因素的权重依次为 0.35、0.35、0.30。计算公式如下：

某分支机构分摊比例＝0.35×（该分支机构营业收入/各分支机构营业收入之和）＋0.35×（该分支机构工资总额/各分支机构工资总额之和）＋0.30×（该分支机构资产总额/各分支机构资产总额之和）

以上公式中分支机构仅指需要就地预缴的分支机构，该税款分摊比例按上述方法一经确定后，当年不做调整。

（2）分支机构所在地主管税务机关对总机构计算确定的分摊所得税款比例有异议的，应于收到《中华人民共和国企业所得税汇总纳税分支机构分配表》后 30 日内向企业总机构所在地主管税务机关提出书面复核建议，并附送相关数据资料。总机构所在地主管税务机关必须于收到复核建议后 30 日内，对分摊税款的比例进行复核，并作出调整或维持原比例的决定。分支机构所在地主管税务机关应执行总机构所在地主管税务机关的复核决定。

（3）分摊所得税款比例复核期间，分支机构应先按总机构确定的分摊比例申报预缴税款。

◆ 征收管理

国家税务总局《关于印发〈跨地区经营汇总纳税企业所得税征收管理暂行办法〉的通知》（国税发[2008]28 号）规定如下。

（1）总机构和分支机构均应依法办理税务登记，接受所在地税务机关的监督和管理。

（2）总机构应在每年 6 月 20 日前，将依照《跨地区经营汇总纳税企业所得税征收管理暂行办法》第二十三条规定方法计算确定的各分支机构当年应分摊税款的比例，填入《中华人民共和国企业所得税汇总纳税分支机构分配表》（见附录 F 中表 F-4），报送总机构所在地主管税务机关，同时下发各分支机构。

(3) 总机构所在地主管税务机关收到总机构报送的《中华人民共和国企业所得税汇总纳税分支机构分配表》后10日内，应通过国家税务总局跨地区经营汇总纳税企业信息交换平台或邮寄等方式，及时传送给各分支机构所在地主管税务机关。

(4) 总机构应当将其所有二级分支机构(包括不参与就地预缴分支机构)的信息及二级分支机构主管税务机关的邮编、地址报主管税务机关备案。

(5) 分支机构应将总机构信息、上级机构、下属分支机构信息报主管税务机关备案。

(6) 分支机构注销后15日内，总机构应将分支机构注销情况报主管税务机关备案。

(7) 总机构及其分支机构除按纳税申报规定向主管税务机关报送相关资料外，还应报送《中华人民共和国企业所得税汇总纳税分支机构分配表》、财务会计决算报告和职工工资总额情况表。

(8) 分支机构的各项财产损失，应由分支机构所在地主管税务机关审核并出具证明后，再由总机构向所在地主管税务机关申报扣除。

(9) 各分支机构主管税务机关应根据总机构主管税务机关反馈的《中华人民共和国企业所得税汇总纳税分支机构分配表》，对其主管分支机构应分摊入库的所得税税款和计算分摊税款比例的3项指标进行查验核对。发现计算分摊税款比例的3项指标有问题的，应及时将相关情况通报总机构主管税务机关。分支机构未按税款分配数额预缴所得税造成少缴税款的，主管税务机关应按照《中华人民共和国税收征收管理法》、《中华人民共和国税收征收管理法实施细则》的有关规定对其处罚，并将处罚结果通知总机构主管税务机关。

相关知识

◆ 汇总纳税与合并纳税的企业范围

汇总纳税是指不具有法人资格的营业机构，汇总计算并缴纳企业所得税。《企业所得税法》第五十条第二款规定，居民企业在设立的不具有法人资格的营业机构，应当汇总计算并缴纳企业所得税。

合并纳税是指具有法人资格的营业机构，合并计算缴纳企业所得税。

《企业所得税法》第五十二条规定，除国务院另有规定外，企业之间不得合并缴纳企业所得税。

该规定主要是针对企业集团，企业集团内部的母子公司，作为独立法人的母子公司应分别独立纳税，除国务院另有规定外禁止合并纳税，这有利于减缓地区间税源转移问题。

可见，汇总纳税是针对不具有法人资格的营业机构（例如分公司、经营部）而言，合并纳税是针对具有法人资格的营业机构（例如子公司）而言。

税法对汇总纳税和合并纳税的规定将对企业内部组织形式的选择产生重要影响。

◆ **居民企业实行跨地区经营的汇总纳税和合并纳税**

国家税务总局《关于印发〈企业所得税汇算清缴管理办法〉的通知》（国税发[2009]79号）规定如下。

（1）实行跨地区经营汇总缴纳企业所得税的纳税人，由统一计算应纳税所得额和应纳所得税额的总机构，按照上述规定，在汇算清缴期内向所在地主管税务机关办理企业所得税年度纳税申报，进行汇算清缴。分支机构不进行汇算清缴，但应将分支机构的营业收支等情况在报总机构统一汇算清缴前报送分支机构所在地主管税务机关。总机构应将分支机构及其所属机构的营业收支纳入总机构汇算清缴等情况报送各分支机构所在地主管税务机关。

（2）经批准实行合并缴纳企业所得税的企业集团，由集团母公司（以下简称汇缴企业）在汇算清缴期内，向汇缴企业所在地主管税务机关报送汇缴企业及各个成员企业合并计算填写的企业所得税年度纳税申报表，以及《企业所得税汇算清缴管理办法》第八条规定的有关资料及各个成员企业的企业所得税年度纳税申报表，统一办理汇缴企业及其成员企业的企业所得税汇算清缴。

汇缴企业应根据汇算清缴的期限要求，自行确定其成员企业向汇缴企业报送《企业所得税汇算清缴管理办法》第八条规定的有关资料的期限。成员企业向汇缴企业报送的上述资料，应经成员企业所在地的主管税务机关审核。

实例详解

【例7-1】 某企业的总机构只有一个跨省市的分支机构，同时总机构设有具有独立生产经营职能的部门，该企业2009年一季度的应纳税所得额为2500万元，适用税率为25%，该企业2009年一季度如何预缴企业所得税？

【分析】

企业2009年一季度共应缴纳企业所得税＝2500×25％＝625(万元)

625万元的50％作为总机构的预缴基数，即总机构应预缴企业所得税＝625×50％＝312.5(万元)

625万元的另外50％，即312.5万元应该在总机构所设的具有独立生产经营职能的部门和跨省市的分支机构间进行分摊，根据经营收入、职工工资和资产总额三个因素的权重比例，计算出各分支机构应分摊的应纳所得税额，假设总机构视同分支机构的部门的分摊比例为0.6，外省分支机构分摊比例为0.4，则各分支机构应预缴企业所得税：

总机构视同分支机构的部门＝312.5×0.6＝187.5(万元)

外省的分支机构＝312.5×0.4＝125(万元)

因此在总机构所在地共应预缴税款312.5＋187.5＝500(万元)，在外省分支机构所在地应预缴税款125万元。

如果具有独立生产经营职能部门与管理职能部门的经营收入、职工工资和资产总额不能分开核算的，具有独立生产经营职能的部门不得视同一个分支机构。不就地预缴企业所得税。则总机构应预缴企业所得税312.5万元，外省分支机构应预缴企业所得税312.5万元。

【例7-2】 某企业的总机构设有两个跨省市的分支机构——A分支机构和B分支机构，同时总机构设有具有独立生产经营职能的部门，但是该具有独立生产经营职能部门与管理职能部门的经营收入、职工工资和资产总额不能分开核算。该企业2010年一季度的应纳税所得额为3000万元，适用税率为25％，该企业2010年一季度如何预缴企业所得税？(假设A分支机构2008年经营收入为2000万元、职工工资为100万元、资产总额为1500万元，B分支机构2008年经营收入为4000万元、职工工资为200万元、资产总额为2000万元。)

【分析】 因具有独立生产经营职能部门与管理职能部门的经营收入、职工工资和资产总额不能分开核算，故具有独立生产经营职能的部门不得视同一个分支机构，不就地预缴企业所得税。

企业2010年一季度共应缴纳企业所得税＝3000×25％＝750(万元)

750万元的50％由总机构预缴，即总机构一季度应预缴企业所得税＝750×50％＝375(万元)

750万元的50％在各分支机构间按照经营收入、职工工资和资产总额三个因素的权重比例分摊预缴：

A分支机构分摊比例＝0.35×(A分支机构营业收入/各分支机构营

业收入之和)＋0.35×(A分支机构工资总额/各分支机构工资总额之和)＋0.30×(A分支机构资产总额/各分支机构资产总额之和)＝0.35×2000/(2000＋4000)＋0.35×100/(100＋200)＋0.3×1500/(1500＋2000)＝0.36

B分支机构分摊比例＝0.35×(B分支机构营业收入/各分支机构营业收入之和)＋0.35×(B分支机构工资总额/各分支机构工资总额之和)＋0.30×(B分支机构资产总额/各分支机构资产总额之和)＝0.35×4000/(2000＋4000)＋0.35×200/(100＋200)＋0.3×2000/(1500＋2000)＝0.64

A分支机构一季度应就地预缴企业所得税＝750×50%×0.36＝135(万元)

B分支机构一季度应就地预缴企业所得税＝750×50%×0.64＝240(万元)

【例7-3】 某集团企业下设两家分支机构，2010年度该集团自身盈利1500万元，分支机构A亏损300万元，分支机构B盈利25万元。试问该企业分支机构应采用何种组织形式?

【分析】 可把分支机构A设为分公司，把分支机构B设为子公司。因为分公司不具有法人资格，分支机构A将与集团总公司汇总缴纳企业所得税，其亏损100万元可以用总公司的盈利来弥补；子公司具有法人资格，则分支机构B应单独纳税，而且将有可能享受小型微利企业税率20%的税收优惠。

7.5 核定征收的管理

要 点

为了规范核定征收企业所得税工作，保障国家税款及时足额入库，维护纳税人合法权益，国家税务总局制定了《企业所得税核定征收办法(试行)》，以加强企业所得税征收管理。

解 释

◆ **税务机关核定征收企业所得税的情形**

纳税人具有下列情形之一的，核定征收企业所得税：

(1) 依照法律、行政法规的规定可以不设置账簿的；

(2) 依照法律、行政法规的规定应当设置但未设置账簿的；

(3) 擅自销毁账簿或者拒不提供纳税资料的；

(4) 虽设置账簿，但账目混乱或者成本资料、收入凭证、费用凭证残缺不全，难以查账的；

(5) 发生纳税义务，未按照规定的期限办理纳税申报，经税务机关责令限期申报，逾期仍不申报的；

(6) 申报的计税依据明显偏低，又无正当理由的。

特殊行业、特殊类型的纳税人和一定规模以上的纳税人不适用本办法。上述特定纳税人由国家税务总局另行明确。

◆ 税务机关核定征收企业所得税的方法

税务机关采用下列方法核定征收企业所得税：

(1) 参照当地同类行业或者类似行业中经营规模和收入水平相近的纳税人的税负水平核定；

(2) 按照应税收入额或成本费用支出额定率核定；

(3) 按照耗用的原材料、燃料、动力等推算或测算核定；

(4) 按照其他合理方法核定。

采用上述所列一种方法不足以正确核定应纳税所得额或应纳税额的，可以同时采用两种以上的方法核定。采用两种以上方法测算的应纳税额不一致时，可按测算的应纳税额从高核定。

◆ 实行核定应税所得率方式的纳税申报

纳税人实行核定应税所得率方式的，按下列规定申报纳税。

(1) 主管税务机关根据纳税人应纳税额的大小确定纳税人按月或者按季预缴，年终汇算清缴。预缴方法一经确定，一个纳税年度内不得改变。

(2) 纳税人应依照确定的应税所得率计算纳税期间实际应缴纳的税额，进行预缴。按实际数额预缴有困难的，经主管税务机关同意，可按上一年度应纳税额的 1/12 或 1/4 预缴，或者按经主管税务机关认可的其他方法预缴。

(3) 纳税人预缴税款或年终进行汇算清缴时，应按规定填写《中华人民共和国企业所得税月(季)度预缴纳税申报表(B 类)》，在规定的纳税申报时限内报送主管税务机关。

◆ 实行核定应纳所得税额方式的纳税申报

纳税人实行核定应纳所得税额方式的，按下列规定申报纳税。

(1) 纳税人在应纳所得税额尚未确定之前，可暂按上年度应纳所得税额的1/12或1/4预缴，或者按经主管税务机关认可的其他方法，按月或按季分期预缴。

(2) 在应纳所得税额确定以后，减除当年已预缴的所得税额，余额按剩余月份或季度均分，以此确定以后各月或各季的应纳税额，由纳税人按月或按季填写《中华人民共和国企业所得税月(季)度预缴纳税申报表(B类)》，在规定的纳税申报期限内进行纳税申报。

(3) 纳税人年度终了后，在规定的时限内按照实际经营额或实际应纳税额向税务机关申报纳税。申报额超过核定经营额或应纳税额的，按申报额缴纳税款；申报额低于核定经营额或应纳税额的，按核定经营额或应纳税额缴纳税款。

相关知识

◆ 合伙企业缴纳的所得税的处理规定

自2008年1月1日起，合伙企业缴纳的所得税按下列规定处理，此前规定与下列规定有抵触的，以下列规定为准。

(1) 合伙企业以每一个合伙人为纳税义务人。合伙企业合伙人是自然人的，缴纳个人所得税；合伙人是法人和其他组织的，缴纳企业所得税。

(2) 合伙企业生产经营所得和其他所得采取“先分后税”的原则。具体应纳税所得额的计算按照《关于个人独资企业和合伙企业投资者征收个人所得税的规定》(财税[2000]91号)及财政部、国家税务总局《关于调整个体工商户个人独资企业和合伙企业个人所得税税前扣除标准有关问题的通知》(财税[2008]65号)的有关规定执行。

前款所称生产经营所得和其他所得，包括合伙企业分配给所有合伙人的所得和企业当年留存的所得(利润)。

(3) 合伙企业的合伙人按照下列原则确定应纳税所得额。

① 合伙企业的合伙人以合伙企业的生产经营所得和其他所得，按照合伙协议约定的分配比例确定应纳税所得额。

② 合伙协议未约定或者约定不明确的，以全部生产经营所得和其他所得，按照合伙人协商决定的分配比例确定应纳税所得额。

③ 协商不成的，以全部生产经营所得和其他所得，按照合伙人实缴

出资比例确定应纳税所得额。

④ 无法确定出资比例的，以全部生产经营所得和其他所得，按照合伙人数量平均计算每个合伙人的应纳税所得额。

合伙协议不得约定将全部利润分配给部分合伙人。

(4) 合伙企业的合伙人是法人和其他组织的，合伙人在计算其缴纳企业所得税时，不得用合伙企业的亏损抵减其盈利。

◆ 房地产开发企业注销前有关企业所得税的处理规定

《关于房地产开发企业注销前有关企业所得税处理问题的公告》(国家税务总局公告 2010 年第 29 号)规定如下。

(1) 房地产开发企业(以下简称企业)按规定对开发项目进行土地增值税清算后，在向税务机关申请办理注销税务登记时，如注销当年汇算清缴出现亏损，应按照以下方法计算出其在注销前项目开发各年度多缴的企业所得税税款，并申请退税。

① 企业整个项目缴纳的土地增值税总额，应按照项目开发各年度实现的项目销售收入占整个项目销售收入总额的比例，在项目开发各年度进行分摊，具体按以下公式计算：

各年度应分摊的土地增值税＝土地增值税总额×(项目年度销售收入÷整个项目销售收入总额)

本公告所称销售收入包括视同销售房地产的收入，但不包括企业销售的增值额未超过扣除项目金额 20%的普通标准住宅的销售收入。

② 项目开发各年度应分摊的土地增值税减去该年度已经税前扣除的土地增值税后，余额属于当年应补充扣除的土地增值税；企业应调整当年度的应纳税所得额，并按规定计算当年度应退的企业所得税税款；当年度已缴纳的企业所得税税款不足退税的，应作为亏损向以后年度结转，并调整以后年度的应纳税所得额。

③ 企业对项目进行土地增值税清算的当年，由于按照上述方法进行土地增值税分摊调整后，导致当年度应纳税所得额出现正数的，应按规定计算缴纳企业所得税。

④ 企业按上述方法计算的累计退税额，不得超过其在项目开发各年度累计实际缴纳的企业所得税。

(2) 企业在申请退税时，应向主管税务机关提供书面材料证明应退企业所得税款的计算过程，包括企业整个项目缴纳的土地增值税总额、整个项目销售收入总额、项目年度销售收入、各年度应分摊的土地增值税和已经税前扣除的土地增值税、各年度的适用税率等。

(3) 企业按规定对开发项目进行土地增值税清算后，在向税务机关申请办理注销税务登记时，如注销当年汇算清缴出现亏损，但土地增值税清算当年未出现亏损，或尽管土地增值税清算当年出现亏损，但在注销之前年度已按税法规定弥补完毕的，不执行本公告。

主管税务机关应结合企业土地增值税清算年度至注销年度之间的汇算清缴情况，判断其是否应该执行本公告，并对应退企业所得税款进行核实。

实战训练

一、单项选择题

1. 现行《企业所得税法》规定，企业应当自年度终了之日起(　　)，向税务机关报送年度企业所得税纳税申报表，并汇算清缴税款。

A. 5个月内　　B. 4个月内

C. 2个月内　　D. 45日内

2. 根据《企业所得税法》的有关规定，以下关于纳税期限的说法中，错误的是(　　)。

A. 企业清算时，应当以清算期间作为一个纳税年度

B. 企业在年度中间终止经营活动的，应当自实际经营终止之日起30日内，向税务机关办理当期企业所得税汇算清缴

C. 企业由于合并、关闭等原因终止经营活动，应当以实际经营期为一个纳税年度

D. 2009年新增缴纳增值税的企业，由国税管辖

3. 根据《企业所得税法》的规定，企业所得税的征收办法是(　　)。

A. 按月征收　　B. 按季征收

C. 按季计征，分月预缴　　D. 按年计征，分月或分季预缴

4. 依据《企业所得税法》的规定，企业在年度中间终止经营活动的，向税务机关办理当期企业所得税汇算清缴的期限是自实际经营终止之日起(　　)日内。

A. 60　　B. 90

C. 120　　D. 150

二、多项选择题

1. 依据《企业所得税法》相关规定，符合跨地区经营汇总缴纳企业所得税征收管理方法的有(　　)。

A. 总机构和分支机构应分期预缴的企业所得税，50%在各分支机构间分摊预缴，50%由总机构预缴

B. 总机构根据统一计算的企业当期应纳所得税额的25%，在每月或季度终了后15日内自行向所在地主管税务机关申报预缴

C. 分支机构所缴纳税款的分摊比例一经确定后，当年不做调整

D. 各分支机构不进行企业所得税汇算清缴

2. 以下关于新增企业所得税征管范围正确的是(　　)。

A. 税法规定免缴流转税的企业，其企业所得税由国税局管理

B. 外商投资企业和外国企业常驻代表机构的企业所得税由国税局管理

C. 新增分支机构企业所得税管理部门应与总机构企业所得税管理部门相一致

D. 企业税务登记时无法确定主营业务的企业的所得税由国税局管理

3. 下列关于居民纳税人缴纳企业所得税纳税地点的表述中，说法正确的有(　　)。

A. 登记注册地在境外的，以登记注册地纳税

B. 登记注册地在境外的，以实际管理机构所在地纳税

C. 企业一般在实际经营管理地纳税

D. 企业一般在登记注册地纳税

4. 以下关于企业所得税的说法正确的是(　　)。

A. 合伙企业生产经营所得和其他所得采取“先分后税”的原则

B. 无法确定合伙人出资比例的，以全部生产经营所得和其他所得，按照合伙人数最平均计算每个合伙人的应纳税所得额

C. 合伙企业生产经营所得和其他所得包括合伙企业分配给合伙人的所得，但是不包括当年的留存收益

D. 就地预缴的分支机构的税款分摊比例方法一经确定后，三年内不做调整

5. 根据《企业所得税法》的规定，下列表述正确的是(　　)。

A. 企业在报送企业所得税纳税申报表时，应当按照规定附送财务会计报告和其他有关资料

B. 合伙企业的合伙人为法人的，合伙人计算所得税时，不得用合伙企业亏损抵减其盈利

C. 企业缴纳的企业所得税，所得以人民币以外的货币计算的，应当

折合成人民币计算并缴纳税款

D. 企业在纳税年度内无论盈利或者亏损，都应当按规定期限，向税务机关报送预缴企业所得税纳税申报表、年度企业所得税纳税申报表、财务会计报告和税务机关规定应当报送的其他有关资料

三、判断题

1. 总机构应按照以前年度（1～6 月份按上上年度，7～12 月份按上年度）分支机构的经营收入、职工工资和资产总额三个因素计算各分支机构应分摊所得税款的比例，三个因素的权重依次为 0.30、0.35、0.35。（　　）

2. 企业报送报表期限的最后一日是法定休假日的，以休假日期满的次日为期限的最后一日；在期限内有连续三日以上法定休假日的，按休假日天数顺延。（　　）

3. 企业应当自月份或者季度终了之日起 10 日内，向税务机关报送预缴企业所得税纳税申报表，预缴税款。（　　）

4. 企业在一个纳税年度中间开业，或者终止经营活动，使该纳税年度的实际经营期不足十二个月的，应当以其实际经营期为一个纳税年度。（　　）

5. 纳税人的生产经营范围、主营业务发生重大变化，或者应纳税所得额或应纳税额增减变化达到 15%的，应及时向税务机关申报调整已确定的应纳税额或应税所得率。（　　）

四、计算题

1. 某企业属于中国居民企业，其总部设在北京，该企业在上海设立一家分公司，2010 年度，该分公司按照税法规定计算出的应纳税所得额为 150 万元。该企业在广州设立另外一家分公司，2010 年度该分公司按照税法规定计算出的应纳税所得额为 60 万元。该企业在无锡也设立了一家分公司，2010 年度该分公司按照税法规定计算出的应纳税所得额为 50 万元。同时，该企业还在深圳设立一家全资子公司，2010 年度该子公司按照税法规定计算出的应纳税所得额为 90 万元。试问该企业及其分公司、子公司 2010 年纳税年度应纳税额是多少？

2. 某企业 2010 年全年应纳税所得额 900 万元。2011 年经税务机关同意，每月按 2010 年应纳税所得额的 1/12 预缴企业所得税。2011 年全年实现利润经调整后的应纳税所得额为 960 万元。试问该企业 2011 年每月应预缴的企业所得税和年终汇算清缴时补缴的企业所得税是多少（该企业适用税率为 25%）？

第8章

企业所得税的会计处理

8.1 企业所得税的会计核算方法与程序

要 点

所得税会计是研究如何处理按照会计制度计算的税前会计利润与按照税法计算的应税所得之间差异的会计理论和方法。它是财务会计中的一个专门处理会计收益和应税收益之间差异的会计程序,其目的在于协调财务会计与纳税会计之间的关系,并保证会计报表充分揭示真实的会计信息。

解 释

◆ **企业所得税的会计科目设置**

企业所得税的核算主要通过下列科目进行:

1. 递延所得税资产

本科目核算企业确认的可抵扣暂时性差异产生的递延所得税资产,应按可抵扣暂时性差异等项目进行明细核算。根据税法规定可用以后年度税前利润弥补的亏损及税款抵减产生的所得税资产,也在本科目核算。

在资产负债表日,企业确认的递延所得税资产,借记本科目,贷记“所得税费用——递延所得税费用”科目。资产负债表日递延所得税资产的应有余额大于其账面余额的,应按其差额确认,借记本科目,贷记“所得税费用——递延所得税费用”等科目;资产负债表日递延所得税资产的应有余额小于其账面余额的,做相反的会计分录。

企业合并中取得资产、负债的入账价值与其计税基础不同形成可抵扣暂时性差异的,应于购买日确认递延所得税资产,借记本科目,贷记“商誉”等科目。

与直接计入所有者权益的交易或事项相关的递延所得税资产,借记本科目,贷记“资本公积——其他资本公积”科目。

在资产负债表日，预计未来期间很可能无法获得足够的应纳税所得额用以抵扣可抵扣暂时性差异的，按原已确认的递延所得税资产中应减记的金额，借记"所得税费用——递延所得税费用"、"资本公积——其他资本公积"等科目，贷记本科目。

2. 递延所得税负债

本科目核算企业确认的应纳税暂时性差异产生的所得税负债。可按应纳税暂时性差异的项目进行明细核算。

在资产负债表日，企业确认的递延所得税负债，借记"所得税费用——递延所得税费用"科目，贷记本科目。资产负债表日递延所得税负债的应有余额大于其账面余额的，应按其差额确认，借记"所得税费用——递延所得税费用"科目，贷记本科目；资产负债表日递延所得税负债的应有余额小于其账面余额的，做相反的会计分录。

与直接计入所有者权益的交易或事项相关的递延所得税负债，借记"资本公积——其他资本公积"科目，贷记本科目。企业合并中取得资产、负债的入账价值与其计税基础不同形成应纳税暂时性差异的，应于购买日确认递延所得税负债，同时调整商誉，借记"商誉"等科目，贷记本科目。

3. 所得税费用

本科目核算企业确认的应从当期利润总额中扣除的所得税费用。按"当期所得税费用"、"递延所得税费用"进行明细核算。

在资产负债表日，企业按照税法规定计算确定的当期应交所得税，借记本科目(当期所得税费用)，贷记"应交税费——应交所得税"科目。此外，在资产负债表日，根据递延所得税资产的应有余额大于"递延所得税资产"科目余额的差额，借记"递延所得税资产"科目，贷记本科目(递延所得税费用)、"资本公积——其他资本公积"等科目；根据递延所得税资产的应有余额小于"递延所得税资产"科目余额的差额，做相反的会计分录。

企业应予确认的递延所得税负债，应当比照上述原则调整本科目、"递延所得税负债"科目及有关科目。

4. 应交税费——应交所得税

企业按照税法规定计算本期应交所得税，借记"所得税费用"等科目，贷记本科目；实际缴纳的所得税，借记本科目，贷记"银行存款"等科目。

◆ 企业所得税的会计核算方法

1. 应付税款法

应付税款法是将应纳所得税全部作为所得税费用，计入当期利润表。会计处理时借记"所得税"科目，贷记"应交税金——应交所得税"科目。

该方法比较简单，易于理解和应用。但是不符合权责发生制原则。

2. 纳税影响会计法

纳税影响会计法是将所得税视为企业在获得收益时发生的一种费用，并应随同有关的收入和费用计入同一时期内，以达到收入和费用的配比，按应税所得额计算的应交所得税记入“应交税金——应交所得税”科目，两者之间的差额记入“递延税款”科目。

企业采用“纳税影响会计法”处理税前会计利润与纳税所得之间时间性差异所造成的纳税影响时，又有递延法和债务法(收益表债务法)两种方法。

3. 资产负债表债务法

资产负债表债务法是从资产负债表出发，通过比较资产负债表上列示的资产、负债按照《企业会计准则》规定确定的账面价值与按照税法规定确定的计税基础，对于两者之间的差额分别应纳税暂时性差异与可抵扣暂时性差异，确认相关的递延所得税负债与递延所得税资产，并在此基础上确定每一期间利润表中的所得税费用。

依据资产负债表中资产和负债的账面值和计税基础的差额引出了暂时性差异的概念。另外：

本期应交所得税＝本期应纳税所得额×税率

本期所得税费用＝本期应交所得税＋本期递延所得税负债－本期递延所得税资产

根据计算得出的数据，做会计处理时，借记“所得税”或“递延所得税资产”科目，贷记“应交税金——应交所得税”或“递延所得税负债”科目。

◆ 企业所得税的会计核算程序

企业所得税会计核算的一般程序如下。

(1) 确定资产负债表中除递延所得税资产和递延所得税负债以外的其他资产和负债项目的账面价值。

(2) 按照资产和负债计税基础的确定方法，以适用的税收法规为基础，确定资产负债表中有关资产、负债项目的计税基础。

(3) 比较资产、负债的账面价值与其计税基础，对于两者之间存在差异的，分析其性质，除《企业会计准则》中规定的特殊情况外，分别应纳税暂时性差异与可抵扣暂时性差异，确定该资产负债表日递延所得税负债和递延所得税资产的应有金额，并与期初递延所得税负债和递延所得税资产的余额相比，确定当期应予进一步确认的递延所得税资产和递延所得税负债金额或应予转销的金额。

(4) 确定利润表中的所得税费用,按照适用的税法规定计算确定当期应纳税所得额,将应纳税所得额与适用的所得税税率计算的结果确认为当期应交所得税(即当期所得税),同时结合当期确认的递延所得税资产和递延所得税负债(即递延所得税),作为利润表中应予确认的所得税费用。

相关知识

◆ 企业所得税会计核算账户的设置和使用

《企业会计准则第 18 号——所得税》第十条规定,企业对所得税进行会计处理时,应设置和使用如下账户:

1. "应交税费——应交所得税"账户

企业按照税法规定计算应交所得税,借记"所得税费用"等科目,贷记"应交税费——应交所得税"科目。缴纳的所得税,借记"应交税费——应交所得税"科目,贷记"银行存款"等科目。

2. "所得税费用"账户

(1) "所得税费用"科目核算企业根据所得税准则确认的应从当期利润总额中扣除的所得税费用。

(2) "所得税费用"科目应当按照"当期所得税费用"、"递延所得税费用"进行明细核算。

(3) 所得税的主要账务处理如下。

① 资产负债表日,企业按照税法计算确定的当期应交所得税金额。借记"所得税费用"(当期所得税费用)科目,贷记"应交税费——应交所得税"科目。

② 在确认相关资产、负债时,根据所得税准则应予确认的递延所得税资产,借记"递延所得税资产"科目,贷记"所得税费用"(递延所得税费用)等科目;应予确认的递延所得税负债,借记"所得税费用"科目(递延所得税费用)等科目,贷记"递延所得税负债"科目。

③ 资产负债表日,根据所得税准则应予确认的递延所得税资产大于"递延所得税资产"科目余额的差额,借记"递延所得税资产"科目,贷记"所得税费用"(递延所得税费用)等科目;应予确认的递延所得税资产小于"递延所得税资产"科目余额的差额,做相反的会计分录。

企业应予确认的递延所得税负债的变动,应当比照上述原则调整"递延所得税负债"科目及有关科目。

④ 期末,应将本科目的余额转入"本年利润"科目,结转后"所得税费

用”科目应无余额。

3.“递延所得税负债”账户

（1）“递延所得税负债”科目核算企业根据所得税准则确认的应纳税暂时性差异产生的所得税负债。

（2）“递延所得税负债”科目应当按照应纳税暂时性差异项目进行明细核算。

（3）递延所得税负债的主要账务处理如下。

① 企业在确认相关资产、负债时，根据所得税准则应予确认的递延所得税负债，借记“所得税——递延所得税费用”等科目，贷记“递延所得税负债”科目。

② 资产负债表日，企业根据所得税准则应予确认的递延所得税负债大于本科目余额的，借记“所得税——递延所得税费用”等科目，贷记“递延所得税负债”科目；应予确认的递延所得税负债小于本科目余额的，做相反的会计分录。

（4）本科目期末贷方余额，反映企业已确认的递延所得税负债的余额。

4.“递延所得税资产”账户

（1）“递延所得税资产”科目核算企业根据所得税准则确认的可抵扣暂时性差异产生的所得税资产。根据税法规定可用以后年度税前利润弥补的亏损产生的所得税资产，也在“递延所得税资产”科目核算。

（2）“递延所得税资产”科目应当按照可抵扣暂时性差异等项目进行明细核算。

（3）递延所得税资产的主要账务处理如下。

① 企业在确认相关资产、负债时，根据所得税准则应予确认的递延所得税资产，借记“递延所得税资产”科目，贷记“所得税——递延所得税费用”等科目。

② 资产负债表日，企业根据所得税准则应予确认的递延所得税资产大于本科目余额的，借记“递延所得税资产”科目，贷记“所得税——递延所得税费用”等科目；应予确认的递延所得税资产小于本科目余额的，做相反的会计分录。

③ 资产负债表日，预计未来期间很可能无法获得足够的应纳税所得额用以抵扣可抵扣暂时性差异的，按应减记的金额，借记“所得税——当期所得税费用”等科目，贷记“递延所得税资产”科目。

（4）本科目期末借方余额，反映企业已确认的递延所得税资产的余额。

只要有证据表明当前或未来很可能获得足够的应纳税所得额，可用来抵扣可抵扣暂时性差异的，都确认为递延所得税资产。

8.2 资产负债表债务法的具体要求

要 点

本节主要介绍资产负债表中有关资产、负债项目的计税基础的确定，资产负债表中有关资产、负债项目的账面价值的确定，递延所得税资产和递延所得税负债的确认和计量以及所得税费用的确认和计量。

解 释

◆ 资产负债表中有关资产、负债项目的计税基础的确定

1. 资产的计税基础的确定

资产的计税基础是指企业收回资产账面价值过程中，计算应纳税所得额时按照税法规定可以自应税经济利益中抵扣的金额。

资产的计税基础＝未来可税前列支的金额

某一资产负债表日资产的计税基础＝成本－以前期间已税前列支的金额

通常情况下，资产在取得时其入账价值与计税基础是相同的，后续计量过程中因《企业会计准则》规定与税法规定不同，可能产生资产的账面价值与其计税基础的差异。

例如，交易性金融资产的公允价值变动。按照《企业会计准则》规定，交易性金融资产期末应以公允价值计量，公允价值的变动计入当期损益。如果按照税法规定，交易性金融资产在持有期间公允价值变动不计入应纳税所得额，即其计税基础保持不变，则产生了交易性金融资产的账面价值与计税基础之间的差异。假定某企业持有一项交易性金融资产，成本为 2000 万元，期末公允价值为 2500 万元，而计税基础仍维持 2000 万元不变。年终所得税计算的调减应纳税所得额 500 万元。

2. 负债的计税基础的确定

负债的计税基础是指负债的账面价值减去未来期间计算应纳税所得额时按照税法规定可予抵扣的金额。

负债的计税基础＝账面价值－未来可税前列支的金额

一般负债的确认和清偿不影响所得税的计算，差异主要是自费用中提取的负债。也就是说短期借款、应付票据、应付账款等负债的确认和偿还，通常不会对当期损益和应纳税所得额产生影响，其计税基础即为账面价值。但在某些情况下，负债的确认可能会影响损益，并影响不同期间的应纳税所得额，使其计税基础与账面价值之间产生差额。例如，某企业因某事项在当期确认了 80 万元负债，计入当期损益。假定按照税法规定，与确认该负债相关的费用，在实际发生时准予税前扣除，则该负债的计税基础为零，不等于其账面价值 80 万元。

◆ 资产负债表中有关资产、负债项目的账面价值的确定

进行所得税的会计处理，需要确定资产负债表中除递延所得税负债和递延所得税资产以外的其他资产和负债项目的账面价值。而资产和负债项目的账面价值，是指企业按照相关会计准则的规定进行核算后在资产负债表中列示的金额。例如，在资产负债表日，企业持有的应收账款账面余额为 2500 万元，企业对该应收账款计提了 100 万元的坏账准备，则其账面价值为 2400 万元，即该 2400 万元就是应收账款在资产负债表中的列示金额。

◆ 递延所得税资产和递延所得税负债的确认和计量

1. 资产、负债的计税基础和暂时性差异

正确计算所得税，关键是要正确计算暂时性差异。暂时性差异是指资产、负债的账面价值与其计税基础之间的差额。这里的账面价值是指按照《企业会计准则》规定确定的有关资产、负债在企业的资产负债表中应列示的金额。计税基础则是指资产、负债按照税法规定核算的结果，即从税法的角度来看，企业持有的有关资产、负债的应有金额。《企业所得税法实施条例》规定，企业的各项资产，包括固定资产、生物资产、无形资产、长期待摊费用、投资资产、存货等，以历史成本为计税基础；未经核定的准备金支出不得扣除。可见，资产的账面价值与计税基础存在大量差异。

（1）产生暂时性差异的主要因素

会计、税法的目的不同；各自对资产、负债、收益、费用等的确认口径、计量标准以及入账时间存在差异。

（2）资产、负债项目的暂时性差异的确定

暂时性差异的存在，意味着企业在未来收回资产或清偿负债的期间内，应纳税所得额增加或减少并相应导致未来期间应交所得税增加或减

少。在暂时性差异发生的当时，应当确认相应的递延所得税资产与递延所得税负债。

资产、负债项目的暂时性差异=资产、负债各自的账面价值－资产、负债各自的计税基础。

(3) 应纳税暂时性差异和可抵扣暂时性差异

由于资产、负债的账面价值与其计税基础不同，产生了在未来收回资产或清偿负债的期间内，应纳税所得额增加或减少并导致未来期间应交所得税负债或递延所得税资产。根据暂时性差异对未来期间应税金额影响的不同，分为应纳税暂时性差异和可抵扣暂时性差异。某些不符合资产、负债的确认条件，未作为财务会计报告中资产、负债列示的项目，如果按照税法规定可以确定其计税基础，该计税基础与其账面价值之间的差额也属于暂时性差异。

1) 可抵扣暂时性差异。可抵扣暂时性差异是指在确定未来收回资产或清偿负债期间的应纳税所得额时，将导致产生可抵扣金额的暂时性差异。该差异在未来期间转回时会减少转回期间的应纳税所得额，减少未来期间的应交所得税。在该暂时性差异产生当期，应当确认相关的递延所得税资产。

可抵扣暂时性差异一般产生于以下情况：

① 资产的账面价值小于其计税基础，从经济含义来看，资产在未来期间产生的经济利益少，按照税法规定允许税前扣除的金额多，则企业在未来期间可以减少应纳税所得额并减少应交所得税，形成可抵扣暂时性差异。

例如，一项资产的账面价值为200万元，计税基础为260万元，则企业在未来期间就该项资产可以在其自取得经济利益的基础上多扣除60万元，从整体上来看，未来期间应纳税所得额会减少，应交所得税也会减少，形成可抵扣暂时性差异，符合有关确认条件时，应确认相关的递延所得税资产。

② 负债的账面价值大于其计税基础，负债产生的暂时性差异实质上是税法规定就该负债可以在未来期间税前扣除的金额。一项负债的账面价值大于其计税基础，意味着未来期间按照税法规定构成负债的全部或部分金额可以自未来应税经济利益中扣除，减少未来期间的应纳税所得额和应交所得税，产生可抵扣暂时性差异。符合有关确认条件时，应确认相关的递延所得税资产。

对于按照税法规定可以结转以后年度的未弥补亏损及税款抵减，虽不是因资产、负债的账面价值与计税基础不同产生的，但本质上可抵扣亏损和税款抵减与可抵扣暂时性差异具有同样的作用，均能够减少未来期间的应纳税所得额，进而减少未来期间的应交所得税，在会计处理上，视同抵扣暂时性差异，符合条件的情况下，应确认与其相关的递延所得税资产。

2）应纳税暂时性差异。应纳税暂时性差异是指在确定未来收回资产或清偿负债期间的应纳税所得额时，将导致产生应税金额的暂时性差异。该差异在未来期间转回时，会增加转回期间的应纳税所得额，即在未来期间不考虑该事项影响的应纳税所得额的基础上，由于该暂时性差异的转回，会进一步增加转回期间的应纳税所得额和应交所得税金额。在该暂时性差异产生当期，就当确认相关的递延所得税负债。

应纳税暂时性差异通常产生于以下情况：

① 资产的账面价值大于其计税基础，一项资产的账面价值代表的是企业在持续使用及最终出售该项资产时会取得的经济利益的总额，而计税基础代表的是一项资产在未来期间可予税前扣除的总金额。资产的账面价值大于其计税基础，该项资产未来期间产生的经济利益不能全部税前抵扣，两者之间的差额需要缴税，产生应纳税暂时性差异。

② 负债的账面价值小于其计税基础。一项负债的账面价值为企业预计在未来期间清偿该项负债时的经济利益流出，而其计税基础代表的是账面价值在扣除税法规定未来期间允许税前扣除的金额之后的差额。因负债的账面价值与计税基础不同产生的暂时差异实质上是税法规定就该项负债在未来期间可以税前扣除的金额。负债的账面价值小于其计税基础。则意味着就该项负债在未来期间可以税前抵扣的金额为负数，即应在未来期间应纳税所得额的基础上调增，增加应纳税所得额和应交所得税金额，产生应纳税暂时性差异。

2. 常见资产和负债项目产生的递延所得税资产和负债的认定

(1) 固定资产

一般情况下，对于固定资产有：

账面价值＝固定资产原价－累计折旧－固定资产减值准备

税收口径上的账面净值＝固定资产计税基础－税收累计折旧

固定资产的暂时性差异产生的原因有以下几点。

① 折旧方法不同，会计上有直线法、工作量法、年数总和法、双倍余额抵减法。税法上一般认定直线法和工作量法。个别情况下可以加速折旧，但必须经税务部门认可。

② 折旧年限不同，会计上按照受益期确定，而税法上则明确规定了各类资产的一般折旧年限。

③ 计提折旧时间不同，会计上是固定资产增加月份次日起开始计提折旧，固定资产减少月份的次月起停止计提折旧。而税收上是固定资产使用月份次月起开始计提折旧，停止使用月份次月起停止计提折旧。

④ 固定资产减值准备上的差异，会计上计提减值准备，并因此而调整了账面价值，而税法上对于减值准备金额是不确认的。

(2) 无形资产

① 内部研究开发形成的无形资产。对于内部研究开发形成的无形资产有：账面价值为符合条件的开发支出，会计上计入无形资产账户。而计税基础为企业发生的研究开发支出可以税前加计扣除的部分。税法规定企业为开发新技术、新产品、新工艺发生的研究开发费用，未形成无形资产计入当期损益的，在按照规定据实扣除的基础上，按照研究开发费用的 50%加计扣除；形成无形资产的，按照无形资产成本的 150%摊销。

② 无形资产在后续计量时，会计与税收的差异主要产生于对无形资产是否需要摊销及无形资产减值准备的提取。

一般情况下，无形资产账面价值＝无形资产原价－累计摊销－无形资产减值准备，而使用寿命不确定的无形资产，账面价值＝无形资产原价－无形资产减值准备。

计税基础＝实际成本－税收规定的累计摊销

(3) 以公允价值计量的金融资产

① 以公允价值计量且其变动计入当期损益的金融资产。对于公允价值计量且其变动计入当期损益的金融资产，会计上，期末按公允价值计量，公允价值变动计入当期损益（“公允价值变动损益”科目）。

税法上，财政部、国家税务总局《关于执行〈企业会计准则〉有关企业所得税政策问题的通知》，（财税[2007]80 号）企业以公允价值计量的金融资产、金融负债以及投资性房地产等，持有期间公允价值的变动不计入应纳税所得额，在实际处置或结算时，处置取得的价款扣除其历史成本后的差额应计入处置或结算期间的应纳税所得额。

② 可供出售金融资产。对于可供出售金融资产，会计上期末按公允价值计量，公允价值变动计入所有者权益。而税法上规定计税基础为其成本。

(4) 其他资产

因《企业会计准则》规定与税收法规规定不同，企业持有的其他资产，可能造成其账面价值与计税基础之间存在差异。

① 采用公允价值模式进行后续计量的投资性房地产，会计上期末按公允价值计账面价值。税法上以历史成本为基础确定计税基础。

② 其他各种资产减值准备。

（5）企业因销售商品提供售后服务等原因确认的预计负债。

（6）预收账款

根据目前我国的税法规定，只有房地产企业在收到预收账款时，需要视为销售缴纳相关的税费。

（7）应付职工薪酬

对于应付职工薪酬，会计上对所有与取得职工服务相关的支出均计入成本费用，同时确认负债。而税法上《企业所得税法实施条例》第三十四条规定，企业发生的合理的工资薪金支出，准予扣除。这里所称工资薪金，是指企业每一纳税年度支付给在本企业任职或者受雇的员工的所有现金形式或者非现金形式的劳动报酬，包括基本工资、奖金、津贴、补贴、年终加薪、加班工资，以及与员工任职或者受雇有关的其他支出。

（8）其他负债

如企业应交的罚款和滞纳金等，在尚未支付之前按照会计规定确认为费用，同时作为负债反映。税法规定，罚款和滞纳金不得税前扣除，其计税基础为账面价值减去未来期间计税时可予税前扣除的金额之间的差额，即计税基础等于账面价值。

（9）特殊项目

某些交易或事项发生以后，因不符合资产、负债的确认条件而未体现为资产负债表中的资产或负债，但按税法规定能够确定其计税基础的，其账面价值与计税基础之间的差异也构成暂时性差异。

① 超标的广告费。对于广告费用会计上是做销售费用核算，而《企业所得税法实施条例》第四十四条规定，企业发生的符合条件的广告费和业务宣传费支出，除国务院财政、税务主管部门另有规定外，不超过当年销售（营业）收入15%的部分，准予扣除；超过部分，准予在以后纳税年度结转扣除。

② 税法规定以后年度可弥补的亏损。可抵扣亏损及税款抵减产生的暂时性差异。按照税法规定可以结转以后年度的未弥补亏损及税款抵减，虽不是因资产、负债的账面价值与计税基础不同产生的，但与可抵扣暂时性差异具有同样的作用，均能够减少未来期间的应纳税所得额，进而减少未来期间的应交所得税，会计处理上视同可抵扣暂时性差异，符合条件的情况下，应确认与其相关的递延所得税资产。

3. 递延所得税资产及递延所得税负债的确认和计量

(1) 递延所得税资产的确认和计量

1) 递延所得税资产的确认。资产、负债的账面价值与其计税基础不同产生可抵扣暂时性差异的,在估计未来期间能够取得足够的应纳税所得额用以利用该可抵扣暂时性差异时,应当以很可能取得用来抵扣可抵扣暂时性差异的应纳税所得额为限,确认相关的递延所得税资产。

① 递延所得税资产的确认应以未来期间可能取得的应纳税所得额为限。

② 按照税法规定可以结转以后年度的未弥补亏损和税款抵减,应视同可抵扣暂时性差异处理。

③ 企业合并中,按照会计规定确定的合并中取得各项可辨认资产、负债的入账价值与其计税基础之间形成可抵扣暂时性差异的,应确认相应的递延所得税资产,并调整合并中应予确认的商誉等。

④ 与直接计入所有者权益的交易或事项相关的可抵扣暂时性差异,相应的递延所得税资产应计入所有者权益。例如,因可供出售金融资产公允价值下降而应确认的递延所得税资产。

2) 不确认递延所得税资产的特殊情况。某项交易不属于企业合并,且交易发生时既不影响会计利润也不影响应纳税所得额,则该项交易中产生的资产、负债的初始确认金额与计税基础存在可抵扣暂时性差异的,不确认相关的递延所得税资产。例如,融资租入的固定资产。

对于融资租入的固定资产会计准则规定:

固定资产的价款超过正常信用条件延期支付,实质上具有融资性质的,固定资产的成本以购买价款的现值为基础确定。实际支付的价款与购买价款的现值之间的差额,除按照《企业会计准则第 17 号——借款费用》应予资本化的以外,应当在信用期间内计入当期损益。

3) 递延所得税资产的计量。

① 适用税率的确定。确认递延所得税资产时,应估计相关可抵扣暂时性差异的转回时间,采用转回期间适用的所得税税率为基础计算确定。无论相关的可抵扣暂时性差异转回期间如何,递延所得税资产均不予折现。

② 递延所得税资产的减值。资产负债表日,企业应当对递延所得税资产的账面价值进行复核。如果未来期间很可能无法取得足够的应纳税所得额用以利用递延所得税资产的利益,应当减记递延所得税资产的账面价值。

递延所得税资产的账面价值减记以后，继后期根据新的环境和情况判断能够产生足够的应纳税所得额利用可抵扣暂时性差异，使得递延所得税资产包含的经济利益能够实现的，应相应恢复递延所得税资产的账面价值。

(2) 递延所得税负债的确认和计量

1) 一般原则。除《企业会计准则》中明确规定可不确认递延所得税负债的情况以外，企业对于所有的应纳税暂时性差异均应确认相关的递延所得税负债。除直接计入所有者权益的交易或事项以及企业合并外，在确认递延所得税负债的同时，应增加利润表中的所得税费用。

2) 不确认递延所得税负债的特殊情况。与联营企业、合营企业投资等相关的应纳税暂时性差异，一般应确认相应的递延所得税负债，但同时满足以下两个条件的除外：一是投资企业能够控制暂时性差异转回的时间；二是该暂时性差异在可预见的未来很可能不会转回。

满足上述条件时，投资企业可以运用自身的影响力决定暂时性差异的转回，如果不希望其转回，则在可预见的未来该项暂时性差异即不会转回，从而无须确认相应的递延所得税负债。

如果投资企业能够控制暂时性差异转回的时间且该暂时性差异在可预见的未来很可能不会转回，那么投资企业不确认递延所得税负债。

3) 递延所得税负债的计量。递延所得税负债应以相关应纳税暂时性差异转回期间适用的所得税税率计量。

另外，递延所得税负债的确认不要求折现。

◆ 所得税费用的确认和计量

企业在计算确定当期所得税(即当期应交所得税)以及递延所得税费用(或收益)的基础上，应将两者之和确认为利润表中的所得税费用(或收益)，但不包括直接计入所有者权益的交易或事项的所得税影响。即：

所得税费用(或收益)＝当期所得税＋递延所得税费用(－递延所得税收益)

也就是说，所得税包括当期所得税和递延所得税两个部分，其中：

应交所得税＝应纳税所得额×所得税税率

应纳所得税额＝税前会计利润＋纳税调整增加额－纳税调整减少额

当期所得税＝应纳税所得额×当期使用税率

递延所得税＝当期递延所得税负债的增加(－减少)－当期递延所得税资产的增加(＋减少)

所以，对计入利润表的所得税费用的会计处理，首先确定本期递延所得税资产、递延所得税负债和应交所得税的发生额，然后确定本期所得税费用的发生额。

而本期递延所得税资产、递延所得税负债发生额＝递延所得税资产、递延所得税负债期末余额－递延所得税资产、递延所得税负债期初余额。

本期所得税费用＝本期应交所得税＋本期递延所得税资产、递延所得税负债贷方发生额－本期递延所得税资产、递延所得税负债借方发生额。

相关知识

◆ 暂时性差异

资产负债表债务法注重暂时性差异，需直接计算出递延所得税资产、递延所得税负债余额，并直接反映其对未来的影响，处理所有的暂时性差异。暂时性差异是指资产或负债的账面价值与其计税基础之间的差额。其中，账面价值是指按照《企业会计准则》规定确定的有关资产、负债在企业的资产负债表中应列示的金额。由于资产、负债的账面价值与其计税基础不同，产生了在未来收回资产或清偿负债的期间内，应纳税所得额增加或减少并导致未来期间应交所得税增加或减少的情况，在这些暂时性差异发生的当期，应当确认相应的递延所得税负债或递延所得税资产。

某些不符合资产、负债的确认条件，未作为财务会计报告中资产、负债列示的项目，如果按照税法规定可以确定其计税基础，该计税基础与其账面价值之间的差额也属于暂时性差异。

实例详解

【例 8-1】 某企业于 2008 年 12 月 20 日取得某项环保用固定资产，原价为 300 万元，使用年限为 10 年，会计上采用直线法计提折旧，净残值为零。假定税法规定类似环保用固定资产采用加速折旧法计提的折旧可予税前扣除，该企业在计税时采用双倍余额递减法计提折旧，净残值为零。2010 年 12 月 31 日，企业估计该项固定资产的可收回金额为 220 万元。

要求：计算并判断该项固定资产 2010 年的暂时性差异。

【分析】

该项固定资产直线法的年折旧额＝300÷10＝30(万元)

该项固定资产双倍余额递减法的年折旧率＝2÷10×100%＝20%

2010 年 12 月 31 日，该项固定资产的账面净值＝300－30×2＝240（万元）

2010 年 12 月 31 日，企业估计该项固定资产的可收回金额＝220 万元

2010 年 12 月 31 日，该项固定资产的减值准备＝240－220＝20（万元）

2010 年 12 月 31 日，该项固定资产的账面价值＝300－30×2－20＝220（万元）

该固定资产的计税基础＝300－300×20%（双倍余额递减法第一年的折旧）－240×20%（双倍余额递减法第二年的折旧）＝300－60－48＝192（万元）

该项固定资产账面价值 220 万元与其计税基础 192 万元之间产生的差额 28 万元，意味着企业将于未来期间增加应纳税所得额和应交所得税，属于应纳税暂时性差异，应确认相应的递延所得税负债。

【例 8-2】 A 企业于 2009 年年末以 300 万元购入一项生产用固定资产，按照该项固定资产的预计使用情况，A 企业在会计核算时估计其使用寿命为 5 年，计税时，按照适用税法规定，其折旧年限为 10 年，假定会计与税收均按直线法计提折旧，净残值为零。2010 年该项固定资产按照 12 个月计提折旧。

假定本例中固定资产未发生减值，确定该项固定资产在 2009 年 12 月 31 日的账面价值及计税基础。

要求：计算并判断该项固定资产 2010 年的暂时性差异。

【分析】

该项固定资产在 2010 年 12 月 31 日的账面价值＝300－300÷5＝240（万元）

该项固定资产在 2010 年 12 月 31 日的计税基础＝300－300÷10＝270（万元）

该固定资产的账面价值 240 万元与其计税基础 270 万元之间产生的差额 30 万元，因其在未来期间会减少企业的应纳税所得额和应交所得税，为可抵扣暂时性差异，应确认与其相关的递延所得税资产。

实战训练

一、单项选择题

1. 某居民纳税人，2008年财务资料如下：收入合计30万元，成本合计28万元，经税务机关核实，企业未能正确核算收入，税务机关对企业核定征收企业所得税，应税所得率为20%，2008年应纳企业所得税为(　　)万元。

A. 0.75　　B. 1.75

C. 2　　D. 3

2. 某书店2009年毁损一批库存图书，账面成本20148.8元(含运费148.8元)，该企业的损失得到税务机关的审核和确认，在所得税前可扣除的损失金额为(　　)。

A. 20148.8元　　B. 22768.04元

C. 22760元　　D. 23560元

3. 某企业2008年账面记载的收入总额为3000万元，其中300万元是因质量问题销售退回未做处理，另有200万元为企业提供的现金折扣，当年企业发生的业务招待费24万元。企业2008年税前可扣除的业务招待费是(　　)万元。

A. 0　　B. 13.5

C. 14　　D. 14.4

4. 某大型工业企业2008年3月1日，以经营租赁方式租入固定资产使用，租期1年，一次性支付租金12万元；6月1日以融资租赁方式租入机器设备一台，租期2年，当年支付租金15万元。计算当年企业应纳税所得额时应扣除的租赁费用为(　　)万元。

A. 10　　B. 12

C. 15　　D. 27

5. 下列关于企业所得税收入表述不正确的是(　　)。

A. 只允许取得会籍而收取的会员费，于取得时确认收入

B. 企业以买一赠一等方式组合销售本企业商品的，赠品不缴纳所得税

C. 属于提供初始及后续服务的特许权费，在提供服务时确认收入

D. 长期为客户提供重复的劳务收取的劳务费在相关劳务活动发生时确认收入

二、多项选择题

1. 下列有关收入确认表述正确的有(　　)。

A. 售后回购满足收入确认条件的，应作销售和购进核算

B. 销售商品采用支付手续费方式委托代销的，在收到代销清单时确认收入

C. 销售商品采用托收承付方式的，在发出商品时确认收入

D. 以销售商品方式进行融资，收到的款项应确认为负债，回购价格大于原售价的，差额应在回购期间确认为利息费用

2. 以下关于企业所得税的说法正确的是(　　)。

A. 其他应当作为长期待摊费用的支出，自支出发生月份的当月起，分期摊销，摊销年限不得低于3年

B. 企业可以向税务机关提出与其关联方之间业务往来的定价原则和计算方法，税务机关与企业协商、确认后，达成预约定价安排

C. 企业在核算经营性费用开支时，投资资产的成本，准予扣除

D. 企业为开发新技术、新产品、新工艺发生的研究开发费用，形成无形资产的，按照无形资产成本的150%摊销

3. 以下利息费用可以在计算企业所得税时，据实扣除的有(　　)。

A. 金融企业的各项存款利息支出

B. 非金融企业向非金融企业借款的利息支出

C. 金融企业同业拆借利息支出

D. 企业经批准发行债券的利息支出

4. 在计算应纳税所得额时不得扣除的项目是(　　)。

A. 被没收财物的损失　　B. 迟纳税款的滞纳金

C. 计提的固定资产减值准备　　D. 法院判处的罚金

5. 关于销售商品收入的计量，下列说法中正确的有(　　)。

A. 企业已经确认销售收入的售出商品发生销售折让和销售退回，应当在发生当期冲减当期销售商品收入

B. 企业促销提供的商业折扣，应冲减企业的收入

C. 销售商品以旧换新的，销售商品应当按照销售商品收入确认条件确认收入，回收的商品作为购进商品处理

D. 企业为鼓励债务人在规定期限付款提供的现金折扣，应冲减企业的收入

三、判断题

1. 企业的各项资产，包括固定资产、生物资产、无形资产、长期待摊费用、投资资产、存货等，以历史成本为计税基础；未经核定的准备金支出不得扣除。(　　)

2. 企业发生的符合条件的广告费和业务宣传费支出，除国务院财政、税务主管部门另有规定外，不超过当年销售(营业)收入20%的部分，准予扣除。(　　)

3. 对于可供出售金融资产，会计上期末按公允价值计量，公允价值变动计入所有者权益。(　　)

4. 对于筹建期间发生的费用，会计上是作管理费用核算，而税法上是要在开始生产经营后5年分期计入应纳税所得额。(　　)

5. 资产负债表日，企业应当对递延所得税资产的账面价值进行复核。(　　)

6. 企业的各项资产，包括固定资产、生物资产、无形资产、长期待摊费用、投资资产、存货等，以历史成本为计税基础。(　　)

四、计算题

1. 企业于2009年12月20日取得的某项生产用固定资产，原价为300万元，使用年限为10年，会计上采用双倍余额递减法计提折旧，净残值为零。假定税法规定该类固定资产采用直线法计提折旧，净残值为零。2010年12月31日，企业估计该项固定资产的可收回金额为220万元。试问计算并判断该项固定资产2010年的暂时性差异。

2. 甲企业2010年1月1日取得某项无形资产，成本为600万元，企业根据各方面情况判断，无法合理预计其为企业带来未来经济利益的期限，将其视为使用寿命不确定的无形资产。2010年12月31日，对该项无形资产进行减值测试表明未发生减值。甲企业在计税时，对该项无形资产按照10年的期间摊销，有关金额允许税前扣除。试问计算并判断该项无形资产2010年的暂时性差异。

附　　录

附录A　中华人民共和国企业所得税法

（中华人民共和国主席令第63号）

《中华人民共和国企业所得税法》已由中华人民共和国第十届全国人民代表大会第五次会议于2007年3月16日通过，现予公布，自2008年1月1日起实施。

中华人民共和国主席　胡锦涛

二〇〇七年三月十六日

目　　录

第一章　总　　则

第一条　在中华人民共和国境内，企业和其他取得收入的组织（以下统称企业）为企业所得税的纳税人，依照本法的规定缴纳企业所得税。

个人独资企业、合伙企业不适用本法。

第二条　企业分为居民企业和非居民企业。

本法所称居民企业，是指依法在中国境内成立，或者依照外国（地区）法律成立但实际管理机构在中国境内的企业。

本法所称非居民企业，是指依照外国（地区）法律成立且实际管理机构不在中国境内，但在中国境内设立机构、场所的，或者在中国境内未设立机构、场所，但有来源于中国境内所得的企业。

第三条 居民企业应当就其来源于中国境内、境外的所得缴纳企业所得税。

非居民企业在中国境内设立机构、场所的，应当就其所设机构、场所取得的来源于中国境内的所得，以及发生在中国境外但与其所设机构、场所有实际联系的所得，缴纳企业所得税。

非居民企业在中国境内未设立机构、场所的，或者虽设立机构、场所但取得的所得与其所设机构、场所没有实际联系的，应当就其来源于中国境内的所得缴纳企业所得税。

第四条 企业所得税的税率为25%。

非居民企业取得本法第三条第三款规定的所得，适用税率为20%。

第二章 应纳税所得额

第五条 企业每一纳税年度的收入总额，减除不征税收入、免税收入、各项扣除以及允许弥补的以前年度亏损后的余额，为应纳税所得额。

第六条 企业以货币形式和非货币形式从各种来源取得的收入，为收入总额。包括：

（一）销售货物收入；

（二）提供劳务收入；

（三）转让财产收入；

（四）股息、红利等权益性投资收益；

（五）利息收入；

（六）租金收入；

（七）特许权使用费收入；

（八）接受捐赠收入；

（九）其他收入。

第七条 收入总额中的下列收入为不征税收入：

（一）财政拨款；

（二）依法收取并纳入财政管理的行政事业性收费、政府性基金；

（三）国务院规定的其他不征税收入。

第八条 企业实际发生的与取得收入有关的、合理的支出，包括成本、费用、税金、损失和其他支出，准予在计算应纳税所得额时扣除。

第九条 企业发生的公益性捐赠支出，在年度利润总额12%以内的部分，准予在计算应纳税所得额时扣除。

第十条　在计算应纳税所得额时，下列支出不得扣除：

（一）向投资者支付的股息、红利等权益性投资收益款项；

（二）企业所得税税款；

（三）税收滞纳金；

（四）罚金、罚款和被没收财物的损失；

（五）本法第九条规定以外的捐赠支出；

（六）赞助支出；

（七）未经核定的准备金支出；

（八）与取得收入无关的其他支出。

第十一条　在计算应纳税所得额时，企业按照规定计算的固定资产折旧，准予扣除。

下列固定资产不得计算折旧扣除：

（一）房屋、建筑物以外未投入使用的固定资产；

（二）以经营租赁方式租入的固定资产；

（三）以融资租赁方式租出的固定资产；

（四）已足额提取折旧仍继续使用的固定资产；

（五）与经营活动无关的固定资产；

（六）单独估价作为固定资产入账的土地；

（七）其他不得计算折旧扣除的固定资产。

第十二条　在计算应纳税所得额时，企业按照规定计算的无形资产摊销费用，准予扣除。

下列无形资产不得计算摊销费用扣除：

（一）自行开发的支出已在计算应纳税所得额时扣除的无形资产；

（二）自创商誉；

（三）与经营活动无关的无形资产；

（四）其他不得计算摊销费用扣除的无形资产。

第十三条　在计算应纳税所得额时，企业发生的下列支出作为长期待摊费用，按照规定摊销的，准予扣除：

（一）已足额提取折旧的固定资产的改建支出；

（二）租入固定资产的改建支出；

（三）固定资产的大修理支出；

（四）其他应当作为长期待摊费用的支出。

第十四条　企业对外投资期间，投资资产的成本在计算应纳税所得额时不得扣除。

第十五条 企业使用或者销售存货,按照规定计算的存货成本,准予在计算应纳税所得额时扣除。

第十六条 企业转让资产,该项资产的净值,准予在计算应纳税所得额时扣除。

第十七条 企业在汇总计算缴纳企业所得税时,其境外营业机构的亏损不得抵减境内营业机构的盈利。

第十八条 企业纳税年度发生的亏损,准予向以后年度结转,用以后年度的所得弥补,但结转年限最长不得超过五年。

第十九条 非居民企业取得本法第三条第三款规定的所得,按照下列方法计算其应纳税所得额:

(一) 股息、红利等权益性投资收益和利息、租金、特许权使用费所得,以收入全额为应纳税所得额;

(二) 转让财产所得,以收入全额减除财产净值后的余额为应纳税所得额;

(三) 其他所得,参照前两项规定的方法计算应纳税所得额。

第二十条 本章规定的收入、扣除的具体范围、标准和资产的税务处理的具体办法,由国务院财政、税务主管部门规定。

第二十一条 在计算应纳税所得额时,企业财务、会计处理办法与税收法律、行政法规的规定不一致的,应当依照税收法律、行政法规的规定计算。

第三章 应纳税额

第二十二条 企业的应纳税所得额乘以适用税率,减除依照本法关于税收优惠的规定减免和抵免的税额后的余额,为应纳税额。

第二十三条 企业取得的下列所得已在境外缴纳的所得税税额,可以从其当期应纳税额中抵免,抵免限额为该项所得依照本法规定计算的应纳税额;超过抵免限额的部分,可以在以后五个年度内,用每年度抵免限额抵免当年应抵税额后的余额进行抵补:

(一) 居民企业来源于中国境外的应税所得;

(二) 非居民企业在中国境内设立机构、场所,取得发生在中国境外但与该机构、场所有实际联系的应税所得。

第二十四条 居民企业从其直接或者间接控制的外国企业分得的来源于中国境外的股息、红利等权益性投资收益,外国企业在境外实际缴纳的所得税税额中属于该项所得负担的部分,可以作为该居民企业的可抵免境外所得税税额，在本法第二十三条规定的抵免限额内抵免。

第四章　税收优惠

第二十五条　国家对重点扶持和鼓励发展的产业和项目，给予企业所得税优惠。

第二十六条　企业的下列收入为免税收入：

（一）国债利息收入；

（二）符合条件的居民企业之间的股息、红利等权益性投资收益；

（三）在中国境内设立机构、场所的非居民企业从居民企业取得与该机构、场所有实际联系的股息、红利等权益性投资收益；

（四）符合条件的非营利组织的收入。

第二十七条　企业的下列所得，可以免征、减征企业所得税：

（一）从事农、林、牧、渔业项目的所得；

（二）从事国家重点扶持的公共基础设施项目投资经营的所得；

（三）从事符合条件的环境保护、节能节水项目的所得；

（四）符合条件的技术转让所得；

（五）本法第三条第三款规定的所得。

第二十八条　符合条件的小型微利企业，减按20%的税率征收企业所得税。

国家需要重点扶持的高新技术企业，减按15%的税率征收企业所得税。

第二十九条　民族自治地方的自治机关对本民族自治地方的企业应缴纳的企业所得税中属于地方分享的部分，可以决定减征或者免征。自治州、自治县决定减征或者免征的，须报省、自治区、直辖市人民政府批准。

第三十条　企业的下列支出，可以在计算应纳税所得额时加计扣除：

（一）开发新技术、新产品、新工艺发生的研究开发费用；

（二）安置残疾人员及国家鼓励安置的其他就业人员所支付的工资。

第三十一条　创业投资企业从事国家需要重点扶持和鼓励的创业投资，可以按投资额的一定比例抵扣应纳税所得额。

第三十二条　企业的固定资产由于技术进步等原因，确需加速折旧的，可以缩短折旧年限或者采取加速折旧的方法。

第三十三条　企业综合利用资源，生产符合国家产业政策规定的产品所取得的收入，可以在计算应纳税所得额时减计收入。

第三十四条 企业购置用于环境保护、节能节水、安全生产等专用设备的投资额，可以按一定比例实行税额抵免。

第三十五条 本法规定的税收优惠的具体办法，由国务院规定。

第三十六条 根据国民经济和社会发展的需要，或者由于突发事件等原因对企业经营活动产生重大影响的，国务院可以制定企业所得税专项优惠政策，报全国人民代表大会常务委员会备案。

第五章 源泉扣缴

第三十七条 对非居民企业取得本法第三条第三款规定的所得应缴纳的所得税，实行源泉扣缴，以支付人为扣缴义务人。税款由扣缴义务人在每次支付或者到期应支付时，从支付或者到期应支付的款项中扣缴。

第三十八条 对非居民企业在中国境内取得工程作业和劳务所得应缴纳的所得税，税务机关可以指定工程价款或者劳务费的支付人为扣缴义务人。

第三十九条 依照本法第三十七条、第三十八条规定应当扣缴的所得税，扣缴义务人未依法扣缴或者无法履行扣缴义务的，由纳税人在所得发生地缴纳。纳税人未依法缴纳的，税务机关可以从该纳税人在中国境内其他收入项目的支付人应付的款项中，追缴该纳税人的应纳税款。

第四十条 扣缴义务人每次代扣的税款，应当自代扣之日起七日内缴入国库，并向所在地的税务机关报送扣缴企业所得税报告表。

第六章 特别纳税调整

第四十一条 企业与其关联方之间的业务往来，不符合独立交易原则而减少企业或者其关联方应纳税收入或者所得额的，税务机关有权按照合理方法调整。

企业与其关联方共同开发、受让无形资产，或者共同提供、接受劳务发生的成本，在计算应纳税所得额时应当按照独立交易原则进行分摊。

第四十二条 企业可以向税务机关提出与其关联方之间业务往来的定价原则和计算方法，税务机关与企业协商、确认后，达成预约定价安排。

第四十三条 企业向税务机关报送年度企业所得税纳税申报表时，应当就其与关联方之间的业务往来，附送年度关联业务往来报告表。

税务机关在进行关联业务调查时，企业及其关联方，以及与关联业务调查有关的其他企业，应当按照规定提供相关资料。

第四十四条　企业不提供与其关联方之间业务往来资料，或者提供虚假、不完整资料，未能真实反映其关联业务往来情况的，税务机关有权依法核定其应纳税所得额。

第四十五条　由居民企业，或者由居民企业和中国居民控制的设立在实际税负明显低于本法第四条第一款规定税率水平的国家(地区)的企业，并非由于合理的经营需要而对利润不作分配或者减少分配的，上述利润中应归属于该居民企业的部分，应当计入该居民企业的当期收入。

第四十六条　企业从其关联方接受的债权性投资与权益性投资的比例超过规定标准而发生的利息支出，不得在计算应纳税所得额时扣除。

第四十七条　企业实施其他不具有合理商业目的的安排而减少其应纳税收入或者所得额的，税务机关有权按照合理方法调整。

第四十八条　税务机关依照本章规定作出纳税调整，需要补征税款的，应当补征税款，并按照国务院规定加收利息。

第七章　征收管理

第四十九条　企业所得税的征收管理除本法规定外，依照《中华人民共和国税收征收管理法》的规定执行。

第五十条　除税收法律、行政法规另有规定外，居民企业以企业登记注册地为纳税地点；但登记注册地在境外的，以实际管理机构所在地为纳税地点。

居民企业在中国境内设立不具有法人资格的营业机构的，应当汇总计算并缴纳企业所得税。

第五十一条　非居民企业取得本法第三条第二款规定的所得，以机构、场所所在地为纳税地点。非居民企业在中国境内设立两个或者两个以上机构、场所的，经税务机关审核批准，可以选择由其主要机构、场所汇总缴纳企业所得税。

非居民企业取得本法第三条第三款规定的所得，以扣缴义务人所在地为纳税地点。

第五十二条　除国务院另有规定外，企业之间不得合并缴纳企业所得税。

第五十三条　企业所得税按纳税年度计算。纳税年度自公历 1 月 1 日起至 12 月 31 日止。

企业在一个纳税年度中间开业，或者终止经营活动，使该纳税年度的实际经营期不足十二个月的，应当以其实际经营期为一个纳税年度。

企业依法清算时，应当以清算期间作为一个纳税年度。

第五十四条 企业所得税分月或者分季预缴。

企业应当自月份或者季度终了之日起十五日内，向税务机关报送预缴企业所得税纳税申报表，预缴税款。

企业应当自年度终了之日起五个月内，向税务机关报送年度企业所得税纳税申报表，并汇算清缴，结清应缴应退税款。

企业在报送企业所得税纳税申报表时，应当按照规定附送财务会计报告和其他有关资料。

第五十五条 企业在年度中间终止经营活动的，应当自实际经营终止之日起六十日内，向税务机关办理当期企业所得税汇算清缴。

企业应当在办理注销登记前，就其清算所得向税务机关申报并依法缴纳企业所得税。

第五十六条 依照本法缴纳的企业所得税，以人民币计算。所得以人民币以外的货币计算的，应当折合成人民币计算并缴纳税款。

第八章 附　　则

第五十七条 本法公布前已经批准设立的企业，依照当时的税收法律、行政法规规定，享受低税率优惠的，按照国务院规定，可以在本法施行后五年内，逐步过渡到本法规定的税率；享受定期减免税优惠的，按照国务院规定，可以在本法施行后继续享受到期满为止，但因未获利而尚未享受优惠的，优惠期限从本法施行年度起计算。

法律设置的发展对外经济合作和技术交流的特定地区内，以及国务院已规定执行上述地区特殊政策的地区内新设立的国家需要重点扶持的高新技术企业，可以享受过渡性税收优惠，具体办法由国务院规定。

国家已确定的其他鼓励类企业，可以按照国务院规定享受减免税优惠。

第五十八条 中华人民共和国政府同外国政府订立的有关税收的协定与本法有不同规定的，依照协定的规定办理。

第五十九条 国务院根据本法制定实施条例。

第六十条 本法自 2008 年 1 月 1 日起施行。1991 年 4 月 9 日第七届全国人民代表大会第四次会议通过的《中华人民共和国外商投资企业和外国企业所得税法》和 1993 年 12 月 13 日国务院发布的《中华人民共和国企业所得税暂行条例》同时废止。

附录B　中华人民共和国企业所得税法实施条例

（中华人民共和国国务院令第512号）

《中华人民共和国企业所得税法实施条例》已经2007年11月28日国务院第197次常务会议通过，现予公布，自2008年1月1日起施行。

总　理　温家宝

二〇〇七年十二月六日

第一章　总　　则

第一条　根据《中华人民共和国企业所得税法》（以下简称企业所得税法）的规定，制定本条例。

第二条　企业所得税法第一条所称个人独资企业、合伙企业，是指依照中国法律、行政法规成立的个人独资企业、合伙企业。

第三条　企业所得税法第二条所称依法在中国境内成立的企业，包括依照中国法律、行政法规在中国境内成立的企业、事业单位、社会团体以及其他取得收入的组织。

企业所得税法第二条所称依照外国（地区）法律成立的企业，包括依照外国（地区）法律成立的企业和其他取得收入的组织。

第四条　企业所得税法第二条所称实际管理机构，是指对企业的生产经营、人员、账务、财产等实施实质性全面管理和控制的机构。

第五条　企业所得税法第二条第三款所称机构、场所，是指在中国境内从事生产经营活动的机构、场所，包括：

（一）管理机构、营业机构、办事机构；

（二）工厂、农场、开采自然资源的场所；

（三）提供劳务的场所；

（四）从事建筑、安装、装配、修理、勘探等工程作业的场所；

（五）其他从事生产经营活动的机构、场所。

非居民企业委托营业代理人在中国境内从事生产经营活动的，包括委托单位或者个人经常代其签订合同，或者储存、交付货物等，该营业代理人视为非居民企业在中国境内设立的机构、场所。

第六条　企业所得税法第三条所称所得，包括销售货物所得、提供劳务所得、转让财产所得、股息红利等权益性投资所得、利息所得、租金所得、特许权使用费所得、接受捐赠所得和其他所得。

第七条 企业所得税法第三条所称来源于中国境内、境外的所得，按照以下原则确定：

（一）销售货物所得，按照交易活动发生地确定；

（二）提供劳务所得，按照劳务发生地确定；

（三）转让财产所得，不动产转让所得按照不动产所在地确定，动产转让所得按照转让动产的企业或者机构、场所所在地确定，权益性投资资产转让所得按照被投资企业所在地确定；

（四）股息、红利等权益性投资所得，按照分配所得的企业所在地确定；

（五）利息所得、租金所得、特许权使用费所得，按照负担、支付所得的企业或者机构、场所所在地确定，或者按照负担、支付所得的个人的住所地确定；

（六）其他所得，由国务院财政、税务主管部门确定。

第八条 企业所得税法第三条所称实际联系，是指非居民企业在中国境内设立的机构、场所拥有据以取得所得的股权、债权，以及拥有、管理、控制据以取得所得的财产等。

第二章 应纳税所得额

第一节 一般规定

第九条 企业应纳税所得额的计算，以权责发生制为原则，属于当期的收入和费用，不论款项是否收付，均作为当期的收入和费用；不属于当期的收入和费用，即使款项已经在当期收付，均不作为当期的收入和费用。本条例和国务院财政、税务主管部门另有规定的除外。

第十条 企业所得税法第五条所称亏损，是指企业依照企业所得税法和本条例的规定将每一纳税年度的收入总额减除不征税收入、免税收入和各项扣除后小于零的数额。

第十一条 企业所得税法第五十五条所称清算所得，是指企业的全部资产可变现价值或者交易价格减除资产净值、清算费用以及相关税费等后的余额。

投资方企业从被清算企业分得的剩余资产，其中相当于从被清算企业累计未分配利润和累计盈余公积中应当分得的部分，应当确认为股息所得；剩余资产减除上述股息所得后的余额，超过或者低于投资成本的部分，应当确认为投资资产转让所得或者损失。

第二节　收　入

第十二条　企业所得税法第六条所称企业取得收入的货币形式，包括现金、存款、应收账款、应收票据、准备持有至到期的债券投资以及债务的豁免等。

企业所得税法第六条所称企业取得收入的非货币形式，包括固定资产、生物资产、无形资产、股权投资、存货、不准备持有至到期的债券投资、劳务以及有关权益等。

第十三条　企业所得税法第六条所称企业以非货币形式取得的收入，应当按照公允价值确定收入额。

前款所称公允价值，是指按照市场价格确定的价值。

第十四条　企业所得税法第六条第（一）项所称销售货物收入，是指企业销售商品、产品、原材料、包装物、低值易耗品以及其他存货取得的收入。

第十五条　企业所得税法第六条第（二）项所称提供劳务收入，是指企业从事建筑安装、修理修配、交通运输、仓储租赁、金融保险、邮电通信、咨询经纪、文化体育、科学研究、技术服务、教育培训、餐饮住宿、中介代理、卫生保健、社区服务、旅游、娱乐、加工以及其他劳务服务活动取得的收入。

第十六条　企业所得税法第六条第（三）项所称转让财产收入，是指企业转让固定资产、生物资产、无形资产、股权、债权等财产取得的收入。

第十七条　企业所得税法第六条第（四）项所称股息、红利等权益性投资收益，是指企业因权益性投资从被投资方取得的收入。

股息、红利等权益性投资收益，除国务院财政、税务主管部门另有规定外，按照被投资方作出利润分配决定的日期确认收入的实现。

第十八条　企业所得税法第六条第（五）项所称利息收入，是指企业将资金提供他人使用但不构成权益性投资，或者因他人占用本企业资金取得的收入，包括存款利息、贷款利息、债券利息、欠款利息等收入。

利息收入，按照合同约定的债务人应付利息的日期确认收入的实现。

第十九条　企业所得税法第六条第（六）项所称租金收入，是指企业提供固定资产、包装物或者其他有形资产的使用权取得的收入。

租金收入，按照合同约定的承租人应付租金的日期确认收入的实现。

第二十条　企业所得税法第六条第（七）项所称特许权使用费收入，是指企业提供专利权、非专利技术、商标权、著作权以及其他特许权的使用权取得的收入。

特许权使用费收入，按照合同约定的特许权使用人应付特许权使用费的日期确认收入的实现。

第二十一条 企业所得税法第六条第(八)项所称接受捐赠收入，是指企业接受的来自其他企业、组织或者个人无偿给予的货币性资产、非货币性资产。

接受捐赠收入，按照实际收到捐赠资产的日期确认收入的实现。

第二十二条 企业所得税法第六条第(九)项所称其他收入，是指企业取得的除企业所得税法第六条第(一)项至第(八)项规定的收入外的其他收入，包括企业资产溢余收入、逾期未退包装物押金收入、确实无法偿付的应付款项、已作坏账损失处理后又收回的应收款项、债务重组收入、补贴收入、违约金收入、汇兑收益等。

第二十三条 企业的下列生产经营业务可以分期确认收入的实现：

(一) 以分期收款方式销售货物的，按照合同约定的收款日期确认收入的实现；

(二) 企业受托加工制造大型机械设备、船舶、飞机，以及从事建筑、安装、装配工程业务或者提供其他劳务等，持续时间超过 12 个月的，按照纳税年度内完工进度或者完成的工作量确认收入的实现。

第二十四条 采取产品分成方式取得收入的，按照企业分得产品的日期确认收入的实现，其收入额按照产品的公允价值确定。

第二十五条 企业发生非货币性资产交换，以及将货物、财产、劳务用于捐赠、偿债、赞助、集资、广告、样品、职工福利或者利润分配等用途的，应当视同销售货物、转让财产或者提供劳务，但国务院财政、税务主管部门另有规定的除外。

第二十六条 企业所得税法第七条第(一)项所称财政拨款，是指各级人民政府对纳入预算管理的事业单位、社会团体等组织拨付的财政资金，但国务院和国务院财政、税务主管部门另有规定的除外。

企业所得税法第七条第(二)项所称行政事业性收费，是指依照法律法规等有关规定，按照国务院规定程序批准，在实施社会公共管理，以及在向公民、法人或者其他组织提供特定公共服务过程中，向特定对象收取并纳入财政管理的费用。

企业所得税法第七条第(二)项所称政府性基金，是指企业依照法律、行政法规等有关规定，代政府收取的具有专项用途的财政资金。

企业所得税法第七条第(三)项所称国务院规定的其他不征税收入，是指企业取得的，由国务院财政、税务主管部门规定专项用途并经国务院批准的财政性资金。

第三节　扣　　除

第二十七条　企业所得税法第八条所称有关的支出，是指与取得收入直接相关的支出。

企业所得税法第八条所称合理的支出，是指符合生产经营活动常规，应当计入当期损益或者有关资产成本的必要和正常的支出。

第二十八条　企业发生的支出应当区分收益性支出和资本性支出。收益性支出在发生当期直接扣除;资本性支出应当分期扣除或者计入有关资产成本，不得在发生当期直接扣除。

企业的不征税收入用于支出所形成的费用或者财产，不得扣除或者计算对应的折旧、摊销扣除。

除企业所得税法和本条例另有规定外，企业实际发生的成本、费用、税金、损失和其他支出，不得重复扣除。

第二十九条　企业所得税法第八条所称成本，是指企业在生产经营活动中发生的销售成本、销货成本、业务支出以及其他耗费。

第三十条　企业所得税法第八条所称费用，是指企业在生产经营活动中发生的销售费用、管理费用和财务费用，已经计入成本的有关费用除外。

第三十一条　企业所得税法第八条所称税金，是指企业发生的除企业所得税和允许抵扣的增值税以外的各项税金及其附加。

第三十二条　企业所得税法第八条所称损失，是指企业在生产经营活动中发生的固定资产和存货的盘亏、毁损、报废损失，转让财产损失，呆账损失，坏账损失，自然灾害等不可抗力因素造成的损失以及其他损失。

企业发生的损失，减除责任人赔偿和保险赔款后的余额，依照国务院财政、税务主管部门的规定扣除。

企业已经作为损失处理的资产，在以后纳税年度又全部收回或者部分收回时，应当计入当期收入。

第三十三条　企业所得税法第八条所称其他支出，是指除成本、费用、税金、损失外，企业在生产经营活动中发生的与生产经营活动有关的、合理的支出。

第三十四条　企业发生的合理的工资薪金支出，准予扣除。

前款所称工资薪金，是指企业每一纳税年度支付给在本企业任职或者受雇的员工的所有现金形式或者非现金形式的劳动报酬，包括基本工资、奖金、津贴、补贴、年终加薪、加班工资，以及与员工任职或者受雇有关的其他支出。

第三十五条 企业依照国务院有关主管部门或者省级人民政府规定的范围和标准为职工缴纳的基本养老保险费、基本医疗保险费、失业保险费、工伤保险费、生育保险费等基本社会保险费和住房公积金，准予扣除。

企业为投资者或者职工支付的补充养老保险费、补充医疗保险费，在国务院财政、税务主管部门规定的范围和标准内，准予扣除。

第三十六条 除企业依照国家有关规定为特殊工种职工支付的人身安全保险费和国务院财政、税务主管部门规定可以扣除的其他商业保险费外，企业为投资者或者职工支付的商业保险费，不得扣除。

第三十七条 企业在生产经营活动中发生的合理的不需要资本化的借款费用，准予扣除。

企业为购置、建造固定资产、无形资产和经过 12 个月以上的建造才能达到预定可销售状态的存货发生借款的，在有关资产购置、建造期间发生的合理的借款费用，应当作为资本性支出计入有关资产的成本，并依照本条例的规定扣除。

第三十八条 企业在生产经营活动中发生的下列利息支出，准予扣除：

（一）非金融企业向金融企业借款的利息支出、金融企业的各项存款利息支出和同业拆借利息支出、企业经批准发行债券的利息支出；

（二）非金融企业向非金融企业借款的利息支出，不超过按照金融企业同期同类贷款利率计算的数额的部分。

第三十九条 企业在货币交易中，以及纳税年度终了时将人民币以外的货币性资产、负债按照期末即期人民币汇率中间价折算为人民币时产生的汇兑损失，除已经计入有关资产成本以及与向所有者进行利润分配相关的部分外，准予扣除。

第四十条 企业发生的职工福利费支出，不超过工资薪金总额 14% 的部分，准予扣除。

第四十一条 企业拨缴的工会经费，不超过工资薪金总额 2% 的部分，准予扣除。

第四十二条 除国务院财政、税务主管部门另有规定外，企业发生的职工教育经费支出，不超过工资薪金总额2.5%的部分，准予扣除；超过部分，准予在以后纳税年度结转扣除。

第四十三条　企业发生的与生产经营活动有关的业务招待费支出，按照发生额的60%扣除，但最高不得超过当年销售（营业）收入的5‰。

第四十四条　企业发生的符合条件的广告费和业务宣传费支出，除国务院财政、税务主管部门另有规定外，不超过当年销售（营业）收入15%的部分，准予扣除；超过部分，准予在以后纳税年度结转扣除。

第四十五条　企业依照法律、行政法规有关规定提取的用于环境保护、生态恢复等方面的专项资金，准予扣除。上述专项资金提取后改变用途的，不得扣除。

第四十六条　企业参加财产保险，按照规定缴纳的保险费，准予扣除。

第四十七条　企业根据生产经营活动的需要租入固定资产支付的租赁费，按照以下方法扣除：

（一）以经营租赁方式租入固定资产发生的租赁费支出，按照租赁期限均匀扣除；

（二）以融资租赁方式租入固定资产发生的租赁费支出，按照规定构成融资租入固定资产价值的部分应当提取折旧费用，分期扣除。

第四十八条　企业发生的合理的劳动保护支出，准予扣除。

第四十九条　企业之间支付的管理费、企业内营业机构之间支付的租金和特许权使用费，以及非银行企业内营业机构之间支付的利息，不得扣除。

第五十条　非居民企业在中国境内设立的机构、场所，就其中国境外总机构发生的与该机构、场所生产经营有关的费用，能够提供总机构出具的费用汇集范围、定额、分配依据和方法等证明文件，并合理分摊的，准予扣除。

第五十一条　企业所得税法第九条所称公益性捐赠，是指企业通过公益性社会团体或者县级以上人民政府及其部门，用于《中华人民共和国公益事业捐赠法》规定的公益事业的捐赠。

第五十二条　本条例第五十一条所称公益性社会团体，是指同时符合下列条件的基金会、慈善组织等社会团体：

（一）依法登记，具有法人资格；

（二）以发展公益事业为宗旨，且不以营利为目的；

（三）全部资产及其增值为该法人所有；

（四）收益和营运结余主要用于符合该法人设立目的的事业；

（五）终止后的剩余财产不归属任何个人或者营利组织；

（六）不经营与其设立目的无关的业务；

（七）有健全的财务会计制度；

（八）捐赠者不以任何形式参与社会团体财产的分配；

（九）国务院财政、税务主管部门会同国务院民政部门等登记管理部门规定的其他条件。

第五十三条 企业发生的公益性捐赠支出，不超过年度利润总额12％的部分，准予扣除。

年度利润总额，是指企业依照国家统一会计制度的规定计算的年度会计利润。

第五十四条 企业所得税法第十条第（六）项所称赞助支出，是指企业发生的与生产经营活动无关的各种非广告性质支出。

第五十五条 企业所得税法第十条第（七）项所称未经核定的准备金支出，是指不符合国务院财政、税务主管部门规定的各项资产减值准备、风险准备等准备金支出。

第四节 资产的税务处理

第五十六条 企业的各项资产，包括固定资产、生物资产、无形资产、长期待摊费用、投资资产、存货等，以历史成本为计税基础。

前款所称历史成本，是指企业取得该项资产时实际发生的支出。

企业持有各项资产期间资产增值或者减值，除国务院财政、税务主管部门规定可以确认损益外，不得调整该资产的计税基础。

第五十七条 企业所得税法第十一条所称固定资产，是指企业为生产产品、提供劳务、出租或者经营管理而持有的、使用时间超过12个月的非货币性资产，包括房屋、建筑物、机器、机械、运输工具以及其他与生产经营活动有关的设备、器具、工具等。

第五十八条 固定资产按照以下方法确定计税基础：

（一）外购的固定资产，以购买价款和支付的相关税费以及直接归属于使该资产达到预定用途发生的其他支出为计税基础；

（二）自行建造的固定资产，以竣工结算前发生的支出为计税基础；

（三）融资租入的固定资产，以租赁合同约定的付款总额和承租人在签订租赁合同过程中发生的相关费用为计税基础，租赁合同未约定付款总额的，以该资产的公允价值和承租人在签订租赁合同过程中发生的相关费用为计税基础；

（四）盘盈的固定资产，以同类固定资产的重置完全价值为计税基础；

（五）通过捐赠、投资、非货币性资产交换、债务重组等方式取得的固定资产，以该资产的公允价值和支付的相关税费为计税基础；

（六）改建的固定资产，除企业所得税法第十三条第（一）项和第（二）项规定的支出外，以改建过程中发生的改建支出增加计税基础。

第五十九条 固定资产按照直线法计算的折旧，准予扣除。

企业应当自固定资产投入使用月份的次月起计算折旧；停止使用的固定资产，应当自停止使用月份的次月起停止计算折旧。

企业应当根据固定资产的性质和使用情况，合理确定固定资产的预计净残值。固定资产的预计净残值一经确定，不得变更。

第六十条 除国务院财政、税务主管部门另有规定外，固定资产计算折旧的最低年限如下：

（一）房屋、建筑物，为 20 年；

（二）飞机、火车、轮船、机器、机械和其他生产设备，为 10 年；

（三）与生产经营活动有关的器具、工具、家具等，为 5 年；

（四）飞机、火车、轮船以外的运输工具，为 4 年；

（五）电子设备，为 3 年。

第六十一条 从事开采石油、天然气等矿产资源的企业，在开始商业性生产前发生的费用和有关固定资产的折耗、折旧方法，由国务院财政、税务主管部门另行规定。

第六十二条 生产性生物资产按照以下方法确定计税基础：

（一）外购的生产性生物资产，以购买价款和支付的相关税费为计税基础；

（二）通过捐赠、投资、非货币性资产交换、债务重组等方式取得的生产性生物资产，以该资产的公允价值和支付的相关税费为计税基础。

前款所称生产性生物资产，是指企业为生产农产品、提供劳务或者出租等而持有的生物资产，包括经济林、薪炭林、产畜和役畜等。

第六十三条 生产性生物资产按照直线法计算的折旧，准予扣除。

企业应当自生产性生物资产投入使用月份的次月起计算折旧；停止使用的生产性生物资产，应当自停止使用月份的次月起停止计算折旧。

企业应当根据生产性生物资产的性质和使用情况，合理确定生产性生物资产的预计净残值。生产性生物资产的预计净残值一经确定，不得变更。

第六十四条 生产性生物资产计算折旧的最低年限如下：

（一）林木类生产性生物资产，为10年；

（二）畜类生产性生物资产，为3年。

第六十五条 企业所得税法第十二条所称无形资产，是指企业为生产产品、提供劳务、出租或者经营管理而持有的、没有实物形态的非货币性长期资产，包括专利权、商标权、著作权、土地使用权、非专利技术、商誉等。

第六十六条 无形资产按照以下方法确定计税基础：

（一）外购的无形资产，以购买价款和支付的相关税费以及直接归属于使该资产达到预定用途发生的其他支出为计税基础；

（二）自行开发的无形资产，以开发过程中该资产符合资本化条件后至达到预定用途前发生的支出为计税基础；

（三）通过捐赠、投资、非货币性资产交换、债务重组等方式取得的无形资产，以该资产的公允价值和支付的相关税费为计税基础。

第六十七条 无形资产按照直线法计算的摊销费用，准予扣除。

无形资产的摊销年限不得低于10年。

作为投资或者受让的无形资产，有关法律规定或者合同约定了使用年限的，可以按照规定或者约定的使用年限分期摊销。

外购商誉的支出，在企业整体转让或者清算时，准予扣除。

第六十八条 企业所得税法第十三条第(一)项和第(二)项所称固定资产的改建支出，是指改变房屋或者建筑物结构、延长使用年限等发生的支出。

企业所得税法第十三条第(一)项规定的支出，按照固定资产预计尚可使用年限分期摊销；第(二)项规定的支出，按照合同约定的剩余租赁期限分期摊销。

改建的固定资产延长使用年限的，除企业所得税法第十三条第(一)项和第(二)项规定外，应当适当延长折旧年限。

第六十九条 企业所得税法第十三条第(三)项所称固定资产的大修理支出，是指同时符合下列条件的支出：

（一）修理支出达到取得固定资产时的计税基础50%以上；

（二）修理后固定资产的使用年限延长2年以上。

企业所得税法第十三条第（三）项规定的支出，按照固定资产尚可使用年限分期摊销。

第七十条　企业所得税法第十三条第（四）项所称其他应当作为长期待摊费用的支出，自支出发生月份的次月起，分期摊销，摊销年限不得低于3年。

第七十一条　企业所得税法第十四条所称投资资产，是指企业对外进行权益性投资和债权性投资形成的资产。

企业在转让或者处置投资资产时，投资资产的成本，准予扣除。

投资资产按照以下方法确定成本：

（一）通过支付现金方式取得的投资资产，以购买价款为成本；

（二）通过支付现金以外的方式取得的投资资产，以该资产的公允价值和支付的相关税费为成本。

第七十二条　企业所得税法第十五条所称存货，是指企业持有以备出售的产品或者商品、处在生产过程中的在产品、在生产或者提供劳务过程中耗用的材料和物料等。

存货按照以下方法确定成本：

（一）通过支付现金方式取得的存货，以购买价款和支付的相关税费为成本；

（二）通过支付现金以外的方式取得的存货，以该存货的公允价值和支付的相关税费为成本；

（三）生产性生物资产收获的农产品，以产出或者采收过程中发生的材料费、人工费和分摊的间接费用等必要支出为成本。

第七十三条　企业使用或者销售的存货的成本计算方法，可以在先进先出法、加权平均法、个别计价法中选用一种。计价方法一经选用，不得随意变更。

第七十四条　企业所得税法第十六条所称资产的净值和第十九条所称财产净值，是指有关资产、财产的计税基础减除已经按照规定扣除的折旧、折耗、摊销、准备金等后的余额。

第七十五条　除国务院财政、税务主管部门另有规定外，企业在重组过程中，应当在交易发生时确认有关资产的转让所得或者损失，相关资产应当按照交易价格重新确定计税基础。

第三章 应纳税额

第七十六条 企业所得税法第二十二条规定的应纳税额的计算公式为：

应纳税额＝应纳税所得额×适用税率－减免税额－抵免税额

公式中的减免税额和抵免税额，是指依照企业所得税法和国务院的税收优惠规定减征、免征和抵免的应纳税额。

第七十七条 企业所得税法第二十三条所称已在境外缴纳的所得税税额，是指企业来源于中国境外的所得依照中国境外税收法律以及相关规定应当缴纳并已经实际缴纳的企业所得税性质的税款。

第七十八条 企业所得税法第二十三条所称抵免限额，是指企业来源于中国境外的所得，依照企业所得税法和本条例的规定计算的应纳税额。除国务院财政、税务主管部门另有规定外，该抵免限额应当分国（地区）不分项计算，计算公式如下：

抵免限额＝中国境内、境外所得依照企业所得税法和本条例的规定计算的应纳税总额×来源于某国（地区）的应纳税所得额÷中国境内、境外应纳税所得总额

第七十九条 企业所得税法第二十三条所称5个年度，是指从企业取得的来源于中国境外的所得，已经在中国境外缴纳的企业所得税性质的税额超过抵免限额的当年的次年起连续5个纳税年度。

第八十条 企业所得税法第二十四条所称直接控制，是指居民企业直接持有外国企业20%以上股份。

企业所得税法第二十四条所称间接控制，是指居民企业以间接持股方式持有外国企业20%以上股份，具体认定办法由国务院财政、税务主管部门另行制定。

第八十一条 企业依照企业所得税法第二十三条、第二十四条的规定抵免企业所得税税额时，应当提供中国境外税务机关出具的税款所属年度的有关纳税凭证。

第四章 税收优惠

第八十二条 企业所得税法第二十六条第（一）项所称国债利息收入，是指企业持有国务院财政部门发行的国债取得的利息收入。

第八十三条 企业所得税法第二十六条第（二）项所称符合条件的居民企业之间的股息、红利等权益性投资收益，是指居民企业直接投资于其

他居民企业取得的投资收益。企业所得税法第二十六条第(二)项和第(三)项所称股息、红利等权益性投资收益,不包括连续持有居民企业公开发行并上市流通的股票不足12个月取得的投资收益。

第八十四条　企业所得税法第二十六条第(四)项所称符合条件的非营利组织,是指同时符合下列条件的组织:

(一) 依法履行非营利组织登记手续;

(二) 从事公益性或者非营利性活动;

(三) 取得的收入除用于与该组织有关的、合理的支出外,全部用于登记核定或者章程规定的公益性或者非营利性事业;

(四) 财产及其孳息不用于分配;

(五) 按照登记核定或者章程规定,该组织注销后的剩余财产用于公益性或者非营利性目的,或者由登记管理机关转赠给与该组织性质、宗旨相同的组织,并向社会公告;

(六) 投入人对投入该组织的财产不保留或者享有任何财产权利;

(七) 工作人员工资福利开支控制在规定的比例内,不变相分配该组织的财产。

前款规定的非营利组织的认定管理办法由国务院财政、税务主管部门会同国务院有关部门制定。

第八十五条　企业所得税法第二十六条第(四)项所称符合条件的非营利组织的收入,不包括非营利组织从事营利性活动取得的收入,但国务院财政、税务主管部门另有规定的除外。

第八十六条　企业所得税法第二十七条第(一)项规定的企业从事农、林、牧、渔业项目的所得,可以免征、减征企业所得税,是指:

(一) 企业从事下列项目的所得,免征企业所得税:

1. 蔬菜、谷物、薯类、油料、豆类、棉花、麻类、糖料、水果、坚果的种植;

2. 农作物新品种的选育;

3. 中药材的种植;

4. 林木的培育和种植;

5. 牲畜、家禽的饲养;

6. 林产品的采集;

7. 灌溉、农产品初加工、兽医、农技推广、农机作业和维修等农、林、牧、渔服务业项目;

8. 远洋捕捞。

(二) 企业从事下列项目的所得,减半征收企业所得税:

1. 花卉、茶以及其他饮料作物和香料作物的种植；

2. 海水养殖、内陆养殖。

企业从事国家限制和禁止发展的项目，不得享受本条规定的企业所得税优惠。

第八十七条 企业所得税法第二十七条第(二)项所称国家重点扶持的公共基础设施项目，是指《公共基础设施项目企业所得税优惠目录》规定的港口码头、机场、铁路、公路、城市公共交通、电力、水利等项目。

企业从事前款规定的国家重点扶持的公共基础设施项目的投资经营的所得，自项目取得第一笔生产经营收入所属纳税年度起，第一年至第三年免征企业所得税，第四年至第六年减半征收企业所得税。

企业承包经营、承包建设和内部自建自用本条规定的项目，不得享受本条规定的企业所得税优惠。

第八十八条 企业所得税法第二十七条第(三)项所称符合条件的环境保护、节能节水项目，包括公共污水处理、公共垃圾处理、沼气综合开发利用、节能减排技术改造、海水淡化等。项目的具体条件和范围由国务院财政、税务主管部门商国务院有关部门制订，报国务院批准后公布施行。

企业从事前款规定的符合条件的环境保护、节能节水项目的所得，自项目取得第一笔生产经营收入所属纳税年度起，第一年至第三年免征企业所得税，第四年至第六年减半征收企业所得税。

第八十九条 依照本条例第八十七条和第八十八条规定享受减免税优惠的项目，在减免税期限内转让的，受让方自受让之日起，可以在剩余期限内享受规定的减免税优惠；减免税期限届满后转让的，受让方不得就该项目重复享受减免税优惠。

第九十条 企业所得税法第二十七条第(四)项所称符合条件的技术转让所得免征、减征企业所得税，是指一个纳税年度内，居民企业技术转让所得不超过500万元的部分，免征企业所得税；超过500万元的部分，减半征收企业所得税。

第九十一条 非居民企业取得企业所得税法第二十七条第(五)项规定的所得，减按10%的税率征收企业所得税。

下列所得可以免征企业所得税：

(一) 外国政府向中国政府提供贷款取得的利息所得；

(二) 国际金融组织向中国政府和居民企业提供优惠贷款取得的利息所得；

（三）经国务院批准的其他所得。

第九十二条　企业所得税法第二十八条第一款所称符合条件的小型微利企业，是指从事国家非限制和禁止行业，并符合下列条件的企业：

（一）工业企业，年度应纳税所得额不超过30万元，从业人数不超过100人，资产总额不超过3000万元；

（二）其他企业，年度应纳税所得额不超过30万元，从业人数不超过80人，资产总额不超过1000万元。

第九十三条　企业所得税法第二十八条第二款所称国家需要重点扶持的高新技术企业，是指拥有核心自主知识产权，并同时符合下列条件的企业：

（一）产品（服务）属于《国家重点支持的高新技术领域》规定的范围；

（二）研究开发费用占销售收入的比例不低于规定比例；

（三）高新技术产品（服务）收入占企业总收入的比例不低于规定比例；

（四）科技人员占企业职工总数的比例不低于规定比例；

（五）高新技术企业认定管理办法规定的其他条件。

《国家重点支持的高新技术领域》和高新技术企业认定管理办法由国务院科技、财政、税务主管部门商国务院有关部门制订，报国务院批准后公布施行。

第九十四条　企业所得税法第二十九条所称民族自治地方，是指依照《中华人民共和国民族区域自治法》的规定，实行民族区域自治的自治区、自治州、自治县。

对民族自治地方内国家限制和禁止行业的企业，不得减征或者免征企业所得税。

第九十五条　企业所得税法第三十条第（一）项所称研究开发费用的加计扣除，是指企业为开发新技术、新产品、新工艺发生的研究开发费用，未形成无形资产计入当期损益的，在按照规定据实扣除的基础上，按照研究开发费用的50％加计扣除；形成无形资产的，按照无形资产成本的150％摊销。

第九十六条　企业所得税法第三十条第（二）项所称企业安置残疾人员所支付的工资的加计扣除，是指企业安置残疾人员的，在按照支付给残疾职工工资据实扣除的基础上，按照支付给残疾职工工资的100％加计扣除。残疾人员的范围适用《中华人民共和国残疾人保障法》的有关规定。

企业所得税法第三十条第(二)项所称企业安置国家鼓励安置的其他就业人员所支付的工资的加计扣除办法,由国务院另行规定。

第九十七条 企业所得税法第三十一条所称抵扣应纳税所得额,是指创业投资企业采取股权投资方式投资于未上市的中小高新技术企业2年以上的,可以按照其投资额的70%在股权持有满2年的当年抵扣该创业投资企业的应纳税所得额;当年不足抵扣的,可以在以后纳税年度结转抵扣。

第九十八条 企业所得税法第三十二条所称可以采取缩短折旧年限或者采取加速折旧的方法的固定资产,包括:

(一)由于技术进步,产品更新换代较快的固定资产;

(二)常年处于强震动、高腐蚀状态的固定资产。

采取缩短折旧年限方法的,最低折旧年限不得低于本条例第六十条规定折旧年限的60%;采取加速折旧方法的,可以采取双倍余额递减法或者年数总和法。

第九十九条 企业所得税法第三十三条所称减计收入,是指企业以《资源综合利用企业所得税优惠目录》规定的资源作为主要原材料,生产国家非限制和禁止并符合国家和行业相关标准的产品取得的收入,减按90%计入收入总额。

前款所称原材料占生产产品材料的比例不得低于《资源综合利用企业所得税优惠目录》规定的标准。

第一百条 企业所得税法第三十四条所称税额抵免,是指企业购置并实际使用《环境保护专用设备企业所得税优惠目录》、《节能节水专用设备企业所得税优惠目录》和《安全生产专用设备企业所得税优惠目录》规定的环境保护、节能节水、安全生产等专用设备的,该专用设备的投资额的10%可以从企业当年的应纳税额中抵免;当年不足抵免的,可以在以后5个纳税年度结转抵免。

享受前款规定的企业所得税优惠的企业,应当实际购置并自身实际投入使用前款规定的专用设备;企业购置上述专用设备在5年内转让、出租的,应当停止享受企业所得税优惠,并补缴已经抵免的企业所得税税款。

第一百零一条 本章第八十七条、第九十九条、第一百条规定的企业所得税优惠目录,由国务院财政、税务主管部门商国务院有关部门制定,报国务院批准后公布施行。

第一百零二条 企业同时从事适用不同企业所得税待遇的项目的,

其优惠项目应当单独计算所得，并合理分摊企业的期间费用；没有单独计算的，不得享受企业所得税优惠。

第五章　源泉扣缴

第一百零三条　依照企业所得税法对非居民企业应当缴纳的企业所得税实行源泉扣缴的，应当依照企业所得税法第十九条的规定计算应纳税所得额。

企业所得税法第十九条所称收入全额，是指非居民企业向支付人收取的全部价款和价外费用。

第一百零四条　企业所得税法第三十七条所称支付人，是指依照有关法律规定或者合同约定对非居民企业直接负有支付相关款项义务的单位或者个人。

第一百零五条　企业所得税法第三十七条所称支付，包括现金支付、汇拨支付、转账支付和权益兑价支付等货币支付和非货币支付。

企业所得税法第三十七条所称到期应支付的款项，是指支付人按照权责发生制原则应当计入相关成本、费用的应付款项。

第一百零六条　企业所得税法第三十八条规定的可以指定扣缴义务人的情形，包括：

（一）预计工程作业或者提供劳务期限不足一个纳税年度，且有证据表明不履行纳税义务的；

（二）没有办理税务登记或者临时税务登记，且未委托中国境内的代理人履行纳税义务的；

（三）未按照规定期限办理企业所得税纳税申报或者预缴申报的。

前款规定的扣缴义务人，由县级以上税务机关指定，并同时告知扣缴义务人所扣税款的计算依据、计算方法、扣缴期限和扣缴方式。

第一百零七条　企业所得税法第三十九条所称所得发生地，是指依照本条例第七条规定的原则确定的所得发生地。在中国境内存在多处所得发生地的，由纳税人选择其中之一申报缴纳企业所得税。

第一百零八条　企业所得税法第三十九条所称该纳税人在中国境内其他收入，是指该纳税人在中国境内取得的其他各种来源的收入。

税务机关在追缴该纳税人应纳税款时，应当将追缴理由、追缴数额、缴纳期限和缴纳方式等告知该纳税人。

第六章　特别纳税调整

第一百零九条　企业所得税法第四十一条所称关联方，是指与企业有下列关联关系之一的企业、其他组织或者个人：

（一）在资金、经营、购销等方面存在直接或者间接的控制关系；

（二）直接或者间接地同为第三者控制；

（三）在利益上具有相关联的其他关系。

第一百一十条 企业所得税法第四十一条所称独立交易原则，是指没有关联关系的交易各方，按照公平成交价格和营业常规进行业务往来遵循的原则。

第一百一十一条 企业所得税法第四十一条所称合理方法，包括：

（一）可比非受控价格法，是指按照没有关联关系的交易各方进行相同或者类似业务往来的价格进行定价的方法；

（二）再销售价格法，是指按照从关联方购进商品再销售给没有关联关系的交易方的价格，减除相同或者类似业务的销售毛利进行定价的方法；

（三）成本加成法，是指按照成本加合理的费用和利润进行定价的方法；

（四）交易净利润法，是指按照没有关联关系的交易各方进行相同或者类似业务往来取得的净利润水平确定利润的方法；

（五）利润分割法，是指将企业与其关联方的合并利润或者亏损在各方之间采用合理标准进行分配的方法；

（六）其他符合独立交易原则的方法。

第一百一十二条 企业可以依照企业所得税法第四十一条第二款的规定，按照独立交易原则与其关联方分摊共同发生的成本，达成成本分摊协议。

企业与其关联方分摊成本时，应当按照成本与预期收益相配比的原则进行分摊，并在税务机关规定的期限内，按照税务机关的要求报送有关资料。

企业与其关联方分摊成本时违反本条第一款、第二款规定的，其自行分摊的成本不得在计算应纳税所得额时扣除。

第一百一十三条 企业所得税法第四十二条所称预约定价安排，是指企业就其未来年度关联交易的定价原则和计算方法，向税务机关提出申请，与税务机关按照独立交易原则协商、确认后达成的协议。

第一百一十四条 企业所得税法第四十三条所称相关资料，包括：

（一）与关联业务往来有关的价格、费用的制定标准、计算方法和说明等同期资料；

（二）关联业务往来所涉及的财产、财产使用权、劳务等的再销售（转让）价格或者最终销售（转让）价格的相关资料；

（三）与关联业务调查有关的其他企业应当提供的与被调查企业可比的产品价格、定价方式以及利润水平等资料；

（四）其他与关联业务往来有关的资料。

企业所得税法第四十三条所称与关联业务调查有关的其他企业，是指与被调查企业在生产经营内容和方式上相类似的企业。

企业应当在税务机关规定的期限内提供与关联业务往来有关的价格、费用的制定标准、计算方法和说明等资料。关联方以及与关联业务调查有关的其他企业应当在税务机关与其约定的期限内提供相关资料。

第一百一十五条　税务机关依照企业所得税法第四十四条的规定核定企业的应纳税所得额时，可以采用下列方法：

（一）参照同类或者类似企业的利润率水平核定；

（二）按照企业成本加合理的费用和利润的方法核定；

（三）按照关联企业集团整体利润的合理比例核定；

（四）按照其他合理方法核定。

企业对税务机关按照前款规定的方法核定的应纳税所得额有异议的，应当提供相关证据，经税务机关认定后，调整核定的应纳税所得额。

第一百一十六条　企业所得税法第四十五条所称中国居民，是指根据《中华人民共和国个人所得税法》的规定，就其从中国境内、境外取得的所得在中国缴纳个人所得税的个人。

第一百一十七条　企业所得税法第四十五条所称控制，包括：

（一）居民企业或者中国居民直接或者间接单一持有外国企业10%以上有表决权股份，且由其共同持有该外国企业50%以上股份；

（二）居民企业，或者居民企业和中国居民持股比例没有达到第（一）项规定的标准，但在股份、资金、经营、购销等方面对该外国企业构成实质控制。

第一百一十八条　企业所得税法第四十五条所称实际税负明显低于企业所得税法第四条第一款规定税率水平，是指低于企业所得税法第四条第一款规定税率的50%。

第一百一十九条　企业所得税法第四十六条所称债权性投资，是指企业直接或者间接从关联方获得的，需要偿还本金和支付利息或者需要以其他具有支付利息性质的方式予以补偿的融资。

企业间接从关联方获得的债权性投资，包括：

（一）关联方通过无关联第三方提供的债权性投资；

（二）无关联第三方提供的、由关联方担保且负有连带责任的债权性投资；

（三）其他间接从关联方获得的具有负债实质的债权性投资。

企业所得税法第四十六条所称权益性投资，是指企业接受的不需要偿还本金和支付利息，投资人对企业净资产拥有所有权的投资。

企业所得税法第四十六条所称标准，由国务院财政、税务主管部门另行规定。

第一百二十条 企业所得税法第四十七条所称不具有合理商业目的，是指以减少、免除或者推迟缴纳税款为主要目的。

第一百二十一条 税务机关根据税收法律、行政法规的规定，对企业作出特别纳税调整的，应当对补征的税款，自税款所属纳税年度的次年6月1日起至补缴税款之日止的期间，按日加收利息。

前款规定加收的利息，不得在计算应纳税所得额时扣除。

第一百二十二条 企业所得税法第四十八条所称利息，应当按照税款所属纳税年度中国人民银行公布的与补税期间同期的人民币贷款基准利率加5个百分点计算。

企业依照企业所得税法第四十三条和本条例的规定提供有关资料的，可以只按前款规定的人民币贷款基准利率计算利息。

第一百二十三条 企业与其关联方之间的业务往来，不符合独立交易原则，或者企业实施其他不具有合理商业目的的安排的，税务机关有权在该业务发生的纳税年度起10年内，进行纳税调整。

第七章 征收管理

第一百二十四条 企业所得税法第五十条所称企业登记注册地，是指企业依照国家有关规定登记注册的住所地。

第一百二十五条 企业汇总计算并缴纳企业所得税时，应当统一核算应纳税所得额，具体办法由国务院财政、税务主管部门另行制定。

第一百二十六条 企业所得税法第五十一条所称主要机构、场所，应当同时符合下列条件：

（一）对其他各机构、场所的生产经营活动负有监督管理责任；

（二）设有完整的账簿、凭证，能够准确反映各机构、场所的收入、成本、费用和盈亏情况。

第一百二十七条　企业所得税法第五十一条所称经税务机关审核批准，是指经各机构、场所所在地税务机关的共同上级税务机关审核批准。

非居民企业经批准汇总缴纳企业所得税后，需要增设、合并、迁移、关闭机构场所或者停止机构、场所业务的，应当事先由负责汇总申报缴纳企业所得税的主要机构、场所向其所在地税务机关报告；需要变更汇总缴纳企业所得税的主要机构、场所的，依照前款规定办理。

第一百二十八条　企业所得税分月或者分季预缴，由税务机关具体核定。

企业根据企业所得税法第五十四条规定分月或者分季预缴企业所得税时，应当按照月度或者季度的实际利润额预缴；按照月度或者季度的实际利润额预缴有困难的，可以按照上一纳税年度应纳税所得额的月度或者季度平均额预缴，或者按照经税务机关认可的其他方法预缴。预缴方法一经确定，该纳税年度内不得随意变更。

第一百二十九条　企业在纳税年度内无论盈利或者亏损，都应当依照企业所得税法第五十四条规定的期限，向税务机关报送预缴企业所得税纳税申报表、年度企业所得税纳税申报表、财务会计报告和税务机关规定应当报送的其他有关资料。

第一百三十条　企业所得以人民币以外的货币计算的，预缴企业所得税时，应当按照月度或者季度最后一日的人民币汇率中间价，折合成人民币计算应纳税所得额。年度终了汇算清缴时，对已经按照月度或者季度预缴税款的，不再重新折合计算，只就该纳税年度内未缴纳企业所得税的部分，按照纳税年度最后一日的人民币汇率中间价，折合成人民币计算应纳税所得额。

经税务机关检查确认，企业少计或者多计前款规定的所得的，应当按照检查确认补税或者退税时的上一个月最后一日的人民币汇率中间价，将少计或者多计的所得折合成人民币计算应纳税所得额，再计算应补缴或者应退的税款。

第八章　附　　则

第一百三十一条　企业所得税法第五十七条第一款所称本法公布前已经批准设立的企业，是指企业所得税法公布前已经完成登记注册的企业。

第一百三十二条　在香港特别行政区、澳门特别行政区和台湾地区成立的企业，参照适用企业所得税法第二条第二款、第三款的有关规定。

第一百三十三条 本条例自 2008 年 1 月 1 日起施行。1991 年 6 月 30 日国务院发布的《中华人民共和国外商投资企业和外国企业所得税法实施细则》和 1994 年 2 月 4 日财政部发布的《中华人民共和国企业所得税暂行条例实施细则》同时废止。

附录C 《企业所得税年度纳税申报表》及填表说明

表C-1 中华人民共和国企业所得税年度纳税申报表(A类)

税款所属期间： 年 月 日至 年 月 日

纳税人名称：

纳税人识别号：□□□□□□□□□□□□□□□ 金额单位：元(列至角分)

类别	行次	项目	金额
利润总额计算	1	一、营业收入(填附表一)	
	2	减：营业成本(填附表二)	
	3	营业税金及附加	
	4	销售费用(填附表二)	
	5	管理费用(填附表二)	
	6	财务费用(填附表二)	
	7	资产减值损失	
	8	加：公允价值变动收益	
	9	投资收益	
	10	二、营业利润	
	11	加：营业外收入(填附表一)	
	12	减：营业外支出(填附表二)	
	13	三、利润总额(10+11－12)	
应纳税所得额计算	14	加：纳税调整增加额(填附表三)	
	15	减：纳税调整减少额(填附表三)	
	16	其中：不征税收入	
	17	免税收入	
	18	减计收入	
	19	减、免税项目所得	
	20	加计扣除	
	21	抵扣应纳税所得额	
	22	加：境外应税所得弥补境内亏损	
	23	纳税调整后所得(13+14－15+22)	
	24	减：弥补以前年度亏损(填附表四)	
	25	应纳税所得额(23－24)	

续表

类别	行次	项目	金额
应纳税额计算	26	税率(25%)	
	27	应纳所得税额(25×26)	
	28	减：减免所得税额(填附表五)	
	29	减：抵免所得税额(填附表五)	
	30	应纳税额(27－28－29)	
	31	加：境外所得应纳所得税额(填附表六)	
	32	减：境外所得抵免所得税额(填附表六)	
	33	实际应纳所得税额(30＋31－32)	
	34	减：本年累计实际已预缴的所得税额	
	35	其中：汇总纳税的总机构分摊预缴的税额	
	36	汇总纳税的总机构财政调库预缴的税额	
	37	汇总纳税的总机构所属分支机构分摊的预缴税额	
	38	合并纳税(母子体制)成员企业就地预缴比例	
	39	合并纳税企业就地预缴的所得税额	
	40	本年应补(退)的所得税额(33－34)	
附列资料	41	以前年度多缴的所得税额在本年抵减额	
	42	以前年度应缴未缴在本年入库所得税额	

纳税人公章：	代理申报中介机构公章：	主管税务机关受理专用章：
经办人：	经办人及执业证件号码：	受理人：
申报日期：年　月　日	代理申报日期：年　月　日	受理日期：年　月　日

企业所得税年度纳税申报表及附表填报说明如下。

1. 适用范围

本表适用于实行查账征收企业所得税的居民纳税人(以下简称纳税人)填报。

2. 填报依据及内容

根据《中华人民共和国企业所得税法》及其实施条例、相关税收政策，以及国家统一会计制度(企业会计制度、企业会计准则、小企业会计制度、分行业会计制度、事业单位会计制度和民间非营利组织会计制度)的规定，填报计算纳税人利润总额、应纳税所得额、应纳税额和附列资料等有关项目。

3. 有关项目填报说明

(1) 表头项目

①“税款所属期间”：正常经营的纳税人，填报公历当年1月1日至12月31日；纳税人年度中间开业的，填报实际生产经营之日的当月1日

至同年12月31日；纳税人年度中间发生合并、分立、破产、停业等情况的，填报公历当年1月1日至实际停业或法院裁定并宣告破产之日的当月月末；纳税人年度中间开业且年度中间又发生合并、分立、破产、停业等情况的，填报实际生产经营之日的当月1日至实际停业或法院裁定并宣告破产之日的当月月末。

② “纳税人识别号”：填报税务机关统一核发的税务登记证号码。

③ “纳税人名称”：填报税务登记证所载纳税人的全称。

(2) 表体项目

本表是在纳税人会计利润总额的基础上，加减纳税调整额后计算出“纳税调整后所得”(应纳税所得额)。会计与税法的差异(包括收入类、扣除类、资产类等差异)通过纳税调整项目明细表(附表三)集中体现。

本表包括利润总额计算、应纳税所得额计算、应纳税额计算和附列资料四个部分。

① “利润总额计算”中的项目，按照国家统一会计制度口径计算填报。实行企业会计准则的纳税人，其数据直接取自损益表；实行其他国家统一会计制度的纳税人，与本表不一致的项目，按照其利润表项目进行分析填报。

利润总额部分的收入、成本、费用明细项目，一般工商企业纳税人，通过附表一(1)《收入明细表》和附表二(1)《成本费用明细表》相应栏次填报；金融企业纳税人，通过附表一(2)《金融企业收入明细表》、附表二(2)《金融企业成本费用明细表》相应栏次填报；事业单位、社会团体、民办非企业单位、非营利组织等纳税人，通过附表一(3)《事业单位、社会团体、民办非企业单位收入项目明细表》和附表二(3)《事业单位、社会团体、民办非企业单位支出项目明细表》相应栏次填报。

② “应纳税所得额计算”和“应纳税额计算”中的项目，除根据主表逻辑关系计算的外，通过附表相应栏次填报。

③ “附列资料”填报用于税源统计分析的上一纳税年度税款在本纳税年度抵减或入库金额。

(3) 行次说明

① 第1行“营业收入”：填报纳税人主要经营业务和其他经营业务取得的收入总额。本行根据“主营业务收入”和“其他业务收入”科目的数额计算填报。一般工商企业纳税人，通过附表一(1)《收入明细表》计算填报；金融企业纳税人，通过附表一(2)《金融企业收入明细表》计算填报；事业单位、社会团体、民办非企业单位、非营利组织等纳税人，通过附表一

(3)《事业单位、社会团体、民办非企业单位收入明细表》计算填报。

② 第2行“营业成本”项目：填报纳税人主要经营业务和其他经营业务发生的成本总额。本行根据“主营业务成本”和“其他业务成本”科目的数额计算填报。一般工商企业纳税人，通过附表二(1)《成本费用明细表》计算填报；金融企业纳税人，通过附表二(2)《金融企业成本费用明细表》计算填报；事业单位、社会团体、民办非企业单位、非营利组织等纳税人，通过附表二(3)《事业单位、社会团体、民办非企业单位支出明细表》计算填报。

③ 第3行“营业税金及附加”：填报纳税人经营活动发生的营业税、消费税、城市维护建设税、资源税、土地增值税和教育费附加等相关税费。本行根据“营业税金及附加”科目的数额计算填报。

④ 第4行“销售费用”：填报纳税人在销售商品和材料、提供劳务的过程中发生的各种费用。本行根据“销售费用”科目的数额计算填报。

⑤ 第5行“管理费用”：填报纳税人为组织和管理企业生产经营发生的管理费用。本行根据“管理费用”科目的数额计算填报。

⑥ 第6行“财务费用”：填报纳税人为筹集生产经营所需资金等发生的筹资费用。本行根据“财务费用”科目的数额计算填报。

⑦ 第7行“资产减值损失”：填报纳税人计提各项资产准备发生的减值损失。本行根据“资产减值损失”科目的数额计算填报。

⑧ 第8行“公允价值变动收益”：填报纳税人交易性金融资产、交易性金融负债，以及采用公允价值模式计量的投资性房地产、衍生工具、套期保值业务等公允价值变动形成的应计入当期损益的利得或损失。本行根据“公允价值变动损益”科目的数额计算填报。

⑨ 第9行“投资收益”：填报纳税人以各种方式对外投资确认所取得的收益或发生的损失。本行根据“投资收益”科目的数额计算填报。

⑩ 第10行“营业利润”：填报纳税人当期的营业利润。根据上述项目计算填列。

⑪ 第11行“营业外收入”：填报纳税人发生的与其经营活动无直接关系的各项收入。本行根据“营业外收入”科目的数额计算填报。一般工商企业纳税人，通过附表一(1)《收入明细表》相关项目计算填报；金融企业纳税人，通过附表一(2)《金融企业收入明细表》相关项目计算填报；事业单位、社会团体、民办非企业单位、非营利组织等纳税人，通过附表一(3)《事业单位、社会团体、民办非企业单位收入明细表》计算填报。

⑫ 第12行“营业外支出”：填报纳税人发生的与其经营活动无直接

关系的各项支出。本行根据“营业外支出”科目的数额计算填报。一般工商企业纳税人，通过附表二(1)《成本费用明细表》相关项目计算填报；金融企业纳税人，通过附表二(2)《金融企业成本费用明细表》相关项目计算填报；事业单位、社会团体、民办非企业单位、非营利组织等纳税人，通过附表一(3)《事业单位、社会团体、民办非企业单位支出明细表》计算填报。

⑬ 第 13 行“利润总额”：填报纳税人当期的利润总额。

⑭ 第 14 行“纳税调整增加额”：填报纳税人会计处理与税收规定不一致，进行纳税调整增加的金额。本行通过附表三《纳税调整项目明细表》“调增金额”列计算填报。

⑮ 第 15 行“纳税调整减少额”：填报纳税人会计处理与税收规定不一致，进行纳税调整减少的金额。本行通过附表三《纳税调整项目明细表》“调减金额”列计算填报。

⑯ 第 16 行“不征税收入”：填报纳税人计入利润总额但属于税收规定不征税的财政拨款、依法收取并纳入财政管理的行政事业性收费、政府性基金、以及国务院规定的其他不征税收入。本行通过附表一(3)《事业单位、社会团体、民办非企业单位收入明细表》计算填报。

⑰ 第 17 行“免税收入”：填报纳税人计入利润总额但属于税收规定免税的收入或收益，包括国债利息收入；符合条件的居民企业之间的股息、红利等权益性投资收益；从居民企业取得与该机构、场所有实际联系的股息、红利等权益性投资收益；符合条件的非营利组织的收入。本行通过附表五《税收优惠明细表》第 1 行计算填报。

⑱ 第 18 行“减计收入”：填报纳税人以《资源综合利用企业所得税优惠目录》规定的资源作为主要原材料，生产国家非限制和禁止并符合国家和行业相关标准的产品取得收入 10％的数额。本行通过附表五《税收优惠明细表》第 6 行计算填报。

⑲ 第 19 行“减、免税项目所得”：填报纳税人按照税收规定减征、免征企业所得税的所得额。本行通过附表五《税收优惠明细表》第 14 行计算填报。

⑳ 第 20 行“加计扣除”：填报纳税人开发新技术、新产品、新工艺发生的研究开发费用，以及安置残疾人员及国家鼓励安置的其他就业人员所支付的工资，符合税收规定条件的准予按照支出额一定比例，在计算应纳税所得额时加计扣除的金额。本行通过附表五《税收优惠明细表》第 9 行计算填报。

㉑ 第 21 行“抵扣应纳税所得额”：填报创业投资企业采取股权投资

方式投资于未上市的中小高新技术企业2年以上的，可以按照其投资额的70%在股权持有满2年的当年抵扣该创业投资企业的应纳税所得额。当年不足抵扣的，可以在以后纳税年度结转抵扣。本行通过附表五《税收优惠明细表》第39行计算填报。

㉒ 第22行“境外应税所得弥补境内亏损”：填报纳税人根据税收规定，境外所得可以弥补境内亏损的数额。

㉓ 第23行“纳税调整后所得”：填报纳税人经过纳税调整计算后的所得额。

当本表第23行<0时，即为可结转以后年度弥补的亏损额；如本表第23行>0时，继续计算应纳税所得额。

㉔ 第24行“弥补以前年度亏损”：填报纳税人按照税收规定可在税前弥补的以前年度亏损的数额。

本行通过附表四《企业所得税弥补亏损明细表》第6行第10列填报。但不得超过本表第23行“纳税调整后所得”。

㉕ 第25行“应纳税所得额”：金额等于本表第23－24行。

本行不得为负数。本表第23行或者按照上述行次顺序计算结果本行为负数，本行金额填零。

㉖ 第26行“税率”：填报税法规定的税率25%。

㉗ 第27行“应纳所得税额”：金额等于本表第25×26行。

㉘ 第28行“减免所得税额”：填报纳税人按税收规定实际减免的企业所得税额，包括小型微利企业、国家需要重点扶持的高新技术企业、享受减免税优惠过渡政策的企业，其法定税率与实际执行税率的差额，以及其他享受企业所得税减免税的数额。本行通过附表五《税收优惠明细表》第33行计算填报。

㉙ 第29行“抵免所得税额”：填报纳税人购置用于环境保护、节能节水、安全生产等专用设备的投资额，其设备投资额的10%可以从企业当年的应纳所得税额中抵免的金额；当年不足抵免的，可以在以后5个纳税年度结转抵免。本行通过附表五《税收优惠明细表》第40行计算填报。

㉚ 第30行“应纳税额”：金额等于本表第27－28－29行。

㉛ 第31行“境外所得应纳所得税额”：填报纳税人来源于中国境外的所得，按照企业所得税法及其实施条例、以及相关税收规定计算的应纳所得税额。

㉜ 第32行“境外所得抵免所得税额”：填报纳税人来源于中国境外所得依照中国境外税收法律以及相关规定应缴纳并实际缴纳的企业所得

税性质的税款，准予抵免的数额。

企业已在境外缴纳的所得税额，小于抵免限额的，“境外所得抵免所得税额”按其在境外实际缴纳的所得税额填报；大于抵免限额的，按抵免限额填报，超过抵免限额的部分，可以在以后五个年度内，用每年度抵免限额抵免当年应抵税额后的余额进行抵补。

㉝ 第 33 行“实际应纳所得税额”：填报纳税人当期的实际应纳所得税额。

㉞ 第 34 行“本年累计实际已预缴的所得税额”：填报纳税人按照税收规定本纳税年度已在月(季)度累计预缴的所得税款。

㉟ 第 35 行“汇总纳税的总机构分摊预缴的税额”：填报汇总纳税的总机构按照税收规定已在月(季)度在总机构所在地累计预缴的所得税款。

附报《中华人民共和国企业所得税汇总纳税分支机构企业所得税分配表》。

㊱ 第 36 行“汇总纳税的总机构财政调库预缴的税额”：填报汇总纳税的总机构按照税收规定已在月(季)度在总机构所在地累计预缴在财政调节专户的所得税款。

附报《中华人民共和国企业所得税汇总纳税分支机构企业所得税分配表》。

㊲ 第 37 行“汇总纳税的总机构所属分支机构分摊的预缴税额”：填报汇总纳税的分支机构已在月(季)度在分支机构所在地累计分摊预缴的所得税款。

附报《中华人民共和国企业所得税汇总纳税分支机构企业所得税分配表》。

㊳ 第 38 行“合并纳税(母子体制)成员企业就地预缴比例”：填报经国务院批准的实行合并纳税(母子体制)的成员企业按照税收规定就地预缴税款的比例。

㊴ 第 39 行“合并纳税企业就地预缴的所得税额”：填报合并纳税的成员企业已在月(季)度累计预缴的所得税款。

㊵ 第 40 行“本年应补(退)的所得税额”：填报纳税人当期应补(退)的所得税额。

㊶ 第 41 行“以前年度多缴的所得税在本年抵减额”：填报纳税人以前纳税年度汇算清缴多缴的税款尚未办理退税、并在本纳税年度抵缴的所得税额。

㊷ 第42行“以前年度应缴未缴在本年入库所得额”：填报纳税人以前纳税年度损益调整税款、上一纳税年度第四季度预缴税款和汇算清缴的税款，在本纳税年度入库所得税额。

4. 表内及表间关系

(1) 第1行＝附表一(1)第2行或附表一(2)第1行或附表一(3)第2行至7行合计。

(2) 第2行＝附表二(1)第2＋7行或附表二(2)第1行或附表二(3)第2至9行合计。

(3) 第10行＝本表第1－2－3－4－5－6－7＋8＋9行。

(4) 第11行＝附表一(1)第17行或附表一(2)第42行或附表一(3)第9行。

(5) 第12行＝附表二(1)第16行或附表二(2)第45行或附表二(3)第10行。

(6) 第13行＝本表第10＋11－12行。

(7) 第14行＝附表三第55行第3列合计。

(8) 第15行＝附表三第55行第4列合计。

(9) 第16行＝附表一(3)10行或附表三第14行第4列。

(10) 第17行＝附表五第1行。

(11) 第18行＝附表五第6行。

(12) 第19行＝附表五第14行。

(13) 第20行＝附表五第9行。

(14) 第21行＝附表五第39行。

(15) 第22行＝附表六第7列合计。(当本表第13＋14－15行≥0时，本行＝0)

(16) 第23行＝本表第13＋14－15＋22行。

(17) 第24行＝附表四第6行第10列。

(18) 第25行＝本表第23－24行(当本行＜0时，则先调整21行的数据，使其本行≥0；当21行＝0时，23－24行≥0)。

(19) 第26行填报25％。

(20) 第27行＝本表第25×26行。

(21) 第28行＝附表五第33行。

(22) 第29行＝附表五第40行。

(23) 第30行＝本表第27－28－29行。

(24) 第31行＝附表六第10列合计。

(25) 第 32 行＝附表六第 13 列合计＋第 15 列合计或附表六第 17 列合计。

(26) 第 33 行＝本表第 30＋31－32 行。

(27) 第 40 行＝本表第 33－34 行。

附表一(1)

表 C-2　收入明细表

填报时间：　年　月　日　　　　金额单位：元(列至角分)

行次	项　目	金　额
1	一、销售(营业)收入合计(2＋13)	
2	(一) 营业收入合计(3＋8)	
3	1. 主营业务收入(4＋5＋6＋7)	
4	(1) 销售货物	
5	(2) 提供劳务	
6	(3) 让渡资产使用权	
7	(4) 建造合同	
8	2. 其他业务收入(9＋10＋11＋12)	
9	(1) 材料销售收入	
10	(2) 代购代销手续费收入	
11	(3) 包装物出租收入	
12	(4) 其他	
13	(二) 视同销售收入(14＋15＋16)	
14	(1) 非货币性交易视同销售收入	
15	(2) 货物、财产、劳务视同销售收入	
16	(3) 其他视同销售收入	
17	二、营业外收入(18＋19＋20＋21＋22＋23＋24＋25＋26)	
18	1. 固定资产盘盈	
19	2. 处置固定资产净收益	
20	3. 非货币性资产交易收益	
21	4. 出售无形资产收益	
22	5. 罚款净收入	
23	6. 债务重组收益	
24	7. 政府补助收入	
25	8. 捐赠收入	
26	9. 其他	

经办人(签章)：　　　　法定代表人(签章)：

附表一(2)

表 C-3 金融企业收入明细表

填报时间：　年　月　日　　　　　　　　金额单位：元(列至角分)

行次	项　目	金　额
1	一、营业收入(2＋19＋25＋35)	
2	(一) 银行业务收入(3＋10＋18)	
3	1. 银行业利息收入(4＋5＋6＋7＋8＋9)	
4	(1) 存放同业	
5	(2) 存放中央银行	
6	(3) 拆出资金	
7	(4) 发放贷款及垫款	
8	(5) 买入返售金融资产	
9	(6) 其他	
10	2. 银行业手续费及佣金收入(11＋12＋13＋14＋15＋16＋17)	
11	(1) 结算与清算手续费	
12	(2) 代理业务手续费	
13	(3) 信用承诺手续费及佣金	
14	(4) 银行卡手续费	
15	(5) 顾问和咨询费	
16	(6) 托管及其他受托业务佣金	
17	(7) 其他	
18	3. 其他业务收入	
19	(二) 保险业务收入(20＋24)	
20	1. 已赚保费(21－22－23)	
21	保费收入	
22	减：分出保费	
23	提取未到期责任准备金	
24	2. 其他业务收入	
25	(三) 证券业务收入(26＋33＋34)	
26	1. 手续费及佣金收入(27＋28＋29＋30＋31＋32)	
27	(1) 证券承销业务收入	
28	(2) 证券经纪业务收入	
29	(3) 受托客户资产管理业务收入	
30	(4) 代理兑付证券业务收入	
31	(5) 代理保管证券业务收入	
32	(6) 其他	

续表

行次	项　　目	金　　额
33	2. 利息净收入	
34	3. 其他业务收入	
35	（四）其他金融业务收入(36＋37)	
36	1. 业务收入	
37	2. 其他业务收入	
38	二、视同销售收入(39＋40＋41)	
39	1. 非货币性资产交换	
40	2. 货物、财产、劳务视同销售收入	
41	3. 其他视同销售收入	
42	三、营业外收入(43＋44＋45＋46＋47＋48)	
43	1. 固定资产盘盈	
44	2. 处置固定资产净收益	
45	3. 非货币性资产交易收益	
46	4. 出售无形资产收益	
47	5. 罚款净收入	
48	6. 其他	

经办人(签章)：　　　　　　　　　　　　法定代表人(签章)：

附表一(3)

表 C-4　事业单位、社会团体、民办非企业单位收入明细表

填报时间：　年　月　日　　　　　　　　金额单位：元(列至角分)

行次	项　　目	金　　额
1	一、收入总额(2＋3＋…＋9)	
2	财政补助收入	
3	上级补助收入	
4	拨入专款	
5	事业收入	
6	经营收入	
7	附属单位缴款	
8	投资收益	
9	其他收入	
10	二、不征税收入总额(11＋12＋13＋14)	
11	财政拨款	
12	行政事业性收费	

续表

行次	项　　目	金　　额
13	政府性基金	
14	其他	
15	三、应纳税收入总额(1－10)	
16	四、应纳税收入总额占全部收入总额比重(15÷1)	

经办人(签章)：　　　　　　　　　　　　法定代表人(签章)：

附表二(1)

表 C-5　成本费用明细表

填报时间：　年　月　日　　　　　　　　金额单位：元(列至角分)

行次	项　　目	金　　额
1	一、销售(营业)成本合计(2＋7＋12)	
2	(一) 主营业务成本(3＋4＋5＋6)	
3	(1) 销售货物成本	
4	(2) 提供劳务成本	
5	(3) 让渡资产使用权成本	
6	(4) 建造合同成本	
7	(二) 其他业务成本(8＋9＋10＋11)	
8	(1) 材料销售成本	
9	(2) 代购代销费用	
10	(3) 包装物出租成本	
11	(4) 其他	
12	(三) 视同销售成本(13＋14＋15)	
13	(1) 非货币性交易视同销售成本	
14	(2) 货物、财产、劳务视同销售成本	
15	(3) 其他视同销售成本	
16	二、营业外支出(17＋18＋…＋24)	
17	1. 固定资产盘亏	
18	2. 处置固定资产净损失	
19	3. 出售无形资产损失	
20	4. 债务重组损失	
21	5. 罚款支出	
22	6. 非常损失	
23	7. 捐赠支出	
24	8. 其他	

续表

行次	项　　目	金　　额
25	三、期间费用(26+27+28)	
26	1. 销售(营业)费用	
27	2. 管理费用	
28	3. 财务费用	

经办人(签章)：　　　　　　　　　　法定代表人(签章)：

附表二(2)

表 C-6　金融企业成本费用明细表

填报时间：　年　月　日　　　　　　　　　金额单位：元(列至角分)

行次	项　　目	金　　额
1	一、营业成本(2+17+31+38)	
2	(一) 银行业务成本(3+11+15+16)	
3	1. 银行利息支出(4+5+…+10)	
4	(1) 同业存放	
5	(2) 向中央银行借款	
6	(3) 拆入资金	
7	(4) 吸收存款	
8	(5) 卖出回购金融资产	
9	(6) 发行债券	
10	(7) 其他	
11	2. 银行手续费及佣金支出(12+13+14)	
12	(1) 手续费支出	
13	(2) 佣金支出	
14	(3) 其他	
15	3. 业务及管理费	
16	4. 其他业务成本	
17	(二) 保险业务支出(18+30)	
18	1. 业务支出(19+20−21+22−23+24+25+26+27−28+29)	
19	(1) 退保金	
20	(2) 赔付支出	
21	减：摊回赔付支出	
22	(3) 提取保险责任准备金	
23	减：摊回保险责任准备金	
24	(4) 保单红利支出	
25	(5) 分保费用	

续表

行次	项　　目	金　　额
26	(6) 手续费及佣金支出	
27	(7) 业务及管理费	
28	减：摊回分保费用	
29	(8) 其他	
30	2. 其他业务成本	
31	(三) 证券业务支出(32＋36＋37)	
32	1. 证券手续费支出(33＋34＋35)	
33	(1) 证券经纪业务支出	
34	(2) 佣金	
35	(3) 其他	
36	2. 业务及管理费	
37	3. 其他业务成本	
38	(四) 其他金融业务支出(39＋40)	
39	1. 业务支出	
40	2. 其他业务成本	
41	二、视同销售应确认成本(42＋43＋44)	
42	1. 非货币性资产交换成本	
43	2. 货物、财产、劳务视同销售成本	
44	3. 其他视同销售成本	
45	三、营业外支出(46＋47＋48＋49＋50)	
46	1. 固定资产盘亏	
47	2. 处置固定资产净损失	
48	3. 非货币性资产交易损失	
49	4. 出售无形资产损失	
50	5. 其他	

经办人(签章)：　　　　　　　　　　　　法定代表人(签章)：

附表二(3)

表 C-7　事业单位、社会团体、民办非企业单位支出明细表

填报时间：　年　月　日　　　　　　　　金额单位：元(列至角分)

行次	项　　目	金　　额
1	一、支出总额(2＋3＋…＋10)	
2	拨出经费	
3	上缴上级支出	
4	拨出专款	
5	专款支出	

续表

行次	项 目	金 额
6	事业支出	
7	经营支出	
8	对附属单位补助	
9	结转自筹基建	
10	其他支出	
11	二、不准扣除的支出总额	
12	(1) 税收规定不允许扣除的支出项目金额	
13	(2) 按分摊比例计算的支出项目金额	
14	三、准予扣除的支出总额	

经办人(签章)： 法定代表人(签章)：

附表三

表 C-8 纳税调整项目明细表

填报时间： 年 月 日 金额单位：元(列至角分)

	行次	项 目	账载金额	税收金额	调增金额	调减金额
			1	2	3	4
	1	一、收入类调整项目	*	*		
	2	1. 视同销售收入(填写附表一)	*	*		*
#	3	2. 接受捐赠收入	*			*
	4	3. 不符合税收规定的销售折扣和折让				*
*	5	4. 未按权责发生制原则确认的收入				
*	6	5. 按权益法核算长期股权投资对初始投资成本调整确认收益	*	*	*	
	7	6. 按权益法核算的长期股权投资持有期间的投资损益	*	*		
*	8	7. 特殊重组				
*	9	8. 一般重组				
*	10	9. 公允价值变动净收益(填写附表七)	*	*		
	11	10. 确认为递延收益的政府补助				
	12	11. 境外应税所得(填写附表六)	*	*	*	
	13	12. 不允许扣除的境外投资损失	*	*		*
	14	13. 不征税收入(填附表一[3])	*	*	*	
	15	14. 免税收入(填附表五)	*	*	*	
	16	15. 减计收入(填附表五)	*	*	*	

续表

	行次	项　　目	账载金额	税收金额	调增金额	调减金额
			1	2	3	4
	17	16. 减、免税项目所得(填附表五)	*	*	*	
	18	17. 抵扣应纳税所得额(填附表五)	*	*	*	
	19	18. 其他				
	20	二、扣除类调整项目	*	*		
	21	1. 视同销售成本(填写附表二)	*	*	*	
	22	2. 工资薪金支出				
	23	3. 职工福利费支出				
	24	4. 职工教育经费支出				
	25	5. 工会经费支出				
	26	6. 业务招待费支出				*
	27	7. 广告费和业务宣传费支出(填写附表八)	*	*		
	28	8. 捐赠支出				*
	29	9. 利息支出				
	30	10. 住房公积金				*
	31	11. 罚金、罚款和被没收财物的损失		*		*
	32	12. 税收滞纳金		*		*
	33	13. 赞助支出		*		*
	34	14. 各类基本社会保障性缴款				
	35	15. 补充养老保险、补充医疗保险				
	36	16. 与未实现融资收益相关在当期确认的财务费用				
	37	17. 与取得收入无关的支出		*		*
	38	18. 不征税收入用于支出所形成的费用		*		*
	39	19. 加计扣除(填附表五)	*	*	*	
	40	20. 其他				
	41	三、资产类调整项目	*	*		
	42	1. 财产损失				
	43	2. 固定资产折旧(填写附表九)	*	*		
	44	3. 生产性生物资产折旧(填写附表九)	*	*		
	45	4. 长期待摊费用的摊销(填写附表九)	*	*		
	46	5. 无形资产摊销(填写附表九)	*	*		

续表

	行次	项　目	账载金额	税收金额	调增金额	调减金额
			1	2	3	4
	47	6. 投资转让、处置所得(填写附表十一)	*	*		
	48	7. 油气勘探投资(填写附表九)				
	49	8. 油气开发投资(填写附表九)				
	50	9. 其他				
	51	四、准备金调整项目(填写附表十)	*	*		
	52	五、房地产企业预售收入计算的预计利润	*	*		
	53	六、特别纳税调整应税所得	*	*		*
	54	七、其他	*	*		
	55	合计	*	*		

经办人(签章)：　　　　　　　　　　　法定代表人(签章)：

注：1. 标有 * 的行次为执行新会计准则的企业填列，标有 # 的行次为除执行新会计准则以外的企业填列。

2. 没有标注的行次，无论执行何种会计核算办法，有差异就填报相应行次，填 * 号不可填列

3. 有二级附表的项目只填调增、调减金额，账载金额、税收金额不再填写。

附表四

表 C-9　企业所得税弥补亏损明细表

填报时间：　年　月　日　　　　　　　　　金额单位：元(列至角分)

行次	项目	年度	盈利额或亏损额	合并分立企业转入可弥补亏损额	当年可弥补的所得额	以前年度亏损弥补额					本年度实际弥补的以前年度亏损额	可结转以后年度弥补的亏损额
						前四年度	前三年度	前二年度	前一年度	合计		
		1	2	3	4	5	6	7	8	9	10	11
1	第一年											*
2	第二年					*						
3	第三年					*	*					
4	第四年					*	*	*				
5	第五年					*	*	*	*			
6	本年					*	*	*	*	*		
7	可结转以后年度弥补的亏损额合计											

经办人(签章)：　　　　　　　　　　　法定代表人(签章)：

附表五

表 C-10　税收优惠明细表

填报时间：　年　月　日　　　　　　　　　　　金额单位：元(列至角分)

行次	项　　目	金　　额
1	一、免税收入(2+3+4+5)	
2	1. 国债利息收入	
3	2. 符合条件的居民企业之间的股息、红利等权益性投资收益	
4	3. 符合条件的非营利组织的收入	
5	4. 其他	
6	二、减计收入(7+8)	
7	1. 企业综合利用资源,生产符合国家产业政策规定的产品所取得的收入	
8	2. 其他	
9	三、加计扣除额合计(10+11+12+13)	
10	1. 开发新技术、新产品、新工艺发生的研究开发费用	
11	2. 安置残疾人员所支付的工资	
12	3. 国家鼓励安置的其他就业人员支付的工资	
13	4. 其他	
14	四、减免所得额合计(15+25+29+30+31+32)	
15	(一) 免税所得(16+17+…+24)	
16	1. 蔬菜、谷物、薯类、油料、豆类、棉花、麻类、糖料、水果、坚果的种植	
17	2. 农作物新品种的选育	
18	3. 中药材的种植	
19	4. 林木的培育和种植	
20	5. 牲畜、家禽的饲养	
21	6. 林产品的采集	
22	7. 灌溉、农产品初加工、兽医、农技推广、农机作业和维修等农、林、牧、渔服务业项目	
23	8. 远洋捕捞	
24	9. 其他	
25	(二) 减税所得(26+27+28)	

续表

行次	项 目	金 额
26	1. 花卉、茶以及其他饮料作物和香料作物的种植	
27	2. 海水养殖、内陆养殖	
28	3. 其他	
29	（三）从事国家重点扶持的公共基础设施项目投资经营的所得	
30	（四）从事符合条件的环境保护、节能节水项目的所得	
31	（五）符合条件的技术转让所得	
32	（六）其他	
33	五、减免税合计(34＋35＋36＋37＋38)	
34	（一）符合条件的小型微利企业	
35	（二）国家需要重点扶持的高新技术企业	
36	（三）民族自治地方的企业应缴纳的企业所得税中属于地方分享的部分	
37	（四）过渡期税收优惠	
38	（五）其他	
39	六、创业投资企业抵扣的应纳税所得额	
40	七、抵免所得税额合计(41＋42＋43＋44)	
41	（一）企业购置用于环境保护专用设备的投资额抵免的税额	
42	（二）企业购置用于节能节水专用设备的投资额抵免的税额	
43	（三）企业购置用于安全生产专用设备的投资额抵免的税额	
44	（四）其他	
45	企业从业人数(全年平均人数)	
46	资产总额(全年平均数)	
47	所属行业(工业企业　其他企业)	

经办人(签章)：　　　　　　　　　　法定代表人(签章)：

附表六

表 C-11　境外所得税抵免计算明细表

填报时间：　年　月　日　　　　金额单位：元(列至角分)

抵免方式	国家或地区	境外所得	境外所得换算含税所得	弥补以前年度亏损	免税所得	弥补亏损前境外应税所得额	可弥补境内亏损	境外应纳税所得额	税率	境外所得应纳税额	境外所得可抵免税额	境外所得税款抵免限额	本年可抵免的境外所得税款	未超过境外所得税款抵免限额的余额	本年可抵免以前年度所得税额	前五年境外所得已缴税款未抵免余额	定率抵免
	1	2	3	4	5	6(3—4—5)	7	8(6—7)	9	10(8×9)	11	12	13	14(12—13)	15	16	17
直接抵免																	
间接抵免				*	*									*	*	*	
				*	*									*	*	*	
				*	*									*	*	*	
				*	*									*	*	*	
	合计																

经办人(签章)：　　　　法定代表人(签章)：

附表七

表 C-12　以公允价值计量资产纳税调整表

填报时间：　年　月　日　　　　　　　　　　金额单位：元(列至角分)

行次	资产种类	期初金额		期末金额		纳税调整额(纳税调减以“－”表示)
		账载金额(公允价值)	计税基础	账载金额(公允价值)	计税基础	
		1	2	3	4	5
1	一、公允价值计量且其变动计入当期损益的金融资产					
2	1. 交易性金融资产					
3	2. 衍生金融工具					
4	3. 其他以公允价值计量的金融资产					
5	二、公允价值计量且其变动计入当期损益的金融负债					
6	1. 交易性金融负债					
7	2. 衍生金融工具					
8	3. 其他以公允价值计量的金融负债					
9	三、投资性房地产					
10	合计					

经办人(签章)：　　　　　　　　　　　　法定代表人(签章)：

附表八

表 C-13　广告费和业务宣传费跨年度纳税调整表

填报时间：　年　月　日　　　　　　　　　　金额单位：元(列至角分)

行次	项　目	金　额
1	本年度广告费和业务宣传费支出	
2	其中：不允许扣除的广告费和业务宣传费支出	
3	本年度符合条件的广告费和业务宣传费支出(1－2)	
4	本年计算广告费和业务宣传费扣除限额的销售(营业)收入	
5	税收规定的扣除率	
6	本年广告费和业务宣传费扣除限额(4×5)	
7	本年广告费和业务宣传费支出纳税调整额(3≤6，本行＝2 行；3＞6，本行＝1－6)	
8	本年结转以后年度扣除额(3＞6，本行＝3－6；3≤6，本行＝0)	

续表

行次	项　　目	金　　额
9	加：以前年度累计结转扣除额	
10	减：本年扣除的以前年度结转额	
11	累计结转以后年度扣除额(8+9−10)	

经办人(签章)：　　　　　　　　　　　　　法定代表人(签章)：

附表九

表 C-14　资产折旧、摊销纳税调整明细表

填报时间：　年　月　日　　　　　　　　　　金额单位：元(列至角分)

行次	资产类别	资产原值		折旧、摊销年限		本期折旧、摊销额		纳税调整额
		账载金额	计税基础	会计	税收	会计	税收	
		1	2	3	4	5	6	7
1	一、固定资产			*	*			
2	1. 房屋建筑物							
3	2. 飞机、火车、轮船、机器、机械和其他生产设备							
4	3. 与生产经营有关的器具、工具、家具							
5	4. 飞机、火车、轮船以外的运输工具							
6	5. 电子设备							
7	二、生产性生物资产			*	*			
8	1. 林木类							
9	2. 畜类							
10	三、长期待摊费用			*	*			
11	1. 已足额提取折旧的固定资产的改建支出							
12	2. 租入固定资产的的改建支出							
13	3. 固定资产大修理支出							
14	4. 其他长期待摊费用							
15	四、无形资产							
16	五、油气勘探投资							
17	六、油气开发投资							
18	合计			*	*			

经办人(签章)：　　　　　　　　　　　　　法定代表人(签章)：

附表十

表 C-15 资产减值准备项目调整明细表

填报时间： 年 月 日 金额单位：元(列至角分)

行次	准备金类别	期初余额	本期转回额	本期计提额	期末余额	纳税调整额
		1	2	3	4	5
1	坏(呆)账准备					
2	存货跌价准备					
3	*其中：消耗性生物资产减值准备					
4	*持有至到期投资减值准备					
5	*可供出售金融资产减值		—			
6	#短期投资跌价准备					
7	长期股权投资减值准备					
8	*投资性房地产减值准备					
9	固定资产减值准备					
10	在建工程(工程物资)减值准备					
11	*生产性生物资产减值准备					
12	无形资产减值准备					
13	商誉减值准备					
14	贷款损失准备					
15	矿区权益减值					
16	其他					
17	合计					

经办人(签章)： 法定代表人(签章)：

注：表中*项目为执行新会计准则企业专用；表中加#项目为执行企业会计制度、小企业会计制度的企业专用。

附表十一

表 C-16　长期股权投资所得(损失)明细表

填报时间：　年　月　日　　　　　　　　　　金额单位：元(列至角分)

行次	被投资企业	期初投资额	本年度增(减)投资额	投资成本		股息红利					投资转让所得(损失)					
				初始投资成本	权益法核算对初始投资成本调整产生的收益	会计核算投资收益	会计投资损益	税收确认的股息红利		会计与税收的差异	投资转让净收入	投资转让的会计成本	投资转让的税收成本	会计上确认的转让所得或损失	按税收计算的投资转让所得或损失	会计与税收的差异
								免税收入	全额征税收入							
	1	2	3	4	5	6 (7+14)	7	8	9	10 (7−8−9)	11	12	13	14 (11−12)	15 (11−13)	16 (14−15)
1																
2																
3																
4																
5																
6																
7																
8																
合计																

续表

投资损失补充资料							
行次	项目	年度	当年度结转金额	已弥补金额	本年度弥补金额	结转以后年度待弥补金额	备注：
1	第一年						
2	第二年						
3	第三年						
4	第四年						
5	第五年						
以前年度结转在本年度税前扣除的股权投资转让损失							

经办人(签章)：　　　　法定代表人(签章)：

附录D 《企业所得税预缴纳税申报表》及填表说明

表 D-1 企业所得税预缴纳税申报表

税款所属期间 年 月 日至 年 月 日

纳税人识别号：□□□□□□□□□□□□□□□□□□□□ 金额单位：元(列至角分)

纳税人名称		
项　　目	行次	累计金额
实行据实预缴的纳税人填列以下第1～11行：		
利润总额	1	
加：纳税调整增加额	2	
减：纳税调整减少额	3	
减：弥补以前年度亏损	4	
应纳税所得额(1＋2－3－4)	5	
适用税率	6	
应纳所得税额(5×6)	7	
减免所得税额	8	
汇总纳税成员企业就地预缴比例	9	
实际已预缴的所得税额	10	
应补(退)的所得税额 [(7－8－10)或(7－8)×9－10]	11	
实行按上年实际数分期预缴的纳税人填列以下第12～14行：		
上一年度实际缴纳的企业所得税额	12	
本季(月)应预缴所得税额 (12行÷4或12行÷12)	13	
本年实际已预缴的所得税额	14	
纳税人公章： 经办人： 申报日期：　　年　月　日	代理申报中介机构公章： 经办人执业证件号码： 代理申报日期： 年　月　日	主管税务机关受理专用章： 受理人： 受理日期： 年　月　日

企业所得税预缴纳税申报表的填表说明如下。

(1) 本表适用于查账征收企业所得税的纳税人在季度(月)预缴企业所得税时使用。

(2) 实行据实预缴的纳税人填报第1至11行;实行按上年实际数分期预缴的纳税人填报第12至14行。

(3) 具体项目填报说明

① 第1行"利润总额":填报按财务会计制度核算的利润总额。

② 第2、3行:填报按照税收规定应做纳税调整的项目。从事房地产开发业务纳税人的"利润总额"应包括本期取得的预售收入计算的预计利润;在将预售收入结转为销售收入的当期,减去已计算缴纳企业所得税的原预售收入计算的预计利润。

③ 第4行"减:弥补以前年度亏损":填报按税收规定本期可弥补的以前年度尚未弥补的亏损额(用正数表示,不得大于第1+2-3行后的金额)。

④ 第5行"应纳税所得额"填报第1+2-3-4行后的余额,第5行不得为负数,若第1+2-3-4行为负数,则第5行应填零。

⑤ 第6行"适用税率":填报纳税人当期应纳税所得额按规定适用的企业所得税法定税率,即只能是33%、27%、18%,不得填15%、10%等优惠税率。

⑥ 第7行"应纳所得税额":等于应纳税所得额×适用税率。第7行大于等于零。

⑦ 第8行"减免所得税额":填报纳税人经批准或备案减、免、抵的企业所得税额,当第5行为零时,填写零;第8行小于等于第7行。

⑧ 第9行"汇总纳税成员企业就地预缴比例":填报根据有关税收规定确定的汇总纳税成员企业所得税就地预缴比例。不实行就地预缴的纳税人填写零。

⑨ 第10行"实际已预缴的所得税额":填报纳税人申报所属期前累计已预缴的企业所得税税额。

⑩ 第11行"应补(退)的所得税额":

a. 就地纳税企业"应补(退)的所得税额"=第7-8-10行;

b. 汇总纳税成员企业"应补(退)的所得税额"=(第7-8行)×9行-10行。

附录E 《企业所得税纳税申报表（适用核定征收企业）》及填表说明

表 E-1 企业所得税纳税申报表(适用核定征收企业)

税款所属期间：　　年　月　至　　年　月

纳税人识别号：□□□□□□□□□□□□□□□□　　金额单位：元(列至角分)

纳税人名称			
纳税申报栏			
项　　目	行次	本期数	累计数
收入总额	1		
成本费用	2		
应税所得率	3		
应纳税所得额	4		
适用税率	5		
应缴所得税额(4×5)	6		
减：实际已预缴的所得税额	7		
应补(退)的所得税额(8＝6－7)	8		
纳税人公章： 经办人(签章)： 申报日期：　年　月　日			主管税务机关受理专用章： 受理人： 受理日期：　年　月　日

注：本表一式三份，主管税务机关受理后退还纳税人保存一份，由主管税务机关留存两份。

企业所得税纳税申报表(适用核定征收企业)的填表说明如下。

(1) 本表为按照核定征收办法(包括核定应税所得率和核定税额征收方式)缴纳企业所得税的纳税人在季度(月)和年度申报缴纳企业所得税时使用。

(2) 具体项目填报说明

① 第1行“收入总额”：填报当期取得的各项收入的合计金额。(按照收入总额核定应税所得率的纳税人填报)

② 第2行“成本费用”：填报计入当期的成本费用的合计金额。(按照成本费用核定应税所得率的纳税人填报)

③ 第3行“应税所得率”：填报主管税务机关核定的应税所得率。

④ 第 4 行:“应纳税所得额”:

a. 按照收入总额核定应税所得率的纳税人,计算公式为:应纳税所得额＝收入总额×应税所得率。

b. 按照成本费用核定应税所得率的纳税人,计算公式为:应纳税所得额＝成本费用支出额÷(1－应税所得率)×应税所得率

⑤ 第 5 行“适用税率”:根据第 4 行“应纳税所得额”金额确定的适用税率或者所得税政策规定的适用税率。

⑥ 第 7 行“实际已预缴的所得税额”:填报当年累计已预缴的企业所得税额。

⑦ 实行核定应纳所得税额的纳税人,可填第 6 行、第 7 行、第 8 行。其中,第 6 行填报主管税务机关核定的当期累计应纳所得税额。

附录F 中华人民共和国企业所得税其他表格及填表说明

表 F-1 中华人民共和国企业所得税月(季)度预缴纳税申报表(A 类)

税款所属期间：　　年　月　日　至　　年　月　日

纳税人识别号：□□□□□□□□□□□□□□□

纳税人名称：　　　　　　　　　　　　　　金额单位：人民币元(列至角分)

<table>
<tr><th>行次</th><th colspan="2">项　　目</th><th>本期金额</th><th>累计金额</th></tr>
<tr><td>1</td><td colspan="4">一、据实预缴</td></tr>
<tr><td>2</td><td colspan="2">营业收入</td><td></td><td></td></tr>
<tr><td>3</td><td colspan="2">营业成本</td><td></td><td></td></tr>
<tr><td>4</td><td colspan="2">利润总额</td><td></td><td></td></tr>
<tr><td>5</td><td colspan="2">税率(25%)</td><td></td><td></td></tr>
<tr><td>6</td><td colspan="2">应纳所得税额(4 行×5 行)</td><td></td><td></td></tr>
<tr><td>7</td><td colspan="2">减免所得税额</td><td></td><td></td></tr>
<tr><td>8</td><td colspan="2">实际已缴所得税额</td><td>—</td><td></td></tr>
<tr><td>9</td><td colspan="2">应补(退)的所得税额(6 行－7 行－8 行)</td><td>—</td><td></td></tr>
<tr><td>10</td><td colspan="4">二、按照上一纳税年度应纳税所得额的平均额预缴</td></tr>
<tr><td>11</td><td colspan="2">上一纳税年度应纳税所得额</td><td>—</td><td></td></tr>
<tr><td>12</td><td colspan="2">本月(季)应纳税所得额(11 行÷12 或 11 行÷4)</td><td></td><td></td></tr>
<tr><td>13</td><td colspan="2">税率(25%)</td><td>—</td><td>—</td></tr>
<tr><td>14</td><td colspan="2">本月(季)应纳所得税额(12 行×13 行)</td><td></td><td></td></tr>
<tr><td>15</td><td colspan="4">三、按照税务机关确定的其他方法预缴</td></tr>
<tr><td>16</td><td colspan="2">本月(季)确定预缴的所得税额</td><td></td><td></td></tr>
<tr><td>17</td><td colspan="4">总分机构纳税人</td></tr>
<tr><td>18</td><td rowspan="3">总机构</td><td>总机构应分摊的所得税额(9 行或 14 行或 16 行×25%)</td><td rowspan="3"></td><td rowspan="3"></td></tr>
<tr><td>19</td><td>中央财政集中分配的所得税额(9 行或 14 行或 16 行×25%)</td></tr>
<tr><td>20</td><td>分支机构分摊的所得税额(9 行或 14 行或 16 行×50%)</td></tr>
<tr><td>21</td><td rowspan="2">分支机构</td><td>分配比例</td><td></td><td></td></tr>
<tr><td>22</td><td>分配的所得税额(20 行×21 行)</td><td></td><td></td></tr>
<tr><td colspan="5">谨声明：此纳税申报表是根据《中华人民共和国企业所得税法》、《中华人民共和国企业所得税法实施条例》和国家有关税收规定填报的，是真实的、可靠的、完整的。</td></tr>
</table>

续表

法定代表人(签字)：		年　月　日
纳税人公章：	代理申报中介机构公章：	主管税务机关受理专用章：
会计主管：	经办人： 经办人执业证件号码：	受理人：
填表日期：　年　月　日	代理申报日期：　年　月　日	受理日期：　年　月　日

国家税务总局监制

中华人民共和国企业所得税月(季)度预缴纳税申报表(A类)的填表说明如下。

(1) 本表适用于实行查账征收方式申报企业所得税的居民纳税人及在中国境内设立机构的非居民纳税人在月(季)度预缴企业所得税时使用。

(2) 本表表头项目

① "税款所属期间"：纳税人填写的"税款所属期间"为公历1月1日至所属月(季)度最后一日。

企业年度中间开业的纳税人填写的"税款所属期间"为当月(季)开始经营之日至所属季度的最后一日，自次月(季)度起按正常情况填报。

② "纳税人识别号"：填报税务机关核发的税务登记证号码(15位)。

③ "纳税人名称"：填报税务登记证中的纳税人全称。

(3) 各列的填报

① "据实预缴"的纳税人第2行～第9行：填报"本期金额"列，数据为所属月(季)度第一日至最后一日；填报"累计金额"列，数据为纳税人所属年度1月1日至所属季度(或月份)最后一日的累计数。纳税人当期应补(退)所得税额为"累计金额"列第9行"应补(退)所得税额"的数据。

② "按照上一纳税年度应纳税所得额平均额预缴"的纳税人第11行至第14行及"按照税务机关确定的其他方法预缴"的纳税人第16行：填报表内第11行至第14行、第16行"本期金额"列，数据为所属月(季)度第一日至最后一日。

(4) 各行的填报

本表结构分为两部分：

① 第一部分为第1行至第16行，纳税人根据自身的预缴申报方式分别填报，包括非居民企业设立的分支机构：实行据实预缴的纳税人填报第2行至第9行；实行按上一年度应纳税所得额的月度或季度平均额预缴的纳税人填报第11行至第14行；实行经税务机关认可的其他方法

预缴的纳税人填报第16行。

② 第二部分为第17行至第22行，由实行汇总纳税的总机构在填报第一部分的基础上填报第18行至第20行；分支机构填报第20行至第22行。

(5) 具体项目填报说明

① 第2行“营业收入”：填报会计制度核算的营业收入，事业单位、社会团体、民办非企业单位按其会计制度核算的收入填报。

② 第3行“营业成本”：填报会计制度核算的营业成本，事业单位、社会团体、民办非企业单位按其会计制度核算的成本(费用)填报。

③ 第4行“利润总额”：填报会计制度核算的利润总额，其中包括从事房地产开发企业可以在本行填写按本期取得预售收入计算出的预计利润等。事业单位、社会团体、民办非企业单位比照填报。

④ 第5行“税率(25%)”：按照《企业所得税法》第四条规定的25%税率计算应纳所得税额。

⑤ 第6行“应纳所得税额”：填报计算出的当期应纳所得税额。第6行＝第4行×第5行，且第6行≥0。

⑥ 第7行“减免所得税额”：填报当期实际享受的减免所得税额，包括享受减免税优惠过渡期的税收优惠、小型微利企业优惠、高新技术企业优惠及经税务机关审批或备案的其他减免税优惠。第7行≤第6行。

⑦ 第8行“实际已预缴的所得税额”：填报累计已预缴的企业所得税税额，“本期金额”列不填。

⑧ 第9行“应补(退)的所得税额”：填报按照税法规定计算的本次应补(退)预缴所得税额。第9行＝第6行－第7行－第8行，且第9行＜0时，填0，“本期金额”列不填。

⑨ 第11行“上一纳税年度应纳税所得额”：填报上一纳税年度申报的应纳税所得额。本行不包括纳税人的境外所得。

⑩ 第12行“本月(季)应纳所得税所得额”：填报纳税人依据上一纳税年度申报的应纳税所得额计算的当期应纳税所得额。

按季预缴企业：第12行＝第11行×1/4

按月预缴企业：第12行＝第11行×1/12

⑪ 第13行“税率(25%)”：按照《企业所得税法》第四条规定的25%税率计算应纳所得税额。

⑫ 第14行“本月(季)应纳所得税额”：填报计算的本月(季)应纳所得税额。第14行＝第12行×第13行

⑬ 第 16 行“本月(季)确定预缴的所得税额”：填报依据税务机关认定的应纳税所得额计算出的本月(季)应缴纳所得税额。

⑭ 第 18 行“总机构应分摊的所得税额”：填报汇总纳税总机构以本表第一部分(第 1～16 行)本月或本季预缴所得税额为基数，按总机构应分摊的预缴比例计算出的本期预缴所得税额。

a. 据实预缴的汇总纳税企业总机构：

第 9 行×总机构应分摊的预缴比例 25%

b. 按上一纳税年度应纳税所得额的月度或季度平均额预缴的汇总纳税企业总机构：

第 14 行×总机构应分摊的预缴比例 25%

c. 经税务机关认可的其他方法预缴的汇总纳税企业总机构：

第 16 行×总机构应分摊的预缴比例 25%

⑮ 第 19 行“中央财政集中分配的所得税额”：填报汇总纳税总机构以本表第一部分(第 1～16 行)本月或本季预缴所得税额为基数，按中央财政集中分配税款的预缴比例计算出的本期预缴所得税额。

a. 据实预缴的汇总纳税企业总机构：

第 9 行×中央财政集中分配税款的预缴比例 25%

b. 按上一纳税年度应纳税所得额的月度或季度平均额预缴的汇总纳税企业总机构：

第 14 行×中央财政集中分配税款的预缴比例 25%

c. 经税务机关认可的其他方法预缴的汇总纳税企业总机构：

第 16 行×中央财政集中分配税款的预缴比例 25%

⑯ 第 20 行“分支机构分摊的所得税额”：填报汇总纳税总机构以本表第一部分(第 1～16 行)本月或本季预缴所得税额为基数，按分支机构分摊的预缴比例计算出的本期预缴所得税额。

a. 据实预缴的汇总纳税企业总机构：

第 9 行×分支机构分摊的预缴比例 50%

b. 按上一纳税年度应纳税所得额的月度或季度平均额预缴的汇总纳税企业总机构：

第 14 行×分支机构分摊的预缴比例 50%

c. 经税务机关认可的其他方法预缴的汇总纳税企业总机构：

第 16 行×分支机构分摊的预缴比例 50%

(分支机构本行填报总机构申报的第 20 行“分支机构分摊的所得税额”)

⑰ 第 21 行“分配比例”：填报汇总纳税分支机构依据《汇总纳税企业所得税分配表》中确定的分配比例。

⑱ 第 22 行“分配的所得税额”：填报汇总纳税分支机构依据当期总机构申报表中第 20 行“分支机构分摊的所得税额”×本表第 21 行“分配比例”的数额。

表 F-2 中华人民共和国企业所得税月(季)度预缴纳税申报表(B类)

税款所属期间： 年 月 日 至 年 月 日

纳税人识别号：□□□□□□□□□□□□□□□□□□□□

纳税人名称： 金额单位：人民币元(列至角分)

项目			行次	累计金额
应纳税所得额的计算	按收入总额核定应纳税所得额	收入总额	1	
		税务机关核定的应税所得率(%)	2	
		应纳税所得额(1 行×2 行)	3	
	按成本费用核定应纳税所得额	成本费用总额	4	
		税务机关核定的应税所得率(%)	5	
		应纳税所得额[4 行÷(1－5 行)×5 行]	6	
	按经费支出换算应纳税所得额	经费支出总额	7	
		税务机关核定的应税所得率(%)	8	
		换算的收入额[7 行÷(1－8 行)]	9	
		应纳税所得额(8 行×9 行)	10	
应纳所得税额的计算		税率(25%)	11	
		应纳所得税额(3 行×11 行或 6 行×11 行或 10 行×11 行)	12	
		减免所得税额	13	
应补(退)所得税额的计算		已预缴所得税额	14	
		应补(退)所得税额(12 行－13 行－14 行)	15	

谨声明：此纳税申报表是根据《中华人民共和国企业所得税法》、《中华人民共和国企业所得税法实施条例》和国家有关税收规定填报的，是真实的、可靠的、完整的。		
法定代表人(签字)： 年 月 日		
纳税人公章：	代理申报中介机构公章：	主管税务机关受理专用章：
会计主管：	经办人： 经办人执业证件号码：	受理人：
填表日期： 年 月 日	代理申报日期： 年 月 日	受理日期： 年 月 日

国家税务总局监制

中华人民共和国企业所得税月(季)度预缴纳税申报表(B类)的填表说明如下。

(1) 本表为按照核定征收管理办法(包括核定应税所得率和核定税额征收方式)缴纳企业所得税的纳税人在月(季)度申报缴纳企业所得税时使用,包括依法被税务机关指定的扣缴义务人。其中:核定应税所得率的纳税人按收入总额核定、按成本费用核定、按经费支出换算分别填写。

(2) 本表表头项目

① "税款所属期间":纳税人填报的"税款所属期间"为公历1月1日至所属季(月)度最后一日。

企业年度中间开业的纳税人填报的"税款所属期间"为当月(季)度第一日至所属月(季)度的最后一日,自次月(季)度起按正常情况填报。

② "纳税人识别号":填报税务机关核发的税务登记证号码(15位)。

③ "纳税人名称":填报税务登记证中的纳税人全称。

(3) 具体项目填报说明

① 第1行"收入总额":按照收入总额核定应税所得率的纳税人填报此行。填写本年度累计取得的各项收入金额。

② 第2行"税务机关核定的应税所得率":填报主管税务机关核定的应税所得率。

③ 第3行"应纳税所得额":填报计算结果。计算公式:应纳税所得额=第1行"收入总额"×第2行"税务机关核定的应税所得率"。

④ 第4行"成本费用总额":按照成本费用核定应税所得率的纳税人填报此行。填写本年度累计发生的各项成本费用金额。

⑤ 第5行"税务机关核定的应税所得率":填报主管税务机关核定的应税所得率。

⑥ 第6行"应纳税所得额":填报计算结果。计算公式:应纳税所得额=第4行"成本费用总额"÷(1-第5行"税务机关核定的应税所得率")×第5行"税务机关核定的应税所得率"。

⑦ 第7行"经费支出总额":按照经费支出换算收入方式缴纳所得税的纳税人填报此行。填报累计发生的各项经费支出金额。

⑧ 第8行"经税务机关核定的应税所得率":填报主管税务机关核定的应税所得率。

⑨ 第9行"换算的收入额":填报计算结果。计算公式:换算的收入额=第7行"经费支出总额"÷(1-第8行"税务机关核定的应税所得率")。

⑩ 第10行"应纳税所得额":填报计算结果。计算公式:应纳税所

得额＝第 8 行“税务机关核定的应税所得率”×第 9 行“换算的收入额”。

⑪ 第 11 行“税率”：填写《企业所得税法》第四条规定的 25％税率。

⑫ 第 12 行“应纳所得税额”

a. 核定应税所得率的纳税人填报计算结果：

按照收入总额核定应税所得率的纳税人，应纳所得税额＝第 3 行“应纳税所得额”×第 11 行“税率”

按照成本费用核定应税所得率的纳税人，应纳所得税额＝第 6 行“应纳税所得额”×第 11 行“税率”

按照经费支出换算应纳税所得额的纳税人，应纳所得税额＝第 10 行“应纳税所得额”×第 11 行“税率”

b. 实行核定税额征收的纳税人，填报税务机关核定的应纳所得税额。

⑬ 第 13 行“减免所得税额”：填报当期实际享受的减免所得税额，第 13 行≤第 12 行。包括享受减免税优惠过渡期的税收优惠、小型微利企业优惠、高新技术企业优惠及经税务机关审批或备案的其他减免税优惠。

⑭ 第 14 行“已预缴的所得税额”：填报当年累计已预缴的企业所得税额。

⑮ 第 15 行“应补(退)所得税额”：填报计算结果。计算公式：应补(退)所得税额＝第 12 行“应纳所得税额”－第 13 行“减免所得税额”－第 14 行“已预缴的所得税额”；当第 15 行≤0 时，本行填 0。

表 F-3 中华人民共和国企业所得税扣缴报告表

税款所属期间：　　年　月　日　至　　年　月　日

扣缴义务人识别号：□□□□□□□□□□□□□□□□□□

金额单位：人民币元(列至角分)

扣缴义务人名称															
纳税人识别号	纳税人名称	国家(地区)	所得项目	合同号	合同名称	取得所得日期	收入额					扣除额	应纳税所得额	税率	扣缴所得税额
							人民币金额	外币额			人民币金额合计				
								外币名称金额	汇率	折人民币					

续表

<table>
<tr><td></td><td></td><td></td><td></td><td></td><td></td><td></td><td></td><td></td><td></td><td></td><td></td><td></td><td></td><td></td><td></td></tr>
<tr><td></td><td></td><td></td><td></td><td></td><td></td><td></td><td></td><td></td><td></td><td></td><td></td><td></td><td></td><td></td><td></td></tr>
<tr><td></td><td></td><td></td><td></td><td></td><td></td><td></td><td></td><td></td><td></td><td></td><td></td><td></td><td></td><td></td><td></td></tr>
<tr><td colspan="16">谨声明：此扣缴所得税报告表是根据《中华人民共和国企业所得税法》、《中华人民共和国企业所得税法实施条例》和国家有关税收规定填报的，是真实的、可靠的、完整的。</td></tr>
<tr><td colspan="16">法定代表人(签字)：　　年　月　日</td></tr>
<tr><td colspan="4">扣缴义务人公章：</td><td colspan="4">代理申报中介机构公章：</td><td colspan="8">主管税务机关受理专用章：</td></tr>
<tr><td colspan="4" rowspan="2">会计主管：</td><td colspan="4">经办人：</td><td colspan="8" rowspan="2">受理人：</td></tr>
<tr><td colspan="4">经办人执业证件号码：</td></tr>
<tr><td colspan="4">填表日期：　年　月　日</td><td colspan="4">代理申报日期：　年　月　日</td><td colspan="8">受理日期：　年　月　日</td></tr>
</table>

国家税务总局监制

中华人民共和国企业所得税扣缴报告表的填表说明如下。

(1) 本表适用于扣缴义务人按照《中华人民共和国企业所得税法》及其实施条例的规定，对下列所得，按次或按期扣缴所得税税款的报告。

① 非居民企业在中国境内未设立机构、场所的，应当就其来源于中国境内的所得缴纳企业所得税。

② 非居民企业虽设立机构、场所但取得的所得与其所设机构、场所没有实际联系的，应当就其来源于中国境内的所得缴纳企业所得税。

(2) 扣缴义务人应当于签订合同或协议后二十日内将合同或协议副本，报送主管税务机关备案，并办理有关扣缴手续。

(3) 签订合同或协议后，合同或协议规定的支付款额如有变动，应于变动后十日内，将变动情况书面报告税务机构。

(4) 扣缴义务人不能按规定期限报送本表时，应当在规定的报送期限内提出申请，经当地税务机构批准，可以适当延长期。

(5) 扣缴人义务人不按规定期限将已扣税款缴入国库以及不履行税法规定的扣缴义务，将分别按《中华人民共和国税收征收管理法》第六十八条、第六十九条的规定，予以处罚。

(6) 本表填写要用中、外两种文字填写。

(7) 本表各栏填写如下

① 扣缴义务人识别号：填写办理税务登记时，由主管税务机构所确定的扣缴义务人的税务编码。

② 扣缴义务人名称：填写实际支付外国企业款项的单位和个人名称。

③ 纳税人识别号：填写非居民企业在其居民国的纳税识别代码。

④ 所得项目：填写转让财产所得、股息红利等权益性投资所得、利息所得、租金所得、特许权使用费所得、其他所得。

表 F-4　中华人民共和国企业所得税汇总纳税分支机构分配表

税款所属期间：　　年　月　日　至　　年　月　日

分配比例有效期：　　年　月　日　至　　年　月　日

金额单位：人民币元(列至角分)

总机构情况	纳税人识别号	总机构名称	三项因素				分支机构分摊的所得税额	
			收入总额	工资总额	资产总额	合计		
分支机构情况	纳税人识别号	分支机构名称	三项因素				分配比例	分配税额
			收入总额	工资总额	资产总额	合计		
纳税人公章：				主管税务机关受理专用章：				
会计主管：				受理人：				
填表日期：　年　月　日				受理日期：　年　月　日				

国家税务总局监制

中华人民共和国企业所得税汇总纳税分支机构分配表的填表说明如下。

(1) 使用对象及报送时间

① 使用对象

本表适用于在中国境内跨省、自治区、直辖市设立不具有法人资格的营业机构，并实行“统一计算、分级管理、就地预缴、汇总清算、财政调节”汇总纳税办法的居民企业填报。

② 报送要求

季度终了之日起十日内，由实行汇总纳税的总机构随同《中华人民共和国企业所得税月(季)度纳税申报表(A类)》报送；

季度终了之日起十五日内，由实行汇总纳税，具有主体生产经营职能的分支机构随同《中华人民共和国企业所得税月(季)度纳税申报表(A

类)》报送总机构申报后加盖有主管税务机关受理专用章的《中华人民共和国汇总纳税分支机构企业所得税分配表》(复印件)。

年度终了之日起五个月内,由实行汇总纳税的总机构随同《中华人民共和国企业所得税年度纳税申报表(A类)》报送。

(2) 分配表项目填报说明

①“税款所属时期”:季度申报填写季度起始日期至所属季度的最后一日。年度申报填写公历1月1日至12月31日。

②“分配比例有效期”:填写经企业总机构所在地主管税务机关审批确认的分配比例有效期起及有效期止。

③“纳税人识别号”:填写税务机关统一核发的税务登记证号码。

④“纳税人名称”:填写税务登记证所载纳税人的全称。

⑤“收入总额”:填写基期年度总机构、各分支机构的经营收入总额。

⑥“工资总额”:填写基期年度总机构、各分支机构的工资总额。

⑦“资产总额”:填写基期年度总机构、各分支机构的资产总额,不包括无形资产。

⑧“合计”:填写基期年度总机构、各分支机构的经营收入总额、工资总额和资产总额三项因素的合计数。

⑨“分支机构分摊的所得税额”:填写本所属时期总机构根据税务机关确定的分摊方法计算,由各分支机构进行分摊的所得税额。

⑩“分配比例”:填写经企业总机构所在地主管税务机关审批确认的各分支机构分配比例。

各分支机构分配比例=(基期年各分支机构的经营收入总额、工资总额和资产总额三项因素合计数÷总机构的经营收入总额、工资总额和资产总额三项因素合计数)×100%。

⑪“分配税额”:填写本所属时期根据税务机关确定的分摊方法计算,分配给各分支机构缴纳的所得税额。

参考文献

[1] 国务院法制办公室编. 中华人民共和国企业所得税法(实用版)[M]. 北京：中国法制出版社,2007.

[2] 国务院法制办公室编. 中华人民共和国企业所得税法注解与配套[M]. 北京：中国法制出版社,2008.

[3] 王玉娟,冯秀娟. 企业所得税报税实务[M]. 北京：北京大学出版社,2011.

[4] 庄粉荣. 企业所得税操作实务[M]. 北京：中国经济出版社,2011.

[5] 李晶. 最新企业所得税疑难解答[M]. 大连：东北财经大学出版社,2009.

[6] 郭洪荣. 企业所得税纳税调整与申报操作实务[M]. 北京：中国市场出版社,2011.

[7] 郭士富,崔艳辉. 税法[M]. 北京：清华大学出版社,2011.

[8] 法律出版社法规中心编. 最新税收法规选编[M]. 北京：法律出版社,2009.